ASAHI SENSHO
朝日選書
977

新宿 「性なる街」の歴史地理

三橋順子

JN232217

朝日新聞出版

目次

新宿　「性なる街」の歴史地理

三橋順子

第1章　「新宿遊廓」はどこにあった？

あれは、いつのことだったろう？　私が夜の新宿の街で遊び始めて間もない頃だから、たぶん1993年だと思う。

場所は新宿三丁目、寄席《よせ》「末廣亭《すえひろてい》」に程近いビルの地下にあった「梨沙《りさ》」という店。東京工業大学出のインテリ美人のママと、秋田おばこのチーママ、まだ女子大生っぽさが残る若いホステスの3人がいるだけのこぢんまりしたスナック。ただ、生まれた時の性別は3人とも女性ではなかったが。

私は、ママの美貌と、ちょっと気取った静かな雰囲気に惹かれて通っていた。ある夜、出勤してきたママが「今日、地下鉄のビッグスビルの出口から来たのだけど、地下の通路に男の子が立ってたの。ビルになっても、やっぱり同じように立つのね」と話し出した。

「ビッグスビル」というのは、1985年に新宿二丁目の御苑《ぎょえん》大通り（新宿二丁目と三丁目の境界になっているグリーンベルトのある広い道路）沿いにできた高層ビル「ビッグス新宿ビル」のことで、地下鉄の新宿三丁目駅と地下通路で結ばれている。このビルの裏手は「ゲイタウン」で、街のあちこちに一夜の相手を求める若い男の子が立っている。

ママが言いたかったのは、地下鉄と直結した高層ビルができても、ゲイの男の子たちは、かつて地上の街角に立っていたのと同じように地下通路にも立つのだという「発見」だった。周囲の環境が大きく変わっても、「場」の機能は変わらないという事例で、なかなか興味深い。

その時、カウンターの中央でワイルドターキー（バーボン・ウイスキーの銘柄）の水割を飲んでいたロマンスグレーの紳士が言った。

「あそこらへん、昔は『赤線』だったんだぞ」

すぐに若いホステスが問いかける。

「『赤線』って何ですか?」

「『赤線』っていうのはだな、売春地帯ってことだ。遊廓みたいな、男が女を買う街だ。あのあたりは女がたくさん立っていたんだ」

「え〜っ、じゃあ、今とはぜんぜん違うじゃないですかぁ」

「そうだな、考えてみると、いつから今みたいになったんだろうな?」

カウンターの隅で黙って話を聞いていた私は、「そうか、あのあたりが新宿の『赤線』だったのか」と思うと同時に、一つの疑問が湧いた。

「すいません。『赤線』があのあたりだったとして、戦前の遊廓はどこらへんだったのですか?」

いきなり質問されて、男性は少し戸惑ったようだったが、

「それは、同じ場所だろうよ。『二丁目の遊廓』って言ったんだから。でも遊廓があった頃は知らな

いよ。生まれてたけど子供だもんな。いくら俺がマセてたって、遊廓なんて言葉、知らなかったからな（笑）」

と教えてくれた。

思い出せるのは、そのくらいだ。今思うと、この夜の会話が、新宿の「赤線」や「遊廓」という存在を、私がリアルに感じた最初だったと思う。

言うまでもないことかもしれないが、新宿に性的な遊興の場ができたのは最近のことではない。江戸時代の宿場町に始まり、戦前は遊廓、戦後は「赤線」、「赤線」が廃止されてからも歌舞伎町の性風俗街と、新宿には常に「性なる場」が存在した。

戦前の「新宿遊廓」がそのまま戦後、「赤線」になったのだ、その時は素直にそう思い込んでしまった。同時に、男が女を買う街が、いつどうして男と男の街になったのだろう？　という疑問が心に刻まれた。いつか調べてみよう。大学と大学院で歴史学を勉強した者の悪い癖で、そう思ってしまった。

それから程なくして、私は新宿歌舞伎町の「女」になった。ネオンきらめく街での週2回のホステス勤めは、大学の研究室しか知らなかった世間知らずの私に、いろいろな意味で「世の中」を教えてくれた。あの紳士は、来店するといつも私を席に呼んでくれて、いろいろなことを教えてくれた。

それからまた歳月が過ぎ、ホステスから研究者（ただし、性別を変えて）に戻った私は、自分が「女」になった街、大勢の女たちが生きて作ってきた街の歴史をもっと知りたくなった。

しかし、その試みは簡単ではなかった。「新宿遊廓」と新宿「赤線」が、かつて新宿二丁目にあったことは間違いないだろう。しかし、「赤線」はともかく、遊廓の痕跡は現地にはほとんどない。「新宿遊廓」の跡地と思われるあたりをずいぶん歩いたが、遊廓の旧跡であることを示すような表示は皆無だった。ほんとうに説明板一つないのだ。

その点、江戸時代、唯一、遊女が公然と春を売ることを認められていた「新吉原遊廓《しんよしわら》」の跡地（台東区千束四丁目《せんぞく》）は堂々としている。江戸時代以来の町割りや「鉄漿どぶ《おはぐろ》」の痕跡が残るだけでなく、「大門《おおもん》」（正面入口）跡には門柱を模した標柱が立ち、「見返り柳」や「吉原神社」には台東区が設置した説明板があり、初めて訪れた人にも、そこが新吉原遊廓の跡地であることが、ちゃんとわかるようになっている。

そこで、今や影も形もない「新宿遊廓」のイメージをよみがえらせるために、かなり長くなるが、まず新宿という街の歴史をひもといてみよう。

「飯盛女」——馬糞の中に咲く菖蒲

関ヶ原の戦いで天下の覇者となった徳川家康は、1601年（慶長6）、全国支配のために江戸と各地を結ぶ5つの街道（東海道、中山道《なかせんどう》、日光街道、奥州街道、甲州街道）の整備に着手する。新宿を通る甲州街道は、江戸（日本橋）～八王子～甲府を結び、信濃国下諏訪宿で中山道に合流する街道として整備された。徳川氏は甲府に拠点を置いた武田氏の遺臣を多く抱えていたので、甲府を重要な軍事拠点、そしてもしもの時（江戸落城）の逃げ場所と考えていた節がある。

甲州街道には最終的に38の宿場が置かれたが、江戸時代の初めの頃は、「大木戸《おおきど》までは江戸の内」と言われた「四谷大木戸」（新宿区四谷四丁目交差点付近）を出ると、最初の宿場は高井戸（杉並区高井戸）だった。日本橋～高井戸宿は4里＝16キロメートルもあった。

また、「追分《おいわけ》」（現：「伊勢丹」前の新宿三丁目交差点）で甲州街道と分かれ、甲府で合流する脇街道（五街道以外の主要な街道のこと）の青梅街道（成木《なりき》街道）の最初の宿場は中野（中野区中野）で、日本橋からの距離は2里半＝10キロメートルだった。

他の街道の初駅、東海道品川宿、中山道板橋宿、日光・奥州街道千住宿が日本橋からだいたい2里〜2里半＝8〜10キロメートルの所にあったのと比較すると、甲州街道の初駅は日本橋からかなり遠く、人馬の往来に不便をきたした。

そこで1697年（元禄10）、浅草阿部川町《あべかわちょう》（現：台東区元浅草の一部）の名主・喜兵衛（高松喜六）ら5人が金5600両の献上とともに、甲州街道の宿場の新設を幕府に願い出た＊1。なぜ、願主《がんしゅ》が地理的に縁遠い浅草の人なのか不思議だが、まあいろいろ事情があったのだろう。阿部川町の名は駿《する》河府中《がふちゅう》（現：静岡県静岡市）の安倍川に由来すると思われ、徳川氏が駿府《すんぷ》から江戸に入る時に同行した子孫で、幕閣とコネクションがある人たちだったのかもしれない。

幕府は、その請願に応えて、翌1698年（元禄11）、四谷大木戸から甲州街道と青梅街道が分岐する追分までの間の、内藤氏（信濃高遠《たかとお》藩3万3000石）の下屋敷の一部に新しい宿場を造ることを許可する＊2。その宿場は「内藤」氏が敷地を提供した「新」しい「宿」場ということで、「内藤新宿」と呼ばれることになった。宿場は、現在の甲州街道四谷四丁目交差点から新宿三丁目交差点あたりまでで、今の新宿の盛り場よりずっと東寄りだ［図1−1］。

願主の喜兵衛らは新しい宿場の名主になり、宿場のさまざまな利権を手中に収めた。日本橋と内藤新宿の距離はおよそ2里、これで甲州街道の初駅も他の街道並みになった。

しかし、名主たちが巨額の投資をすぐに回収できたわけではなさそうだ。新しい宿場の経営はなかなか困難だった。甲州街道は多摩地域で生産される農作物や薪炭《しんたん》を江戸に運び込み、逆に江戸山の手（旧東京15区の麹町《こうじまち》区・芝区・麻布区・赤坂区・四谷区・牛込区・小石川区・本郷区。現：千代田区の西部・港区・新宿区の東部・文京区に相当する地域）の武家屋敷から出る「肥《こえ》」（屎尿《しにょう》）を近在の農家が肥料として活用するために運び出す道だった。また、青梅街道は江戸城の白壁や町屋の土蔵の壁に塗る漆喰《しっくい》の原料になる奥多摩の石灰石を運び込むための街道で、いずれも物資の移動はそれなりにあったものの、旅人は多くなかった。

というのも当時、街道筋の宿場にいちばん大きなお金を落としてくれるのは参勤交代の大名行列だったが、甲州街道筋には目ぼしい大名がいなかったからだ。沿道の武蔵国多摩郡は天領（幕府直轄地）か参勤交代のない旗本領、甲斐国もほとんどが天領、参勤交代で甲州街道を利用するのは、信濃国、しかも南東部の大名だけということになる。具体的には諏訪藩（諏訪氏3万2０００石）、屋敷の一部を宿場に提供した高遠藩（内藤氏3万3０００石）、飯田藩（堀氏1万7０００石）の3家だけで、数も少なく所帯も小さく、宿場の経済を支えるまでには至らなかった。

そこで、名主たちが採った方策が、どうも「色」だったらしい。つまり、客の入りが悪い店が過剰な性的サービスで客を集めようとするのと同じ発想だ。

江戸時代の旅籠《はたご》屋（宿泊施設）には「飯盛女《めしもりおんな》」と称する女性がいた。本来は、文字通り、旅人の食事の世話（給仕）をする女性だったが、実態的には、すべてではないにしろ、かなりの率でセックスの世話もしていた。幕府は、宿場における売春行為を厳しく禁じていたが、どうも新設で財政基盤の弱い内藤新宿は、少し「御目こぼし」をされていたようだ。

しかし、いくらサービスが良いとはいえ、わざわざ江戸から2里も歩いて内藤新宿まで「飯盛女」

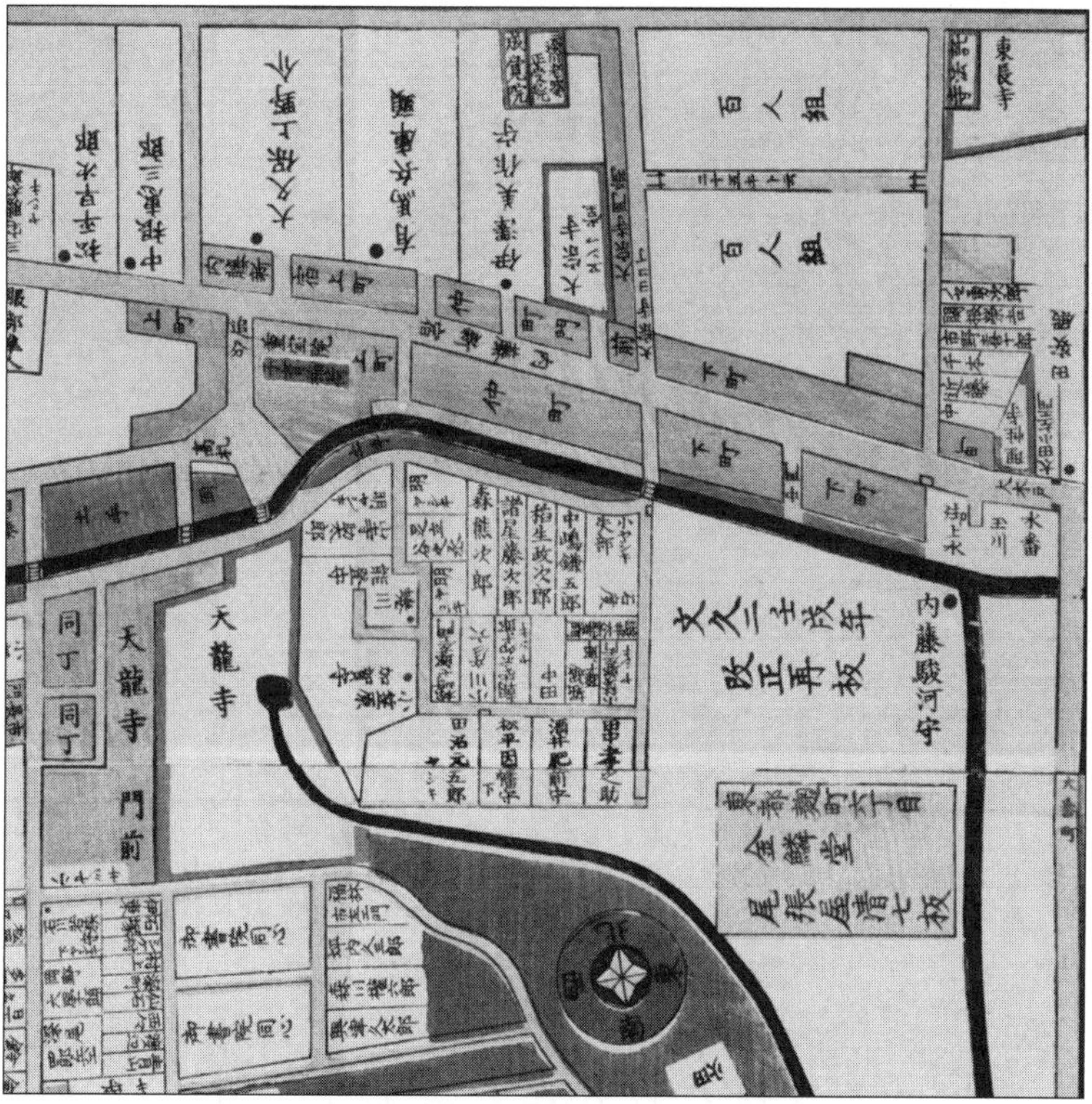

図1−1　江戸時代末期（1862年〈文久２〉頃）の内藤新宿（「江戸切絵図」のうち「内藤新宿千駄ヶ谷絵図」より。国立国会図書館蔵）。右端の「大木戸」（四谷大木戸、現：四谷四丁目交差点付近）から、中央左に見える「追分」（現：新宿三丁目交差点）まで、甲州街道に沿って「下町（しもちょう）」「仲町（なかちょう）」「上町（かみちょう）」と内藤新宿の宿場町が続く。大宗寺（太宗寺）、成覚院（成覚寺＝じょうかくじ）、天龍寺などの位置は変わっていない。右下の刊記がある場所が内藤氏の屋敷（現：新宿御苑）。上端の道が現在の靖国通りに相当する「北裏通り」。宿場の南側を西から東へ玉川上水が流れている。

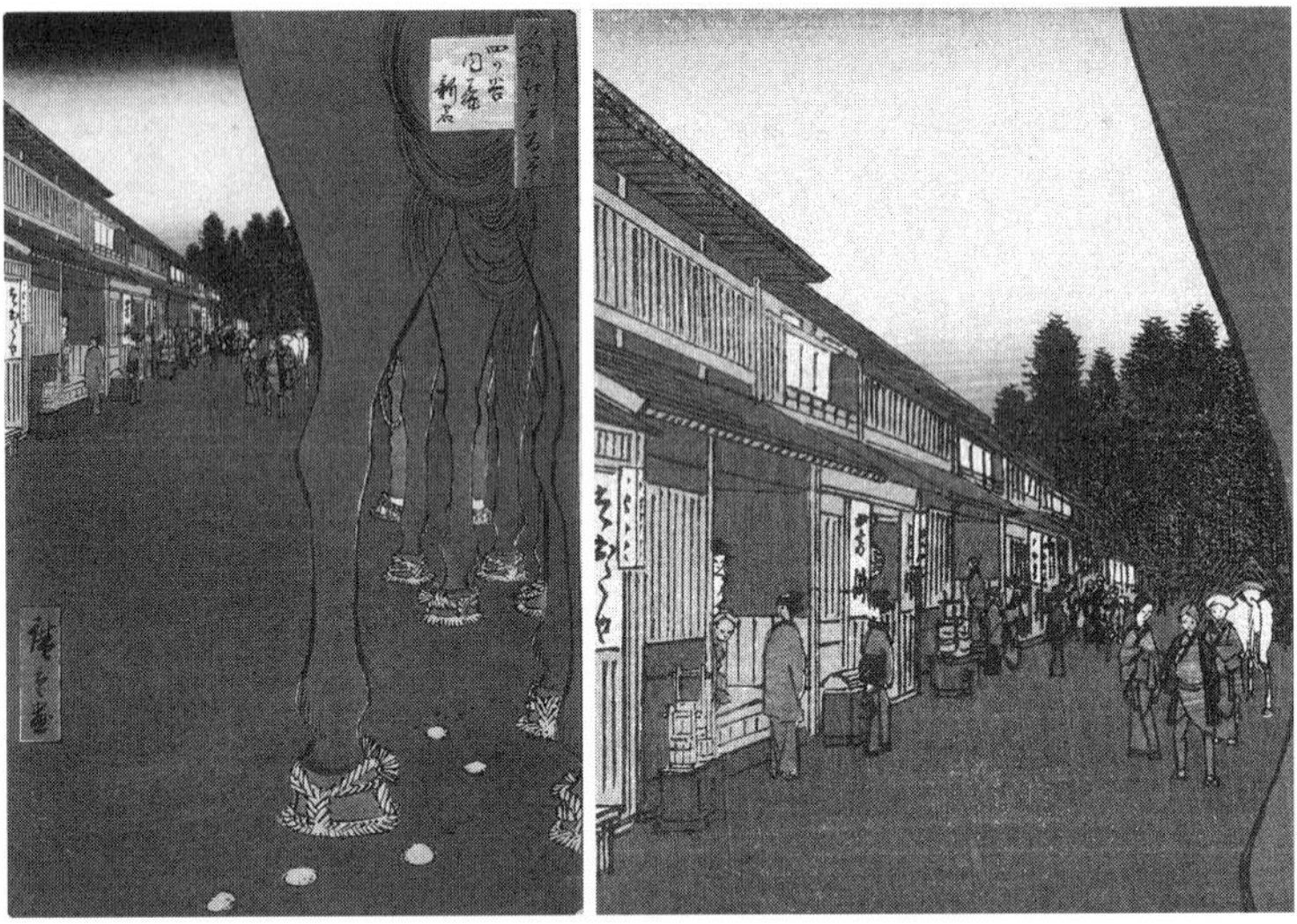

図1－2　歌川広重の晩年の傑作「名所江戸百景」（1856〜58年〈安政3〜5〉、都立中央図書館特別文庫室蔵）の「四ツ谷内藤新宿」は、馬糞と「飯盛女」というイメージを的確に表現している。右の拡大図では、馬の足の向こうに「飯盛女」が客を呼び込んでいる様子がうかがえる。

を抱きにくる男はそうそういない。松尾芭蕉の高弟、服部嵐雪《らんせつ》（1654〜1707）の「五十にて四谷を見たり花の春」という句がある。江戸っ子にとっては、四谷ですらめったに出掛けない土地だったことがわかる。まして、その先の内藤新宿など……。

　そして開設から20年後の1718年（享保3）、内藤新宿は廃止されてしまう。風紀の乱れが目立つ宿場のあり様が、8代将軍徳川吉宗の綱紀粛正《こうきしゅくせい》・諸事倹約の方針と相容れなかったためと思われる。廃止を命じる幕府のお達しは「内藤新宿の儀、甲州斗《ばかり》の道筋にして、旅人もすくなく……」と書き出し、利用者が少ないことを表向きの理由にしているが、後の方で「今よりなお以て猥《みだ》りと成る儀、これ無き様、念入りに申し付くべき候」＊3と言っているので、やはり風紀の乱れが問題視されたようだ。

この年には、三宿（東海道品川宿、中山道板橋宿、日光・奥州街道千住宿）などの「飯盛女」も旅籠屋１軒につき２人までと制限されており、幕府が宿場の風紀の粛正に乗り出していたことがわかる。こうして、甲州街道は「古来のごとく、日本橋より高井戸宿、馬次《うまつぎ》に申し付くべき候」＊3という形に戻ってしまった。「馬次（馬継）」とは宿場で馬を乗り換えること。

何度もの請願の末、やはり宿場があった方が便利ということになり、内藤新宿が復活するのは、54年後の１７７２年（明和９）だった。江戸の人口が増加し、それを支える多摩地区との物資の往来（多摩からは野菜や薪炭、江戸からは肥料用の屎尿）が活発化したことが背景としてあった。

内藤新宿の復活に際して、幕府は旅籠屋１軒２人としていた「飯盛女」の制限も解除する。どうも内藤新宿の廃置は、純粋な交通政策というより、綱紀粛正か経済繁栄かという幕府の基本政策の揺れに左右されていたようだ。

もともと後発の上に、54年間もの断絶期間があり、内藤新宿は他の江戸三宿に比べて明らかに格下だった。それでもこの「明和の立ち返り」で、内藤新宿は38軒の旅籠屋に１５０人の「飯盛女」を置くことが許可され、江戸の商業経済の発展とともに、徐々に繁栄の方向に向かっていく。

当時、「四谷新宿　馬糞《まぐそ》の中で　あやめ咲くとは　しおらしい」という歌が流行《はや》った。乗り継ぎ馬や荷牽《にひ》き馬の糞《ふん》と、菖蒲《あやめ》にたとえられた「飯盛女」、内藤新宿のイメージがよく伝わってくる。こうして、再開から34年後の１８０６年（文化３）には旅籠屋も52軒に増え、江戸四宿《ししゅく》の中でも東海道品川宿に次ぐ賑わいを見せるようになった。

牧場の跡地にできた「新宿遊廓」

すでに述べたように徳川時代、江戸で遊女が公然と春を売ることが許されたのは、新吉原だけだった。もともと日本橋葺屋町《ふきやちょう》（現：中央区日本橋人形町）にあった「吉原」が、明暦の大火（振袖火事、1657年〈明暦3〉）の後に浅草寺《せんそうじ》裏の新開地に移転したものだ。江戸時代後期に賑わった、深川の「仲町《なかちょう》」（現：江東区門前仲町あたり）や「櫓下《やぐらした》」（同富岡あたり）などは、どこも非合法な私娼街《ししょうがい》（岡場《おかば》所《しょ》。一説には他場所《ほかばしょ》の訛《なまり》）で、しばしば摘発の対象になったし、新吉原を指す「北里《ほくり》」に対して「南《なん》廓《かく》」ともてはやされた品川宿も、あくまで建前は「飯盛女」で遊女ではなかった。

駿河府中（駿府）の「二丁町《にちょうまち》」遊廓の流れを汲む新吉原は、「権現様《ごんげんさま》（徳川家康）のお許し以来」の伝統と格式をもつ唯一の公許の色里《いろざと》として、幕府の権威を背景に（時々の幕閣と結託して）200年間にわたって君臨し続けた（コラム1参照）。

しかし、幕府が瓦解《がかい》し「御一新《ごいっしん》」となると、状況が変わってくる。きっかけは「マリア・ルス号事件」だった。1872年（明治5）、明治新政府は、横浜港に停泊中の貨物船マリア・ルス号（ペルー船籍）の清国人苦力《クーリー》（労働者）を、奴隷と見なして解放した。当時のイギリス公使から迫られての処置だったが、これを不服として裁判に訴えたマリア・ルス号側の弁護人は、日本では娼妓《しょうぎ》という「人身売買」が行われており、奴隷売買を非難する資格はないと批判した。明治新政府は欧米諸国に対する顔向けから、同年「娼妓解放令」（太政官布告第295号）を出し、娼妓の人身売買、前借金《ぜんしゃくきん》による人身拘束を禁じた。しかし、これは形だけのもので、翌年、施行された「貸座敷渡世規則」「娼妓規則」（東京府令第145号など）によって、遊廓のシステムは実質的に温存される。

「貸座敷制度」とは、公（国家）の許可を得て「娼妓鑑札」を受けた娼妓（公娼《こうしょう》）が座敷主（実態は妓《ぎ》楼《ろう》主）から部屋を借りて売春を行い、その部屋代を座敷主に支払う制度である。つまり、江戸時代の遊廓のように座敷主が前借金で遊女の身柄を拘束して売春を強制し、その上がりを搾取《さくしゅ》しているわけではなく、単に座敷を貸して部屋代を取っているだけ、という形にしたのだ。まったくの建前だが……。

その貸座敷の免許地として、東京府では、新吉原、品川、板橋、千住、内藤新宿の5箇所が認められた（当時は神奈川県だった多摩地域では、調布、府中、八王子）。これらの場所は、法制的には「貸座敷免許地」（営業許可地域）ということになるが、一般には慣用的に「遊廓」と呼ばれたので、本書でもそれにならうことにする。

こうして新吉原の独占が崩れ、内藤新宿を含む江戸四宿の色里は、少なくとも制度上は、ようやく新吉原と肩を並べることになった。

1902年（明治35）頃、内藤新宿の「下町《しもちょう》」（大木戸～太宗寺入口。［図1－3］の内藤新宿一丁目）には、甲州街道の北側に18軒、南側に9軒、計27軒の貸座敷（実態は妓楼）が軒を連ねていた。また「仲町《なかちょう》」（太宗寺入口～今の御苑大通りあたり。［図1－3］の内藤新宿二丁目）にも17軒の貸座敷があり、「上町《かみちょう》」（御苑大通り～追分。［図1－3］の内藤新宿三丁目）を含めた新宿全体では53軒を擁していた。

内藤新宿に屋敷の一部を提供した内藤家だが、邸地は明治新政府に召し上げられ、1906年（明治39）、宮内省によって「新宿御苑」として整備され、皇族をはじめとする国内の貴顕《きけん》と、招かれた外国の賓客《ひんきゃく》の遊宴の地になる。そうなると、御苑に近い街道沿いに妓楼が連なっていることが問題視されるようになった。

娼家を恥ずべきものと考え、皇族や外国賓客の視線から隠したい政府（警視庁）は、仲町・上町の

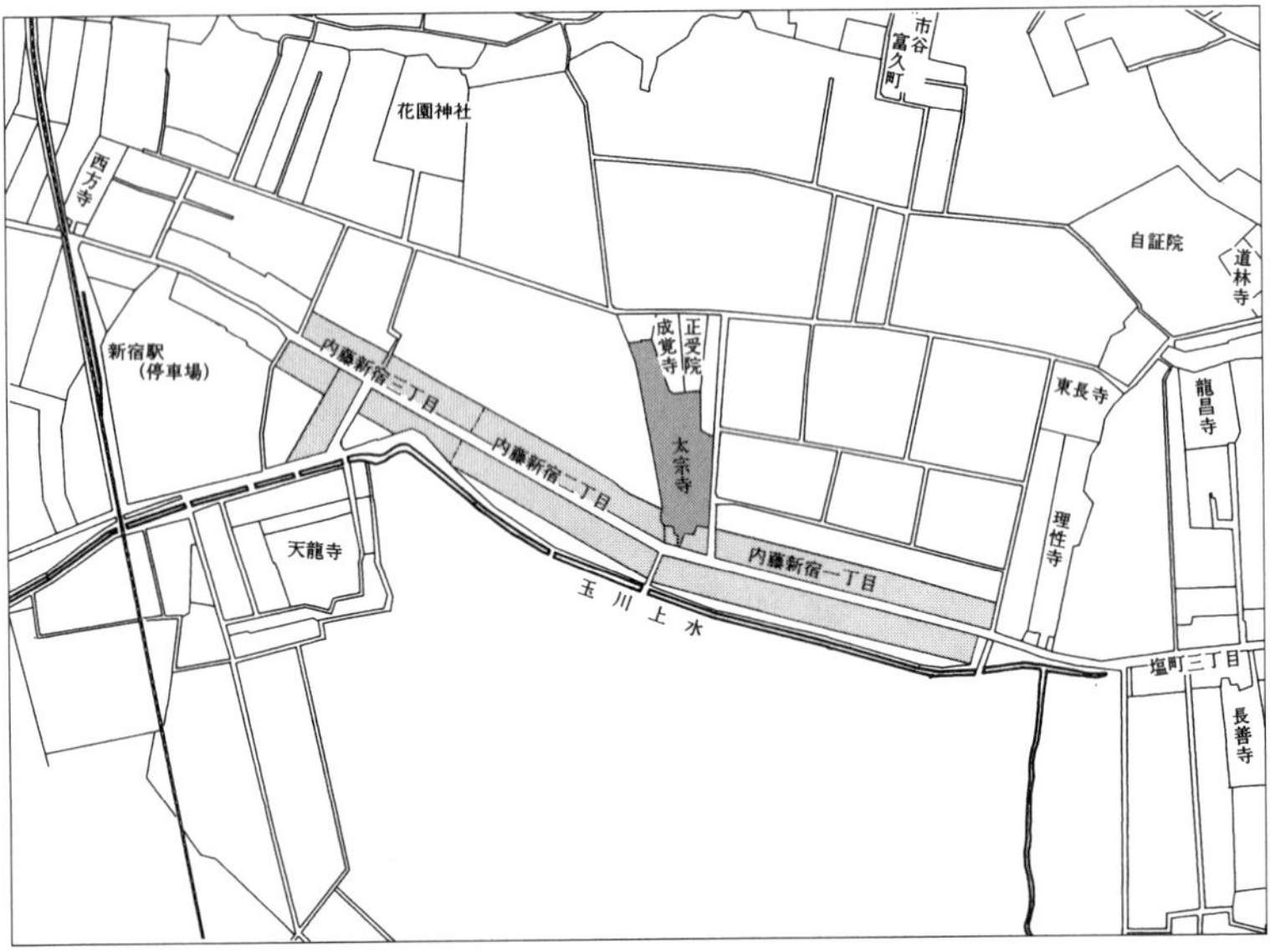

図1－3　明治期の内藤新宿。宿場の下町が一丁目、仲町が二丁目、上町が三丁目になった。1885年（明治18）開業の新宿駅は宿場町から西にかなり外れた場所に設けられた（新宿歴史博物館編『内藤新宿の町並とその歴史』新宿区教育委員会、1991年、より）。

街道筋から北に引っ込んだ一帯にあった乳牛牧場「耕牧舎」が1913年（大正2）に郊外に移転し、その跡地が「牛屋ケ原」と呼ばれる空地になっているのに目を付けた。

明治時代の東京には、大名の屋敷跡などを転用した牧場がいくつもあったが、大正期になると都市化が進み、牛の屎尿の臭いなどが問題になり郊外への移転が進んでいたのだ。

そして1918年（大正7）、3年間の猶予期限付きで、内藤新宿の妓楼に「牛屋ケ原」への集団移転が命じられた。表通りから淋しい裏町への移転を渋っていた妓楼も、1920年（大正9）の大火で妓楼十数軒が焼けたことがきっかけとなり、ようやく動き出し、期限内の1921年（大正10）3月に集団移転を完了した。

ところが、移転直後の3月26日、追分の空俵商《あきたわら》から出火した火事で、新築したばかりの妓楼はほぼ全焼してしまう。仕方なく、もう一度建て直すのだが、短期間に2度も建築するだけの貯えが楼主たちにはあったということで、それまでいかに荒稼ぎをしていたかが想われる。こうして1922年(大正11)春、59軒の新築妓楼がうち揃い、盛大なお披露目《ひろめ》となった。「新宿遊廓」の成立である。

私がロマンスグレーの紳士から聞いた「二丁目の遊廓」とは、ここのことだ。

盛り場の「西遷」

翌1923年(大正12)9月1日の関東大震災で、下町の二大遊廓「新吉原」「洲崎《すさき》」(現:江東区東陽。コラム1も参照)や、浅草にあった「高層タワー」凌雲閣《りょううんかく》(通称「十二階」)下の銘酒屋《めいしゅや》街(実態は飲み屋を装った私娼街)は全焼し、壊滅的な打撃を受けた。その結果、大きな被害を免れた新宿遊廓は、東都の遊客を一手に集める形になる。

そして、震災後、東京市では被害が大きかった下町から、少なかった山の手、さらに西の郊外へ人口の移動が起こる。東京が西に向かって膨張するにつれて、新宿にはすでに1910年代に乗り入れていた京王電気軌道(現:京王電鉄)に続いて、1927年(昭和2)に小田原急行鉄道(現:小田急電鉄)が乗り入れる。郊外電車の起点となることで、新宿は東京の新しい盛り場として急速に台頭し、賑わいを増していった。

1929年(昭和4)の「日本全国遊廓一覧」＊4によると、新宿遊廓は、貸座敷56軒、娼妓570人(1軒あたり10・2人)となっている。同書によって、昭和初年における全国の遊廓の中における

1	大阪・松島	(275軒　3725人)
2	東京・新吉原	(228軒　2362人)
3	東京・洲崎	(183軒　1937人)
4	名古屋・旭廓《あさひくるわ》	(171軒　1497人)
5	大阪・南地五花街《なんちごかがい》	(541軒　1094人)
6	大阪・飛田《とびた》	(121軒　1065人)
7	神戸・福原	(96軒　1057人)
8	那覇・辻《チージ》	(516軒　1032人)
9	京都・七条新地	(208軒　988人)
10	熊本・二本木	(64軒　763人)
11	横浜・真金町《まがねちょう》	(42軒　754人)
12	横浜・永楽町	(36軒　747人)
13	堺・栄橋	(64軒　648人)
14	福岡・新柳町《しんやなぎまち》	(47軒　636人)
15	大阪・新町	(247軒　622人)
16	呉・旭	(45軒　590人)
16	佐世保・名切	(60軒　590人)
18	東京・内藤新宿	(56軒　570人)
19	東京・品川	(53軒　478人)
20	京都・北新地	(112軒　470人)

表1－1　全国の遊廓の規模
(「日本全国遊廓一覧」＊4 による)

新宿遊廓のポジションを見てみよう【表1－1】。

新宿遊廓は、江戸四宿で格上の品川を抜いて、東京では3位、全国では18位にまで上がってきている。だが、大震災の痛手から立ち直った新吉原、洲崎の二大遊廓とはまだまだ規模的に差があった。

昭和になって、新宿駅東口の洋画封切りの映画館「武蔵野館」(1920年〈大正9〉開館)、レビューや軽演劇の劇場「ムーラン・ルージュ新宿座」(1931年〈昭和6〉開業)など、「三越裏」(かつての三越新宿店、今は「ビックロ裏」。新宿のメインストリート新宿通りと新宿駅東口から延びる中央通りに挟まれたエリア)から追分(新宿三丁目交差点付近)にかけてのエリアに新宿モダン文化が花開く。新宿遊廓もダンスホールを設け娼妓に当時流行のダンスを習わせるなど、積極的にモダン趣味を取り入れ、実質的にモダン東京でもっとも賑わう遊廓に成り上がっていった。

しかし、新宿遊廓の華の盛りは長くない。1945年（昭和20）5月25日の「東京山の手大空襲」でほとんど灰燼《かいじん》に帰してしまう。開業からわずか23年のことだった。

同年7月に焼け残った5軒ほどの建物を使い、女性10人を集めて細々と営業を再開したが、ほどなく8月15日の敗戦を迎えた＊5。やがてエリアを縮小して（東側の3分の1ほど）「赤線」へ移行していく（この経緯は第5章で述べる）。

新宿遊廓の遺跡

さて、最初に新宿遊廓に興味を抱いてから12年が経った2005年、私は「新宿歴史博物館」で「新宿盛り場地図」という展示物を眺めていた。1935年（昭和10）頃の新宿の町並みを正確に描いて業種別に色分けした地図だ。その片隅に、大型の建物がかなり規則正しく並んでいる一角があった。

「これは何だろう?」と思い、凡例を見ると「その他」に分類されている。しかし、建物の注記は「鈴喜楼」「石橋楼」「港楼」……ほとんどに「楼」が付いている。「これは妓楼ではないだろうか?」。さらに、その間の道には「大門通り」と記されている。「大門」とは遊廓の正面入口のことだ。

「間違いない、ここは新宿遊廓だ！」。でも何で「その他」なのだ？　新宿遊廓と記されていないのだ？　そうか、跡地に何の痕跡もないだけではない、ここでも遊廓の存在が隠蔽されているのか……。

そのことに気づいた時、新宿遊廓にやっとたどり着いた喜びがわきあがると同時に、無性に腹が立った。

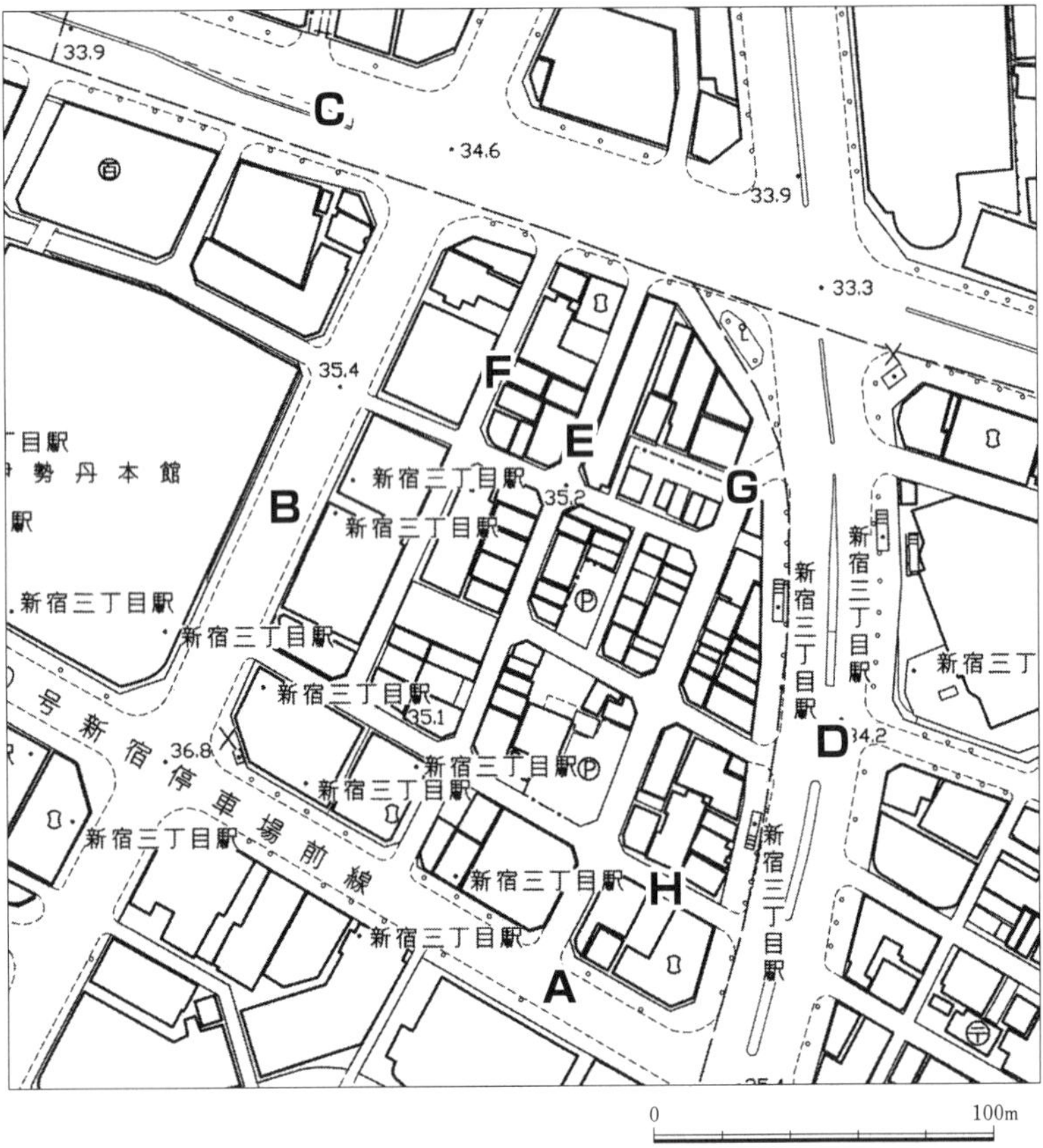

怒りを抑えてミュージアムショップで「新宿盛り場地図」を購入し、帰宅するとすぐに、この場所が現在の新宿のどこに当たるのかを調べた。追分交差点の北東角（新宿三丁目交差点伊勢丹デパートの角）、花園神社旧参道の入口など1935年（昭和10）頃と2005年で位置が動いていないと思われるポイントをとって縮尺を計算し、現代の地図と重なるように縮小コピーを作るという素朴な方法で重ね合わせてみた。その結果は、私にとって驚くべきものだっ

図1－4　重ねてみた。左頁が1935年（昭和10）頃（「新宿盛り場地図」新宿歴史博物館、2005年）、　　部分が妓楼。右頁が現在（「東京都縮尺2500分の1地形図　平成27年度版　歌舞伎町」）。

た［図1－4］。

まず、道路について。新宿通り［図1－4A］と明治通り［図1－4B］はほとんど幅員《ふくいん》に変化はない。靖国通り［図1－4C］は明治通りより西側はすでに拡幅《かくふく》済みだが、東側はまだ拡幅されてなく道が細い。何より大きな変化は、現在の新宿二丁目と三丁目の境界になっている御苑大通り（「新田裏《しんでんうら》」の新宿六丁目交差点の南で明治通りから分岐して新宿御苑に突き当たる道路、［図1－4右D］）が影も形もない。1935年（昭和10）

図1－5　新宿通りから見た要通り（旧・大門通り、2010年）。

の地図に「東海通り」と注記されている道【図1－4左E】は現在の「末廣亭」の前の南北道（末広通り、【図1－4右E】）であり、その西側（明治通り寄り）の南北道【図1－4F】も位置が同じである。そして、これがいちばん肝心なことなのだが、1935年の地図に「大門通り」【図1－4左G】と記されている遊廓のメインストリートが、現在の要《かなめ》通り【図1－4右G】に相当することがわかった。

次に遊廓の範囲について。南側の境界は新宿通りの一本北側の東西道に相当する【図1－4H】。ただし、この道の北側一列はカフェーや料理屋などの店舗で、妓楼はその北側から並んでいた。南側を限る塀は確認できない。また少なくとも、扉があるような門（大門）はなかったようだ。

西側の境界は東海通り（現：末広通り、【図1－4左E】）の東側に並ぶカフェーやバーの裏側に当たる。ここに遊廓の西を限る南北塀があり、その内側（東側）に小道があった。

ちなみに、現在、末広通り東側の店舗群の裏側がきれいに揃っていて、敷地の境界ラインがほぼ一直線に通っていることが観察できる［図1―6］。おそらく、かつての遊廓の西側の境界線（南北塀）の跡が現在の地割に残っていると思われる。

北側は大門通り［図1―4左G］と「北裏通り」［図1―4左C］が交わる南西側に、娼妓の性病検診のための「新宿病院」があった。その南隣には「三業《さんぎょう》取締事務所」があり、妓楼はその南側までだったが、大門通りの東側は北裏通りに沿って妓楼が並んでいた。

東側は大門通りの東側に並ぶ妓楼の裏手に南北塀があった。その塀は途中で東に折れて続いている。

図1―6　［上］ビルの壁と駐車場の間が、新宿遊廓の西側を区切る塀の位置に相当する（2016年）。［下］図中のAが撮影地点。直線が遊廓の西側の境界線（南北塀）の痕跡。店舗の裏側がきれいに揃っていて、敷地の境界ラインが一直線に通っている（「東京都縮尺2500分の１地形図　平成27年度版　歌舞伎町」）。

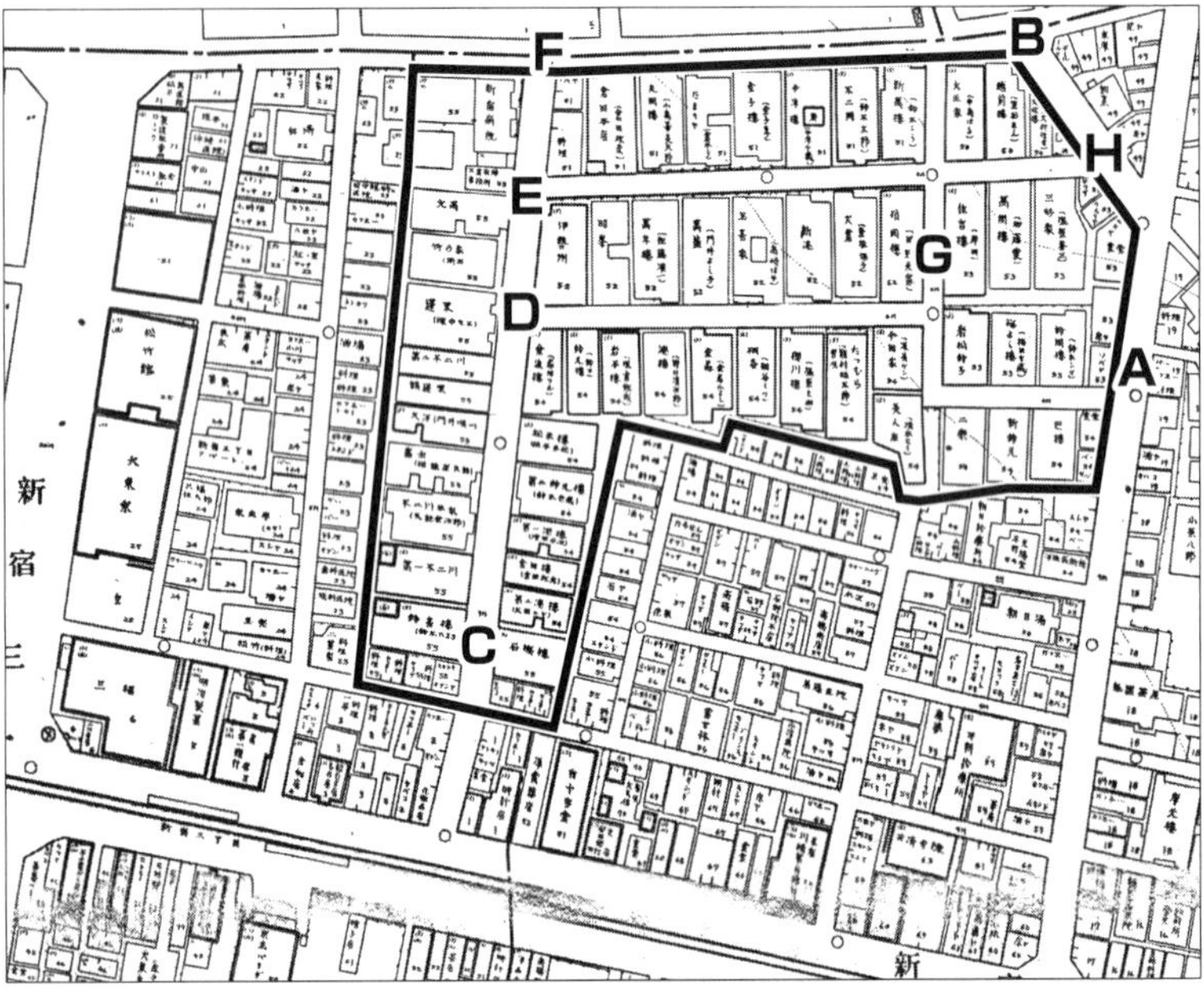

図1－7　1937年（昭和12）の「火災保険特殊地図　四谷区」（都市製図社、1987年）に表された新宿遊廓（太線で囲んだ部分）。

以下に記すように妓楼が並んでいた。

大門（C付近）を入って左（西）側に鈴喜楼、第一不二川、不二川本家、富士、大洋、鶴蓬莱、第二不二川、蓬莱、竹乃家、大萬、そして三業取締事務所と新宿病院。

右（東）側に石橋楼、第二港楼、倉田楼、第一港楼、第二鈴元楼、松米楼。

１つ目の東西路（D）の南側に金波楼、鈴元楼、岩本楼、港楼、金森、桐谷、桜川楼、たつむら、今田家、その南に美人座。

北側に伊勢州、昭峯、萬年楼、萬盛、玉喜家、新港、大倉、松岡楼。

２本目の東西路（E）の北側に倉田本店、丸樹楼、たまりや、金子楼、今津楼、不二岡、新萬楼。

東寄りの南北路（G）の東（右）側、北の路地（Eの延長）の北側に大正家、越前楼、大政楼、そして三社稲荷神社。南側に住吉楼、萬開楼、三好家。

南の路地（A付近の東西路）の北側に（１軒おいて）梅よし楼、鈴岡楼。南側に二楽、新鈴元、巴楼。

図1－8　［上］1944年（昭和19）11月７日、日本陸軍が撮影した空中写真に写った新宿駅東口地区。画面中央やや右上に大型建物が「状に連なっているのが新宿遊廓。多くの楼が中庭を持つ構造なので、ロ字形で写っている。［下］1947年（昭和22）頃、アメリカ軍が撮影した空中写真の旧・新宿遊廓地区。遊廓の中心部分は広い焼け跡のままで、廓内道路がはっきり残っている。御苑大通りの工事はまだ始まっていない（ともに国土地理院提供）。

現在の御苑大通り［図1-4右D］の路面や、それを渡った「ビッグス新宿ビル」のあたりも妓楼が立ち並んでいたことが確認できた。

ただ、「新宿盛り場地図」の範囲は、そこで切れていて、その時は、遊廓の東部や東限の状況はわからなかった。後に新宿遊廓全域の地図（［図1-7］。以下は、この１９３７年（昭和12）の「火災保険特殊地図　四谷区」に沿って説明する）を入手してわかったことだが、東限は二丁目仲通り（旧：「六間通り」、［図1-7A］）になる。現在、仲通りは靖国通りに出る手前でY字路になっているが、その左（西）側の道［図1-7B］が新宿遊廓の北東限だった。

次に妓楼の配置について。掲載の地図では文字が判読しづらいが、大門通り［図1-7C］の西側は「鈴喜楼」から「大萬」まで10軒の妓楼が一列に並んでいた。東側は「石橋楼」から「松米楼」まで一列に6軒並び、7軒目の「金波楼」の先で大門通りから右（東）に入る道が分かれてT字路になっていた［図1-7D］。さらに8軒目の「伊勢洲」の先もT字路になっていた［図1-7E］。1本目の東西路の南側には「金波楼」から「美人座」の10軒が、北側には「伊勢洲」から「松岡楼」の8軒が並んでいた。2本目の東西路は裏通りで、その北側には北裏通り［図1-7F］に面して「倉田本店」から「新萬楼」の7軒が並んでいた。2つの東西路の東には南北路［図1-7G］があってそれぞれ十字路をなし、さらに南側に短い東西路が分かれていた。3本の東西路で区分された4つのブロックに3軒ずつ合計12軒の妓楼があった。そして、遊廓の東北の隅（鬼門）には、遊廓の守り神として「三社稲荷《さんじゃいなり》神社」［図1-7H］が祀《まつ》られていた。

合わせて53軒の妓楼が、１９３６年（昭和11）頃の新宿遊廓にあったことがわかる。１９２２年（大正11）創業時は59軒、昭和初年は56軒なので、少し数が減っている。ちょっと不思議だが、妓楼

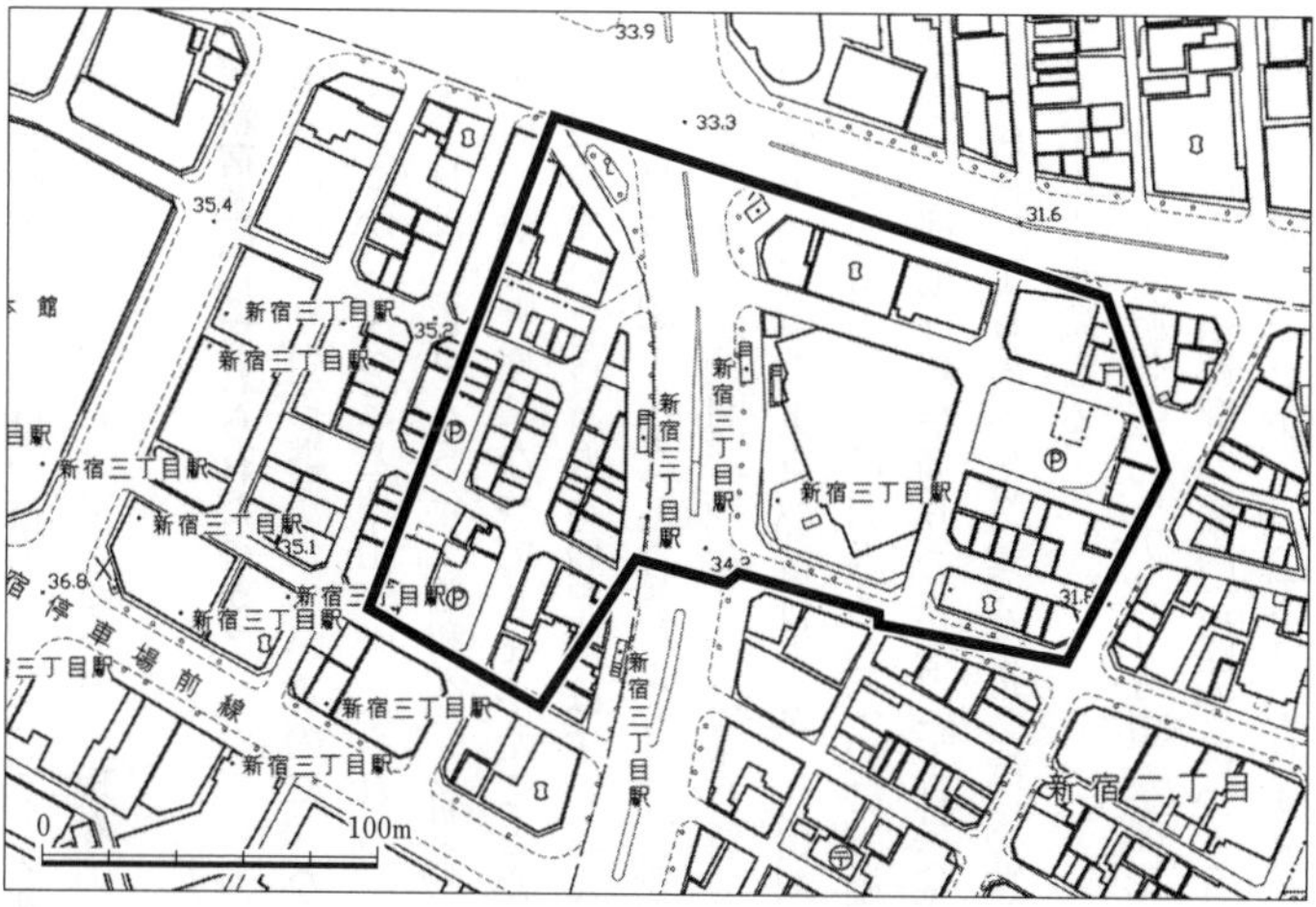

図1−9　最近の地図（「東京都縮尺2500分の1地形図　平成27年度版 歌舞伎町」）に「新宿遊廓」の範囲を記入すると、このようになる。

の大型化が進んだせいかもしれない。

結局、新宿遊廓は、現在の新宿三丁目7・8・9・10・11番地（7・10・11番地は要通り寄りの3分の2ほど）、同二丁目16・17・18番地、そしてその間の御苑大通りの路面に相当することがわかった。路面部分を除けば、面積的には現在の新宿二丁目エリアの方が広いが、メインストリートである大門通りや組合事務所・病院などの施設は現在の三丁目エリアにあった。新宿遊廓は、現在の新宿三丁目と二丁目に跨《またが》って存在したことになる【図1−9】。

廓内の道路は大門通り【図1−7C】が現在の要通りに相当し、そこから分かれる東西路は、北側のもの【図1−7E】は現在の新宿二丁目18番地ビッグス新宿ビルの北側を通過し16番地と17番地の境界になっている道路に、中央の東西路【図1−7D】は17番地と18番地の境界の道路に、さらに南側の短い東西路も現在18番地を分けている路地に相当する。その3本の東西路と交差する南北路［図1−7G］は、現在の「ビッグス新宿ビル」の裏（東）側の道路であることがわかった。新宿遊廓の地割は、完全ではないが、現在の新宿の街割にかなり引き継がれていたのだ。

なぜ新宿遊廓は忘れられたのか？

街割はかなり引き継がれているのに、なぜ新宿遊廓の所在はこれほどまでに忘れ去られてしまったのだろうか。4つほど理由が考えられる。

1つ目は、1945年（昭和20）5月25日の「東京山の手大空襲」で新宿遊廓はほとんど全焼してしまい、焼け野原になってしまったことだ。もし、戦後の公娼制廃止によって遊廓がなくなっても建物が残っていたら、人々の記憶はずいぶん違ったものになったと思う。

2つ目は［図1−4］で見たように、御苑大通りの開通による街区の大変化である。この時期、都電が重要な交通機関だったことは第6章で詳しく述べるが、御苑大通りは新宿通りを直進して新宿駅東口に至っていた東京都電11系統（新宿駅前〜月島通八丁目）と12系統（新宿駅前〜両国駅）を、より路面が広い靖国通りに引き込むために計画された。この道路が開通した1949年（昭和24）4月1日以降、都電は新宿通りの新宿二丁目交差点で右折し、御苑大通りを通って四谷三光町停留所の東（現：新宿五丁目東交差点）で左折し靖国通りに入り、歌舞伎町前の路上に移転した「新宿駅前」停留所に至るようになる。

1947（昭和22）にアメリカ軍が撮影した空中写真［図1−8下］には御苑大通りは影も形もなく、戦前の新宿遊廓の廓内道路がはっきり認められる。その後1949年（昭和24）3月末までには開通しているのだから、工事は1948年（昭和23）中に進められたことになるが、1948年3月

3日にアメリカ軍が撮影した空中写真にも工事が始まっている兆候はない。もっとも、道路予定地は焼け跡で、ほとんど建物はなかったから、工事に手間はかからなかったと思う。

御苑大通りは「都電道路」として、戦後新宿の変化の一つとして人々に親しまれたが、この幅の広い道路が新宿遊廓（の焼け跡）を真っ二つにする形で設置されたことで、この地域の一体感が大きく損なわれたのは間違いない。目に見える感覚がかなり変わってしまい、このエリアの歴史地理を考える上で、ある種の「目くらまし」になったと思う。

3つ目は、新宿二丁目と三丁目の境界の変更である。新宿遊廓の正確な所在の記憶は失なわれてしまったが、それでも冒頭に記した話のように「二丁目の遊廓」という認識は伝わっていて、私もそう思っていた。ところが、新宿遊廓は現在の三丁目と二丁目に跨って存在し、メインストリートは三丁目であることがわかった。これはいったいどういうことだろう？

実は、別の年配の男性客から「昔は要通りが（二丁目と三丁目の）境界だったんだよ」と教わった記憶がある。しかし、調べてみると、それは正確ではなかった。昭和戦前期の地図を見ると、二丁目と三丁目の境界は、たしかに現在（御苑大通り）より西にある。詳しく見ると、その位置は大門通り（要通り）ではなく、さらに30メートルほど西（東海通り＝末広通り寄り）のラインで、現在の三丁目7・10・11番地を南北に真っ直ぐ通っている。そこには道路はなく、新宿遊廓の西側の塀があった場所なのだ【図1−6】。つまり、新宿遊廓の西限までが二丁目の範囲だった。

この遊廓基準の境界線は、遊廓が地上から姿を消した戦後にも引き継がれた。二丁目と三丁目の境界が、現在のように御苑大通りに変更されたのは、1973年（昭和48）1月1日のことだった。それまでは、末広通り東側に並ぶ店舗の裏側から要通りを経て御苑大通りまでのエリア（旧・遊廓地

新宿遊廓の西側の塀跡

所在地　新宿区新宿三丁目

ここから東へ二丁目「仲通り」の近くまでは、大正十一年（一九二二）から昭和二十年（一九四五）の間、新宿遊廓の敷地だった。昭和四年（一九二九）の記録によると、五十六軒の貸座敷（妓楼）があり、五百七十人の娼妓が働いていた。

東京都新宿区教育委員会

区）は二丁目だったのだ。この境界線の変更が、もう一つの「目くらまし」になっている。

4つ目は、遊廓という土地の記憶を抹殺したいという人々の意識だろう。それはこの地区に住む人々だけでなく、新宿区の行政にまで及んでいるように思う。そこに住まう人々が、遊廓があったことを負の記憶と考える気持ちは、わからないわけではない。しかし、行政ぐるみで土地の記憶を隠蔽し抹消しようとするのは、明らかに間違いだ。

新宿という街の繁栄は、内藤新宿の「飯盛女」に始まり、新宿遊廓の娼妓、新宿「赤線」の女給を経て、現代の歌舞伎町のホステスやセックスワーカーに至る女たちが、文字通り身体を張って築いてきたものだ。それを負の歴史として「なかったこと」にして忘れようとするのは、あまりにもひどい話だと思う。

まして、今、この地域に住まう人々は、もう遊廓に直接かかわった人たちではない。客観的に街の歴史として認識し、ここがどういう場であったかを記録し、隠すことなく説明すべきだと思う。それこそが、この場所で身を削って懸命に生きた女たちへのせめてもの供養だと思う。

具体的に言えば、【図1－6】の場所に右頁のような説明板を立ててほしい。

「そういうことをされると、地価（テナント料）が下がる！」と言う人がいるかもしれないが、東京メトロ丸ノ内線と副都心線、都営地下鉄新宿線が交差する新宿三丁目駅から徒歩数分という、都内でも最高レベルの商業地なのだから、70年前まで遊廓だったことがわかったとしても、何ほどの影響もないだろう。

新宿遊廓の遺物

新宿遊廓の所在が明らかになってから7年が経った2012年11月、私は井上章一国際日本文化研究センター教授を中心とする「関西性欲研究会・東京合宿」の巡見で、新宿二丁目の太宗寺を訪れた。霞《か》関山本覚院《かんざんほんがくいん》太宗寺（浄土宗）は、1596年（慶長元）頃、太宗という来歴不明の僧侶がこの地に草庵を作り住み着いたことに始まる内藤新宿第一の古刹《こさつ》で、1629年（寛永6）、信濃高遠藩5代藩主内藤正勝の葬儀がここで行われて以来、内藤氏の菩提寺《ぼだいじ》になった。さらに内藤新宿の設置と発展にともない、宿場の人々の信仰を集めるようになり、現在も広い寺域を保っている。

境内に入ると、すぐ右手に「江戸六地蔵」の第3番とされる像高267センチメートルの銅製「大地蔵」（1712年〈正徳2〉）が鎮座し、その隣に閻魔《えんま》堂《どう》がある。堂内には都内最大（像高550センチメートル）の「閻魔像」（1814年〈文化11〉）と、死んで三途川《さんずのかわ》にやってきた亡者《もうじゃ》の衣服を剝ぎ取る「奪衣婆《だつえば》像」（1870年〈明治3〉）が鎮座している。この「奪衣婆像」は着物を脱がせるという

図1―10　太宗寺・閻魔堂の玉垣に残る新宿遊廓の妓楼名（2012年）。［左］第一不二川楼、［右］第一港楼。「志ん宿（しんじゅく）」の紋章は共通。

共通性から、妓楼の商売神とされた。

閻魔堂の周囲の玉垣《たまがき》は1933年（昭和8）4月16日の造営だが、そこに新宿遊廓の妓楼の名がいくつも刻まれていることに、その時、気づいた【図1―10】。新宿遊廓の存在を示すものは、戦災でほとんど何も残らず地上から消えてしまったと思い込んでいたので、まさに「灯台下暗し」だった。

現在、刻銘が確認できるのは、「不二川楼本店」「第一不二川楼」「第二不二川楼」「港楼本店」「第一港楼」「新港楼」「金森楼支店」の7つである。

1937年（昭和12）の「火災保険特殊地図　四谷区」【図1―7】によると、第一不二川楼は大門通りの入口から西側2軒目（現：新宿三丁目7番地）にあった。その北側、つまり3軒目が不二川楼本店（現：7番地と10番地の境界の道路)、そこから4軒目(入口から7軒目)に第二不二川楼があった(現:10番地北側)。

第一港楼は、大門通りの東側4軒目で、不二川楼本店と向き合っていた(現:8番地と9番地の境界の道路のあたり)。港楼本店は、大門通りを「金波楼」の角で右折した東西路の南側4軒目にあった。金森楼はその東隣(本店か支店か不明)。いずれも現在は御苑大通りの路面になってしまった。新港楼は同じ東西路の北側6軒目にあった(現:ビッグス新宿ビルの敷地北側部分)。

これらの刻銘は、地上から姿を消してしまった新宿遊廓のほとんど唯一の遺物であり歴史資料である。しかし、例によって何の説明もされていない。

場の記憶

こうして、私の「新宿遊廓」探しは終わった。本業のトランスジェンダーの歴史研究の間にとはいえ、ずいぶん長い年月がかかってしまった。

その結果、あの夜、私が「戦前の遊廓はどこらへんだったのですか?」と尋ねたニューハーフ・スナック「梨沙」があった「コリンズ28ビル」(現在はなし)は、新宿遊廓の第一不二川楼の跡地に建っていたことがわかった。まさに「戦前の遊廓はここだった」のだ。何という巡り合わせだろう。私は歴史研究者でありオカルト的なものは信じないが、不思議な因縁であることは間違いない。

それがわかった時、私の脳裏に「場の記憶」という言葉が浮かんだ。論理的に考えれば、土地に記憶力があるはずはなく、それはその土地にたたずむ人の記憶なのだ。それでも、何かその土地に特有の雰囲気、古風に言えば「気」を感じることがあるように思う。それは文字通り「気がする」ということなのかもしれないが。

私はこの本で、隠され、埋もれ、今や失われつつある性的な遊興空間の記憶、かつて女たちが身体を張って稼ぎ、男たちが心をときめかせた「性なる場」、その集合体である「性なる街」の記憶を、自分なりの方法（歴史学と地理学）でたどり、掘り起こしてみようと思う。

「そんなこと、とっくに知ってる」とおっしゃる方もあるかもしれない。しかし、私のように知らない人も多いと思う。よろしくお付き合いくださり、不十分な点はいろいろ教えていただければ、ありがたく思う。

コラム1 「廓」という空間

「廓《くるわ》」という言葉を耳にしたことがある方は、それなりにいると思う。そもそも「廓」って何だろう？

辞書で調べると、「かこまれた場所」とか「一区域をなす地域」という意味が出てくる。もともとは、中国大陸の都市で防衛のために四周を囲んだ分厚い城壁を意味するのだが、日本はそうした城壁都市のシステムをほとんど受け入れなかった。だから「廓」といえば、せいぜい塀や石垣あるいは堀などで、周囲と隔絶された閉鎖性のあるエリア、ということになる。

大坂夏の陣（1615年〈慶長20〉）で豊臣秀頼と淀君が自刃した大坂城の「山里曲輪《やまざとくるわ》」のように、戦国時代から江戸時代初期の城郭では「曲輪」という表記が用いられたが、これも「廓」であることは言うまでもない。

とはいえ、「廓」といえば、お城趣味の人は別として、いちばん先にイメージするのは、やはり「遊廓」だろう。

女性だけだった初期の遊里

ただし、日本の遊里《ゆうり》（女性が男性に性的なサービスを行う場所）は、最初から「廓」だったわけではない。

平安時代中期（10世紀）、摂津国の「江口・神崎《かんざき》」（現：大阪市・兵庫県尼崎市）など淀川水運の河港に遊女《あそびめ》たちが集まっていた。平安時代後期～鎌倉時代（11～13世紀）になると、淀川水運の延長線上の瀬戸内海航路の「津」（港）にも遊女が集まるようになる。播磨国の「室《むろ》

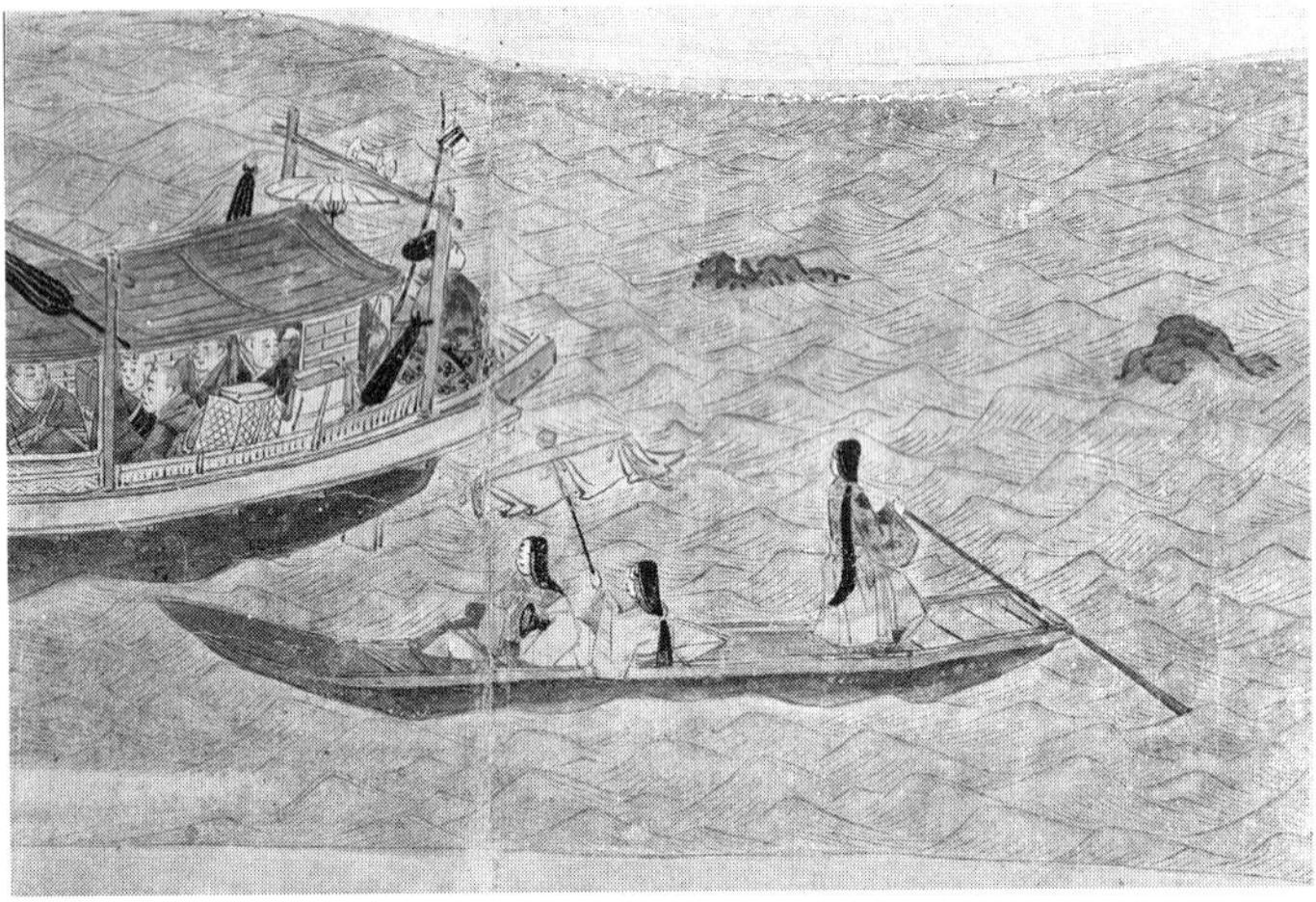

図C1－1　「法然上人絵伝」（知恩院蔵）に描かれた、小舟に乗る遊女。

津《つ》」（現：兵庫県たつの市）、備後国の「鞆《とも》の浦」（現：広島県福山市）、長門国の「赤間関《あかまがせき》」（現：山口県下関市）などがよく知られる。

こうした水辺の遊女たちの「営業」は、小舟で客のいる船に乗り付ける形だった。鎌倉時代に描かれた「法然上人絵伝」には、法然上人が乗る船に小舟に乗った遊女が漕ぎよせる様子が見える【図C1－1】。この時は「営業」のためではなく、ありがたい説法を聞きにきたのだが、普段は、今風に言えば、デリバリー「営業」だった。だから、陸上に家はあっただろうが、客を迎える設備ではなかったと思われる。

美濃国の東山道《とうさんどう》不破関《わのせき》に近い「青墓宿《あおはかのしゅく》」（現：岐阜県大垣市）のような陸上交通の拠点にも遊女たちは集まっていたが、やはり、出張営業が主流で、娼館《しょうかん》のような固定的な設備はなかったようだ。

ちなみに、この頃までの遊女の「長《おさ》」（統率者）は、ほとんどの場合、女性だったと思われる。法然上人が乗る船に漕ぎよせる小舟に乗っ

図C1－2　辻子君（左側の屋内にいる女性たち）と立君（右側の路上の女性たち）。（「七十一番職人歌合絵巻」の19世紀の模写より、東京国立博物館蔵、Image：TNM Images Archives）。

ているのは、巫女《みこ》であることを示す鼓《つづみ》をもった遊女、貴人の象徴である傘を差し掛ける侍女、袴《はかま》を着けて櫓《ろ》を操る娘で、そこに男性の姿はない。「長」を母、遊女たちを姉妹になぞらえた女性たちだけの疑似《ぎじ》母系集団による自立的な売春がイメージされる。男性による遊女の管理・収奪はまだ主流ではなかった。

　室町時代、1500年頃に描かれた「七十一《しちじゅういち》番職人歌合《ばんしょくにんうたあわせ》絵巻」には「立君《たちぎみ》」と「辻子君《ずしぎみ》」が描かれている［図C1－2］。「立君」は路上で客を誘うストリートガールであり、「辻子君」は定まった家で客の来訪を待つ営業形態で、その家は娼館の原型と言える。京の都にすでに2種類の売春形態があったことがわかる。

　戦国の争乱が収まり天下統一がなると、都市の各所に分散していた遊女屋を1箇所に集めようとする動きが出てくる。1585年（天正13）、実質的な天下人となった豊臣秀吉は、大坂城下に散在する遊女屋を道頓堀川北岸に集め

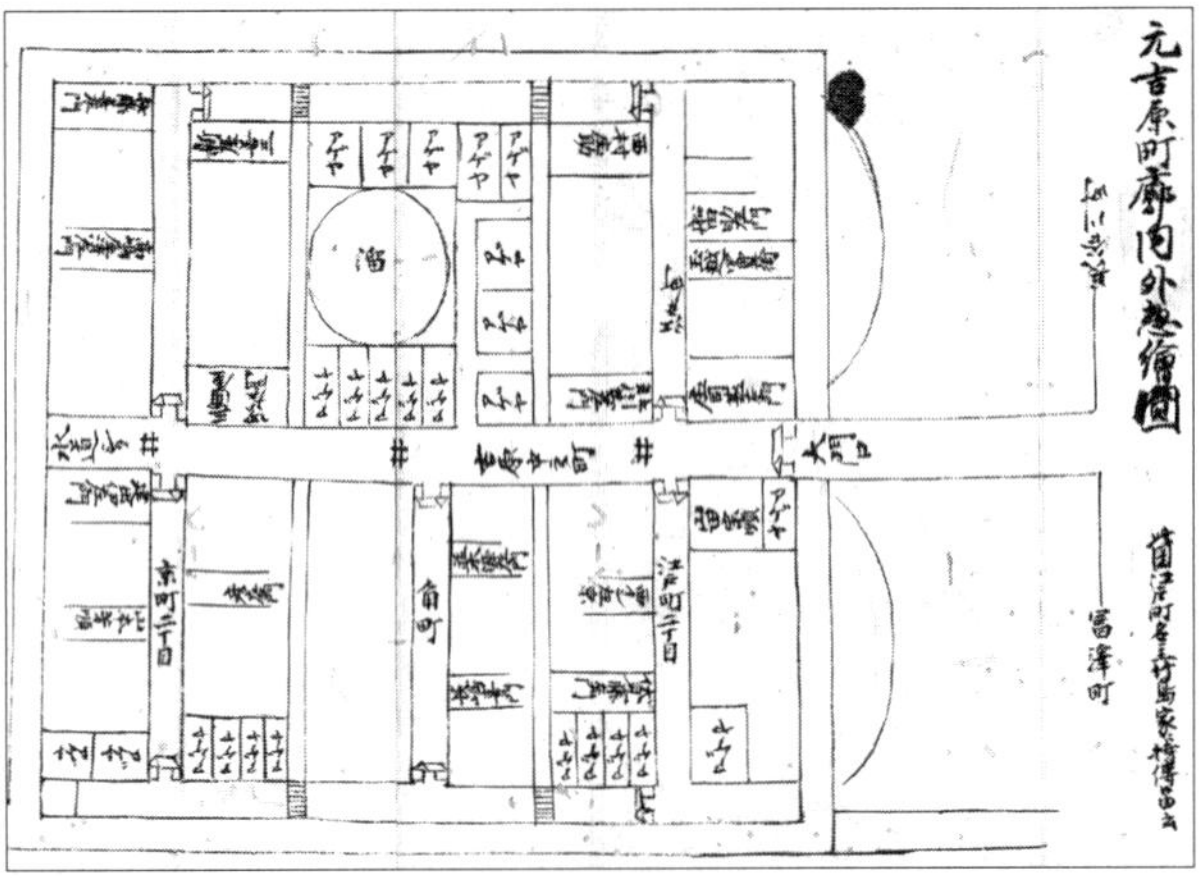

図C1－3　「元吉原の図」（仏庵『新吉原略説并元吉原町起立　第１帖』、江戸後期、国会図書館蔵、より）。

た。

秀吉はさらに1589年（天正17）、京の街に散らばっていた遊女屋を二条柳町《にじょうやなぎちょう》（現：京都市中京区二条柳馬場《やなぎのばんば》付近）に集める。遊女屋を1箇所に集めることは、為政者にとっては遊里の管理を徹底するという点で便利であり、遊女屋にとっては他地域での営業が禁止されることで、営業の独占化という大きな便宜があった。

こうして都市政策の一環として遊女屋が集中する「傾城町《けいせいまち》」が形成され、男性による遊女の管理、収奪が表面化し、制度化されていった。だが、まだ「廓」という形にはなっていない。

「廓」の始まり

「廓」の形がはっきりしてくるのは、江戸の「葭《よし》（吉）原《わら》」である。ただ、江戸時代初期、慶長年間（1596～1615）に葭の茂る低湿地を造成したという「吉原」の成立過程は、残されている数少ない史料の信頼性に問題があり、はっきりしない。あまりに議論が複雑になるので、ここでは踏み込まないことにする＊1。

間違いないのは、江戸幕府によって遊女町としての「吉原」が公許され、営業独占が認められたのが1617年（元和《げんな》3）であり、その吉原が日本橋葺屋町《ふきやちょう》（現：中央区日本橋人形町）のあたりにあったことだ。

この吉原は、湿地を埋め残した堀で周囲と隔絶された「廓」の中に、中央に1本それに直交して3本の道路を設けた「三筋町《みすじまち》」で、道路で区画された「町」に出身地別に遊女屋を配した構造だったらしい［図C1-3］。まさに「廓」の初めと言える。

吉原開創から40年後の明暦の大火（振袖火事、1657年〈明暦3〉1月18～19日）をきっかけに、幕命によって吉原は、江戸の東北に座す浅《せん》草寺《そうじ》のさらに北、日本堤《にほんづつみ》の僻地《へきち》、いや新開地（現：台東区千束《せんぞく》四丁目）に引っ越し、以後、「新吉原」と呼ばれることになった。

江戸の北郊にあることから「北里《ほくり》」「北廓《ほっかく》」と呼ばれた新吉原は、「御瓦解《ごがかい》」（＝御一新）を迎えるまで、江都《こうと》唯一、天下御免の色里《いろざと》の格式を誇り、200年の長きにわたって栄えることになる。

新吉原へは、大川（隅田川）を猪牙舟《ちょきぶね》で遡《さかのぼ》り、今戸（山谷堀との合流点、［図C1-4左A］）で舟を降りて日本堤の土手道［図C1-4左B・図C1-4右B］を行く。左に折れて「衣紋坂《えもんざか》」を下ると緩く曲がる「五十間道《ごじゅっけんどう》」［図C1-4左C・図C1-4右C］で、両側には「外茶屋」が並ぶ。冠木門《かぶきもん》の「大門《おおもん》」（正面入口、［図C1-4右D］）を潜《くぐ》ると、大門から「水道尻《すいどじり》」［図C1-4右E］まで真っ直ぐな大通り「仲之町《なかのちょう》」が延び、その両側には「引手茶屋《ひきてちゃや》」が立ち並んでいた。

仲之町の通りは、春には桜、初夏には牡丹《ぼたん》、それが終われば菖蒲《あやめ》というように季節の花が植えられ［図C1-5］、それを愛《め》でながら歩く花魁《おいらん》（高級遊女）一行を遊客たちが鑑賞する場であり、また花魁が客を揚屋町《あげやまち》の茶屋（後に引手茶屋）に迎えに行って連れて帰る「花魁道

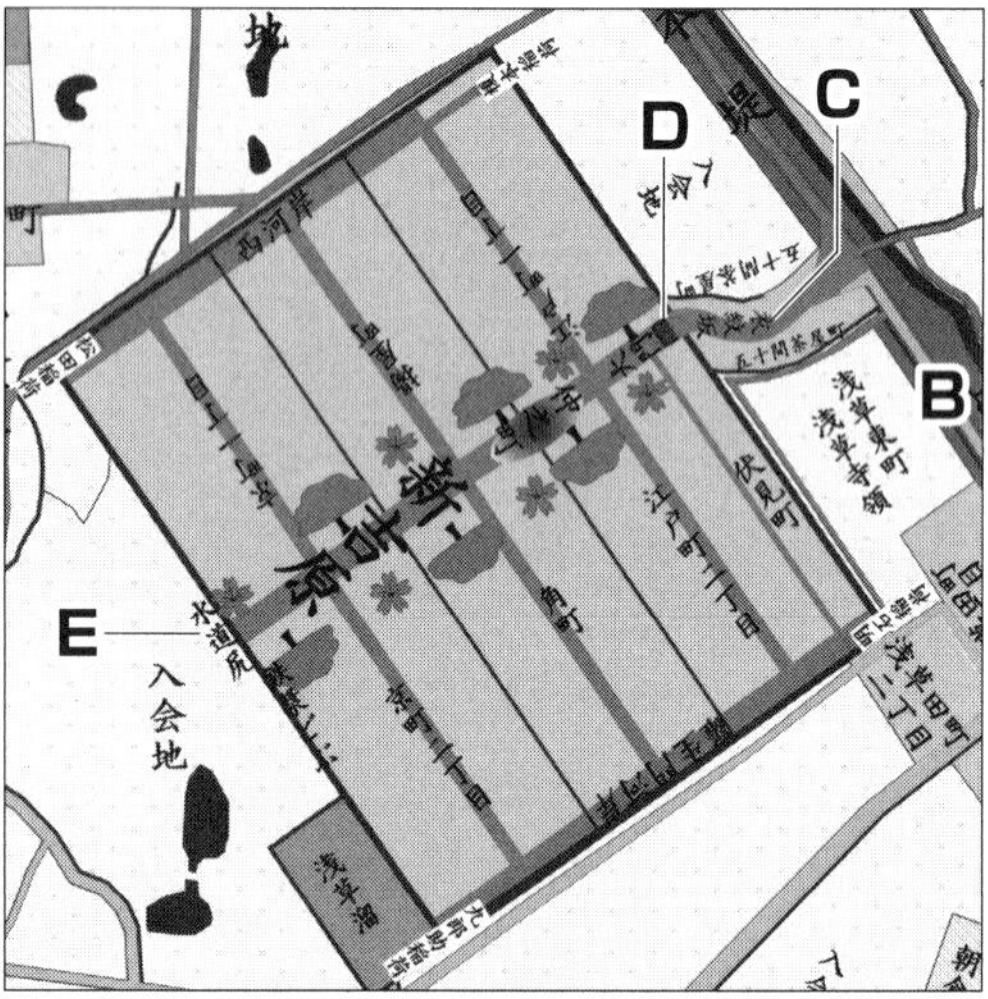

中」の路でもあった。広い廓内道路は、単なる道路ではなく、多様な用途に応じられる空間、今風に言えば、自由に楽しめるアミューズメント空間だった。

仲之町の通りは幅6間（10・8メートル）、車が交通の中心になった今でこそ、それほど広いとは感じないが、せいぜい人力車くらいで人が通行の中心だった明治時代の絵葉書を見ると、中央に桜を植えても、両側にまだかなりの余裕があることがわかる［図C1－6］。

大門を入ると右手前から「江戸町《えどちょう》一丁目」「揚屋町」「京町《きょうまち》一丁目」が並び、左手前から「江戸町二丁目」「角町《すみちょう》」「京町二丁目」が連なる。遊女屋は江戸一、江戸二、角町、京一、京二に集中し、この新吉原開闢《かいびゃく》以来の5町を総称して「五丁町《ごちょうまち》」と言い、新吉原の異称ともなった。

廓の周囲には「鉄漿《おはぐろ》どぶ」と呼ばれる水路が巡り、外界から隔絶されていた。「鉄漿どぶ」は、開設当初は幅5間（約9メートル）で、溝《どぶ》

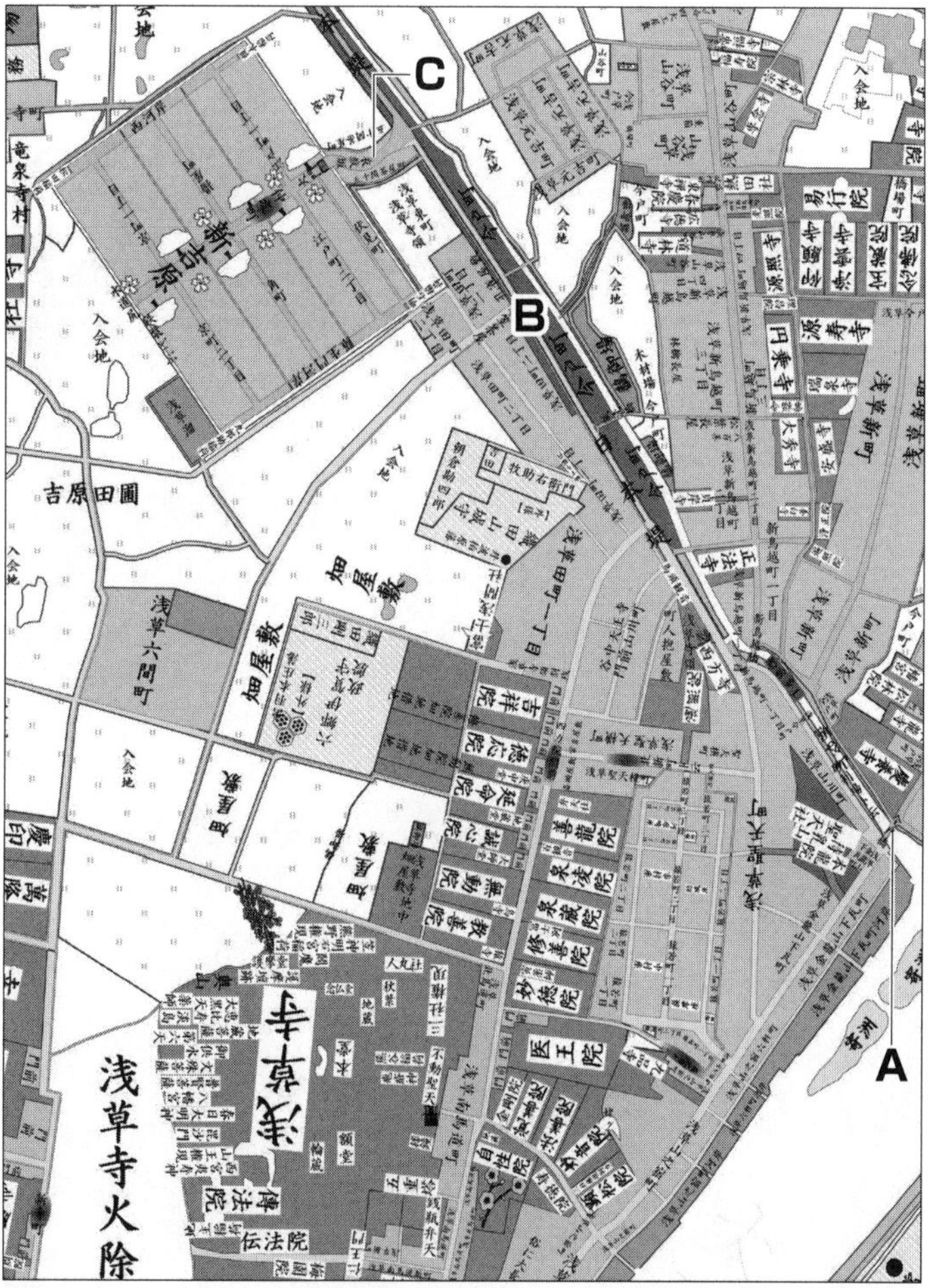

図C1－4　［左頁］新吉原遊廓の周囲との異質性・隔絶性が明らかに見える。［右頁］「三筋町」の構造がよくわかる（ともに小島豊美氏提供）。

図C1－5［上］　鳥居清長が描いた仲之町の牡丹（「牡丹園・あふぎや内かこちの」18世紀、東京国立博物館蔵、Image：TNM Images Archives）。

図C1－6［下］　桜が植えられた仲之町（明治期の絵葉書）。

というより堀というべき規模だった（江戸末期から明治初期に縮小されて幅2間＝約3・6メートルとなり、さらに明治後期には3尺＝約90センチメートル程になってしまう）。

廓への出入りは、通常は大門のみに限定されていて、大門を入って左手に町奉行所の出張所である「面番所《めんばんしょ》」が、右手に遊女屋の自治組織である「四郎兵衛会所《しろべえかいしょ》」があり、人々の出入りを監視していた。

廓の四隅には、北に「榎本稲荷《いなり》」、西に「開運（松田）稲荷」、南に「九郎助（黒助）稲荷」、東に「明石（赤石）稲荷」が祀《まつ》られ、楼主や遊女の信仰を集めていた。

このように新吉原は、周囲と隔絶された高い閉鎖性をもち、計画的な町造りがなされた人工都市だった。

こうした閉塞性《へいそく》は、遊女の逃亡を防ぎ、来訪する客を監視するという便があったが、遊廓という別世界、異空間を演出するという機能もあったと思われる。

「廓」の基本形

新吉原は、まさに廓として完成された形態をもっていた。廓としての完成度と格式の高さから、新吉原はその後の遊廓の規範となる。とりわけ、明治時代以降、全国各地に新たに設けられた遊廓には、新吉原を模倣した形態がしばしば見られる。方形の区画（廓）を設け、大門から幅の広い道路を一直線に延ばし、それに「十」字形に道路が直交するという基本形だ。

いくつか例を挙げてみよう。幕末の開港地横浜の最初の遊廓は「港崎遊廓《みよざき》」（現：横浜市中区横浜公園）だったが、それが焼失した後の二代目の遊廓は、その名も「吉原遊廓」（1867〜71年〈慶応3〜明治4〉、現：横浜市中区伊勢佐木町、羽衣町、末広町の一部）。周囲を堀で囲み、大門から延びる「仲之町通」に横道が直交する形で造営され、完全に新吉原を手本にしていた［図C1-7］。

1868年（慶応4）、幕末のどさくさに公

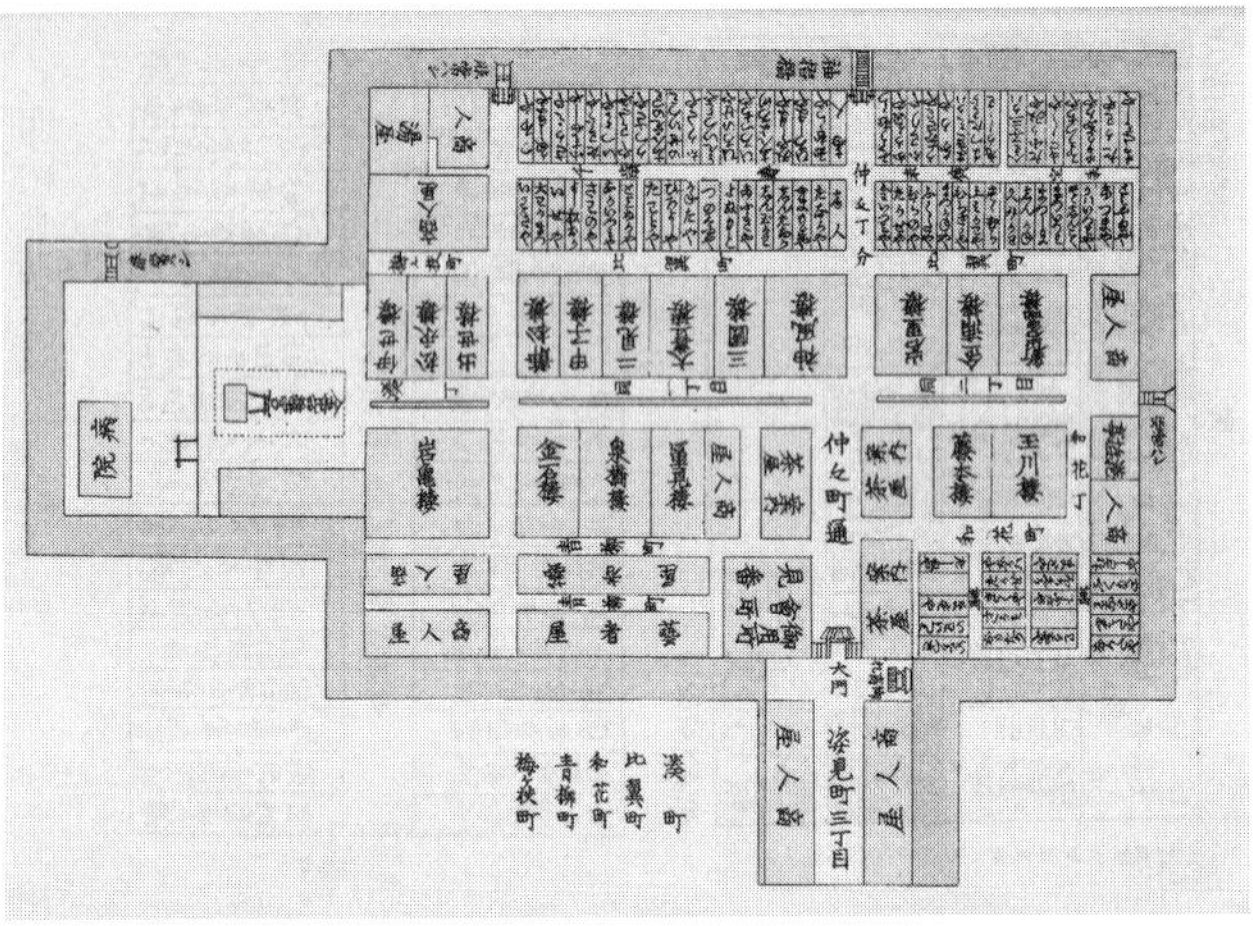

図C1－7　横浜の吉原遊廓（『明治文化全集第19巻　風俗編』日本評論社、1928年〈昭和3〉より。原図は佐野屋冨五郎編『横浜吉原細見記』不二屋、1869年〈明治2〉）。

許の遊廓になった（?）「根津遊廓」（現：文京区根津。第2章も参照）が、1888年（明治21）に移転した「洲崎《すさき》遊廓」（［図C1－8］の洲崎辨天町一丁目と同二丁目。現：江東区東陽一丁目）は、四方を海と運河に囲まれた方形の埋め立て地に、大門から延びる幅35メートルのメインストリートとそれに直交する3本の道路という構造だった。とりわけ2本目の横路は幅17メートルとかなり広く（他の2本は11メートル）、横のメインストリートという感じだ［図C1－9］。

横浜で4代目の遊廓になる「永真《えいしん》遊廓」（1882～1945年〈明治15～昭和20〉、現：横浜市南区永楽町・真金《まがね》町）も大門から延びる幅の広いメインストリートを設け、そこに横道が直交する新吉原を模倣した構造だった。中央の道路は戦後の「赤線」時代を経て現在に至っているが、幅が広すぎて、住宅街の一般道路にしてはいささか不自然な中央分離帯（植え込み）が設けられ

図C1−8[上] 1930年（昭和５）頃の洲崎遊廓（『昭和東京散歩　戦前』人文社、2004年、より）。

図C1−9[下] 戦後、遊廓の跡地にできた「赤線」洲崎で、メインの横路に沿ってあった「大賀」（1950年前後〈昭和20年代〉）。客を待つ女給との対比で道の広さがわかる（岡崎柾男『洲崎遊廓物語』青蛙房、1988年、より）。

図C1－10　［上］横浜・永真遊廓の大門とメインストリート（明治末～大正期？の絵葉書）。［下］同じ場所の現況（2016年）。

ている［図C1―10］。

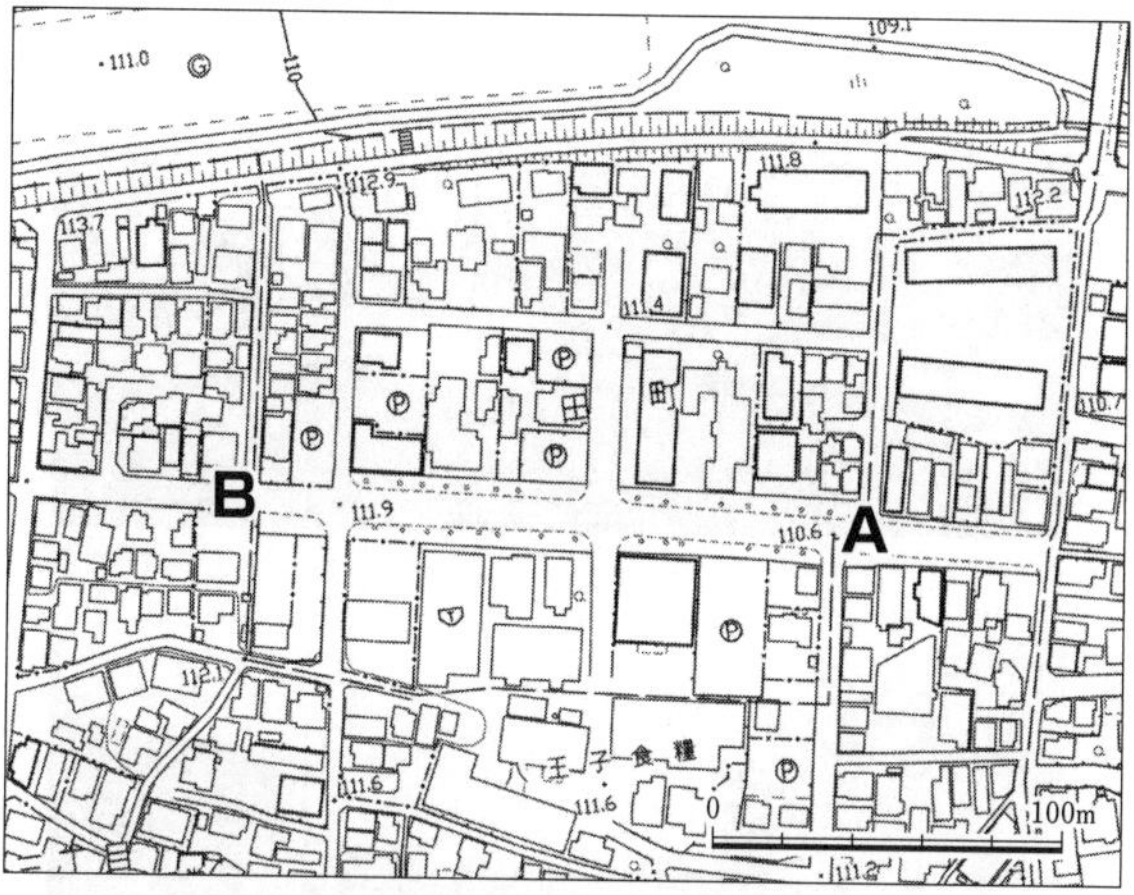

図C1―11　八王子（田町）遊廓の痕跡。Aが大門があった場所。AからBの区間で道路が不自然に広くなっている（「東京都縮尺2500分の1地形図　平成27年度版　八王子」）。

広い廓内道路

このように遊廓には広い、いや広過ぎる道路がしばしば存在した。

東京多摩地区で最大の規模を誇った「八王子（田町）遊廓」（現：八王子市田町）は、甲州街道沿いにあった妓《ぎ》楼《ろう》が、1893年（明治26）の大火の後、北の浅川に近い田町に移転したものだが、大門から真っ直ぐ伸びる広い道路が設けられた［図C1―11］。大路には桜や柳が植えられ、その両側に妓楼が並ぶ構造だった。

現地を訪れると、住宅地の一般的な幅員《ふくいん》の道路が、突然、異様に広くなる（図中のAB間）。「あれ、何で、ここで急に道が広くなるのだろう?」と思うと、そこが遊廓の入口で、遊廓だった範囲を出ると、また道幅が狭くなる様子がはっきり観察できる。ちなみに、旧遊廓地区は道が広く大型車両を止めて荷《に》卸《おろ》し

図C1−12　小樽市・旧松ヶ枝遊廓の現況。［上］大門があったあたり。道路の間の雪の部分が中央分離帯。［中］かつての「大門通り」と直交する広い道路。［下］坂を上り切った所。中央分離帯（左手の雪の部分）がここで終わる（いずれも2017年）。

するのに便利なので、倉庫などに利用されている。

北海道の小樽市は、明治の開拓時代から港湾・商業都市として栄え、遊廓の規模が大きい。いろいろ変遷を重ねて、昭和初期には市街地の北の小樽港と鉄道の駅（手宮《てみや》線の終点・手宮駅）に近い手宮地区に「梅ヶ枝遊廓」（貸座敷15軒、娼妓《しょうぎ》79人）が、市街地の南西、天狗山の山麓の入船地区に「松ヶ枝遊廓」（貸座敷16軒、娼妓96人）があり、それぞれ「北廓《ほっかく》」「南廓《なんかく》」と呼ばれていた（数値は1929年〈昭和4〉＊2）。

松ヶ枝遊廓（現：小樽市松ヶ枝）は、市街地に隣接した住ノ江町にあった遊廓が、1896年（明治29）に大火で焼失した後、移転・造成されたものだった。

その跡地を訪ねると、大門があったあたりで突然道幅が3倍近くになり、小川が流れる幅の広い中央分離帯をもつ大きな道路が傾斜地を真っ直ぐに上っていく［図C1－12上］。

それに直交する4本の道路も、道路ではなく広場か？ と思うくらい幅広で、現在は、まったく普通の住宅地なので、明らかに幅員を持て余している［図C1－12中］。それらの幅広道路は、ある場所でぶっつり切れる。そこまでが遊廓の範囲ということだ［図C1－12下］。

八王子（田町）遊廓、小樽・松ヶ枝遊廓の移転事情からわかるように、こうした広すぎる道路は、単なる交通路ではなく、遊廓がもっとも恐れた火事の際の「火除地《ひよけち》」（防火帯）としての機能をもっていた。

指定地に入ると、突然、道路が広くなるという現象は、戦後「赤線」に指定された「羽衣新天地」（現：立川市羽衣町。第2章も参照）でも見ることができる。地図で見ると、まるでそこだけ浮き上がるように、街割が違う［図C1－13］。

広い自動車道路に慣れている現代人ですら、旧遊廓の幅広い道路に立つと、ある種の驚きとともに開放感を味わうことができる。まして、人の通行を基本にした狭い道路しか知らなかっ

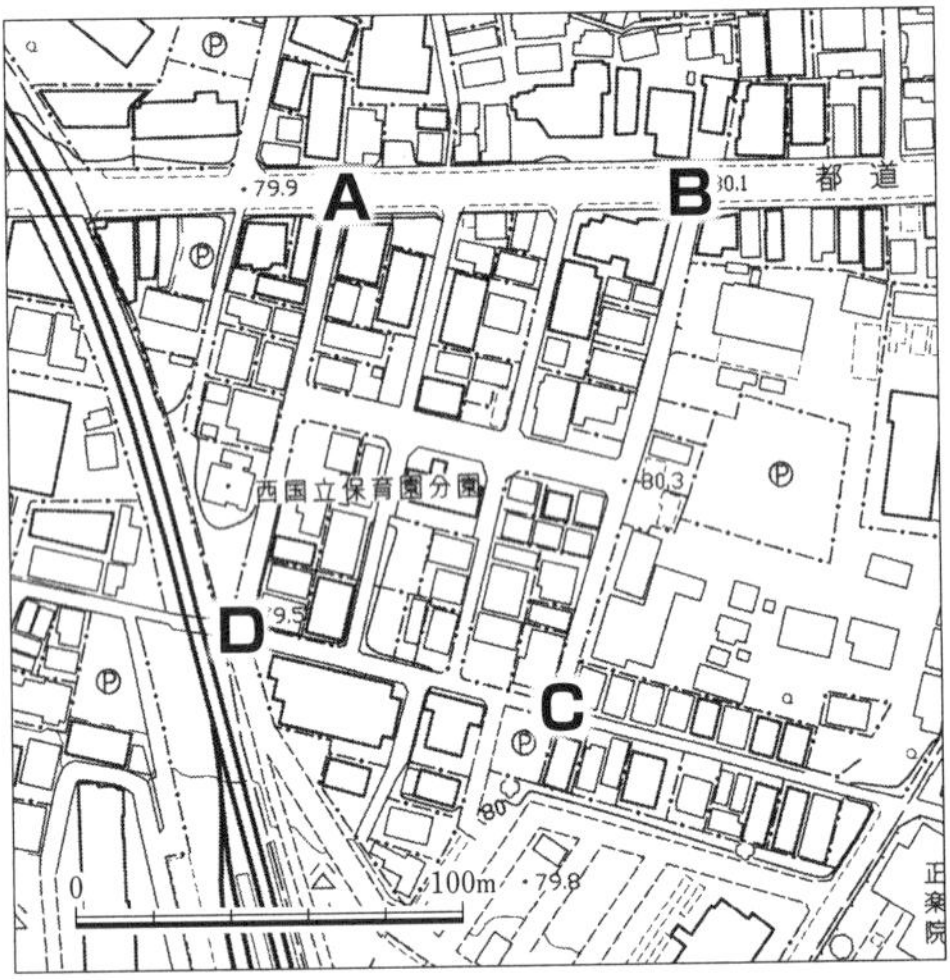

図C1-13 立川の「赤線」羽衣新天地の痕跡。地図の中央に、幅の広い東西道路（両端は行き止まり）と、それに直交する4本の道路で構成されたエリアが見て取れる（図中のABCD内。「東京都縮尺2500分の1地形図 平成27年度版 立川」）。左下の駅はJR南武線の西国立駅。

図C1-14 シャワーが備えられた新吉原「彦太楼」の洗面所（明治時代末期の絵葉書）。

図C1―15 「遊園地」の文字が刻まれた、亀戸天祖神社の玉垣（2003年）。現在は案内地図の立て看板の裏になっている。これも隠蔽？

た時代の人にとっては、遊廓の幅広な道路はそれだけで驚きだったろう。

異空間の演出

ところで、「性なる場」というと、細く曲がりくねった路地が複雑に絡む場所をイメージし、そこに何か隠微《いんび》で猥雑《わいざつ》なものを感じる人が多いと思う。たしかに、大正期の浅草にあった「高層タワー」凌雲閣《りょううんかく》（通称「十二階」）の足元に広がっていた「銘酒屋《めいしゅや》街」（実態は飲み屋を装った私娼街《ししょうがい》）「十二階下」や、昭和戦前期の東京を代表する私娼街だった「玉の井」（現：墨田区東向島）、あるいは戦後の「赤線・鳩の街」（現：墨田区東向島一丁目）は、そうしたラビリンス（迷宮）的な構造をもっていた。

しかし、それらは都市が無計画・無秩序に拡大（スプロール化）したエリアが非合法な私娼街化したもので、それに対して、「貸座敷渡世規則」（東京府令第145号、1873〈明治6〉施行）に則った公娼《こうしょう》が活動する遊廓は計画的に造営された幅の広い直線道路で特色付けられ、都市景観的に大きく異なっていた。

公許の遊廓は、日常性と隔絶された異空間が演出される「性なる場」だった。そこで演出されたものは、江戸時代においては広さ、豪奢《ごうしゃ》であり、近代においては、それに加えてモダン、衛生だった。

遊廓と衛生というと、いぶかしく思う方もいるだろう。しかし、明治末期の新吉原妓楼の洗面所は広く清潔な板の間で、水道が引かれた洗面台には、当時最新式のシャワーが備えられていた［図C1－14］。隠微とか猥雑とかとは対極のイメージだ。

そういう意味で、遊廓は現代のアミューズメントパークと似ている。実際、「遊園地」や「楽天地」などを自称した「性なる場」は珍しくない。たとえば、戦前の私娼街で、戦後「赤線」に移行した「亀戸」の組合は、「亀戸遊園地組合」と称していた［図C1－15］。お父さんが子どもを連れて行けない「遊園地」である。

新吉原の仲之町を歩む華やかな花魁道中を、現代の「東京ディズニーランド」のエレクトリカル・パレードに喩えたら叱られるかもしれないが、案外、本質的な部分で似ているのではないかと思っている。

第2章 「赤線」とは何か（1）——その成立

この数年、私は大学で「日本の買売春の歴史と現在」という講義をしている。奈良時代の『万葉集』に見える「遊行女婦《うかれめ》」から始めて、平安時代中期の淀川沿いの「江口・神崎」など「遊里《ゆうり》」の形成、安土桃山〜江戸時代初期に行われた政治権力者（秀吉・家康）による遊女屋の囲い込み（「廓《くるわ》」化）、大江戸の華「新吉原《しんよしわら》」の全盛、文明開化を経て「近代公娼《こうしょう》制」の成立（「貸座敷」と「娼妓鑑札《しょうぎかんさつ》制」）、そして戦後における公娼制の廃止と買売春黙認エリアとしての「赤線」の成立、さらに「売春防止法」の成立と現代の性風俗産業への影響までを述べる。

どの大学でも受講学生の食いつきはとても良い。高校はもちろん大学でも教わったことがなく、他ではほとんど聞けない内容だからだろうが、リアクション・ペーパーにはびっしり感想や質問が記されてくる。その中で、毎学期ほとんど必ず学生から出る質問がある。

「『赤線』って、結局、合法なんですか？　違法なんですか？」

まったくもって、もっともな質問だと思う。時間が限られた中ではなかなか説明しきれないのだが、もし、じっくり解説する時間があったとしても、合法か違法か、二者択一的に結論を述べるのは難しい。なぜなら「赤線」とは、そもそもそういう曖昧な存在だからだ。

「赤線」とは?

「赤線」を簡単に説明するならば、太平洋戦争後の1946年(昭和21)12月から、「売春防止法」が完全施行される直前の1958年(昭和33)3月末まで、日本社会に存在した事実上の買売春地区で、警察の監督(地域限定・営業許可)のもとで、「特殊飲食店(後にカフェー)」に勤務する「女給」が客と「自由恋愛」をする(したがって「特殊飲食店」の業者は何ら関知しない)という「建前」で成り立っていた買売春システム、ということになる。

戦前の「遊廓」(貸座敷免許地)がほぼそのまま「赤線」に移行した場所もあれば、戦後まったく新たに「赤線」が設定された場所もある。ごくおおまかに言えば、「男が女を買う街」ということになるが、実際はいろいろややこしい事情がそこにはあった。

その「赤線」のややこしい事情こそが、今、述べた「建前」である。1952年(昭和27)2月29日、第13国会の衆議院行政監察委員会に証人として呼ばれた業者代表の野本与喜雄(新宿カフェー協同組合理事長)がこんなことを言っている。

「ここに働く女性は、みな大部分は戦災及び戦争による未亡人とか、その他の困窮者でございますから、男性とどういう約束がありますか、私はまだはっきり聞いたことはございませんが、いずれにしても喜捨を受けておりますから、その金の百分の五十以下をいただいておるような次第でございまし

て……」＊1

働いている女性と（男性）客とがどういう「約束」をしているか、業者は関知しておらず、客から女性へ渡される金は「喜捨」（プレゼント）であるという「建前」を、国会という公の場ではっきり述べている。実際には、客はセックスの代価として女給にお金を払っているし、業者がそれを知らないはずはないのだが。

そして、渡される金の「百分の五十以下」を業者が受け取る理由について、別の所で「建設費及び什器《じゅうき》の損料及び衛生費、それから税金」に充てるためと言っている。つまり「部屋代」と税金であり（食費は含まれない）、女給が身体を張って稼いだ金をピンハネしているわけではないという「建前」だ。

こんな見え見えの「建前」が通用するのなら「警察はいらないよ」と思ってしまうが、いらないどころか、実は警察も「ぐる（共謀者）」なのだ。いや、正確に言おう。警察と売春業者が「ぐる」だと考えると、「赤線」というシステムができあがっていくプロセスのいろいろがわかりやすい。

なぜ、こんな曖昧で奇妙なシステムができあがったのか？　少し面倒でも、やはり歴史的に経緯をたどってみるのが「急がば回れ」でいちばんわかりやすいと思う。短期間にたくさんの指令が出され、法律が作られるので、頭が混乱するかもしれないが、敗戦直後の占領初期という時代は、それだけ大変革の時代だったのだ。

公娼制廃止と占領軍「慰安所」

そもそもは、ＧＨＱ（General Headquarters：連合国最高司令官総司令部）、つまり敗戦後の日本を占領していたダグラス・マッカーサー元帥の司令部が「デモクラシーの理念」に基づき、1946年（昭和21）1月7日に「廃娼の準備」を求める要請を日本政府に出したことに始まる。前借金《ぜんしゃくきん》で縛られた遊廓の娼妓の在り様を「奴隷状態」として問題視したのだ。

近代の遊廓は建前上、公（国家）の許可を得て娼妓鑑札を受けた女性（公娼）が、貸座敷で売春を行い、部屋代を座敷主（実態は妓楼《ぎろう》主）に支払うシステムだったが、娼妓が前借金で拘束され、廃業の自由がないのは、江戸時代と変わりなかったからだ。

これを受けてまず1月12日に、警察を管轄する内務省保安部長が、「公娼制度の廃止は必然の趨《すう》勢《せい》」とする「公娼制度廃止に関する件」依命通達を出し、次いで1月21日にGHQから「日本における公娼制度の廃止に関する件」覚書が出された。これに応じて2月2日に「娼妓取締規則」（1900年〈明治33〉施行）など公娼制度を支えてきた地方関係法令を廃止する内務省警保局長の「公娼制度廃止に関する件」通牒が全国に発布された（実施期限は2月20日）。これによって、戦前の遊廓システム（公娼制）は崩壊し、日本から公娼はいなくなった、はずだった。

しかし、現実はそう単純ではない。先に紹介した「新宿カフェー協同組合理事長」の野本与喜雄は、こう証言している*1。

「昭和二十一年（1946）一月十二日の公娼廃止のときに、（内務省の）保安部長依命としてお達しがございまして、これまでの貸座敷のものは慰安所となり、そこで働らいている娼婦は接待婦として働くことを黙認する（ことになりました）」

公娼制下の貸座敷、つまり遊廓の妓楼は「慰安所」に、公娼は「接待婦」に名を変えることで、営業を続けることを内務省の保安部長が指示していたのだ。

さらに驚くべきは、業者の取り分「百分の五十以下」（接待婦の取り分「百分の五十以上」）という配分比についても、「（内務省）保安部長依命としてお達しがございまして」と証言していることだ。公娼制廃止の際に、内務省が売春業者の営業継続のために、かなり細部に及ぶ指導・助言をしていることがわかる。

ここに出てくる「慰安所」とは、アメリカ軍を中核とした日本占領軍（連合軍）将兵専用に設置された慰安施設である。ＧＨＱは占領当初から日本政府に設置を求めていた。兵士の性欲処理や規律維持、性病への感染を防ぐためには、そうした施設が必要だという（当時の）現実的な判断からだ。

日本側でその設置主体となったのは、なんと内務省傘下の組織だった。１９４５年（昭和20）8月26日に設立されたＲＡＡ（Recreation and Amusement Association：特殊慰安施設協会）である。敗戦のわずか3日後の8月18日にＲＡＡの設立を命じたのは内務省警保局長であり（「外国軍駐屯地における慰安施設について」通牒、「外国駐屯軍慰安施設等整備要領」）、その資本金1億円の約半分は大蔵省主税局長の池田勇人（後に首相）の斡旋《あっせん》で日本勧業銀行が融資枠を設定した＊2。法的には政府に属する組織ではないが、政府が作らせた組織だったことは間違いない。

そして、その通達を受けて「東京貸座敷組合」（新吉原・洲崎《すさき》・新宿・千住・品川など公認遊廓の妓楼主）、「東京都接待業組合連合会」（向島・小岩などの「産業戦士慰安所」の経営者）、「東京都慰安所連合会」（玉の井・亀戸など私娼街《ししょうがい》系の経営者）などが、慰安所の迅速な設置に尽力する。8月28日、チャールズ・テンチ米陸軍大佐率いる１５０名の日本占領軍先遣隊が厚木と横須賀に到着し、連合軍による日本占領が開始される前日、横浜と東京を結ぶ幹線（第一京浜）途上の大森海岸（現：品川区南大井）にＲＡＡの占領軍専用慰安施設「小町園」が設置される。ぎりぎり間に合った。

現在の感覚では、警視庁保安課と性風俗営業の業者とは、摘発する―摘発される敵対関係だが、当時はそうではなく、まさに「持ちつ持たれつ」の協力関係だった。

そうした関係は、おそらく第1章で説明した公娼制成立時（1873年〈明治6〉）まで遡《さかのぼ》ると思われる。警察は貸座敷の営業許可権と娼妓鑑札の発行権を使って民衆の「性」を管理するとともに、遊廓にさまざまな便宜を与え、遊廓は性病の蔓延《まんえん》防止と犯罪者の捜索で警察に協力し、多額の税金を国庫に納めるという関係だった（コラム3参照）。

警察さらには軍と売春業者の連携関係（ぐる）は戦中・戦後も続いていた。いや、戦争と敗戦という「国家非常時」に際して、より関係が強化されたように見える（後述）。遊廓から慰安所への転換という形で売春営業を継続・黙認する発想は、まさにそうした連携関係から生まれたのだろう。

実態的には、遊廓や「産業戦士慰安所」そして私娼街の「占領軍慰安所」への転換は、占領が始まって程ない1945年（昭和20）秋から進んでいた。当初、設置されたRAAの慰安所だけでは、連合軍兵士の性欲を満たしきれなかったのだろう。

9月28日、アメリカ太平洋陸軍軍医総監代理ブルース・ウェブスター大佐は、東京都衛生局防疫係長の与謝野光《よさのひかる》（歌人の与謝野鉄幹・晶子夫妻の長男）をGHQ本部に呼び付け「性病予防に協力してほしい」という要請（実際は命令）を行った。つまり、東京都のすべての慰安施設を占領軍のために提供するように、ということだ。さらにウェブスター大佐は、白人兵士と黒人兵士の分離を指示する。連合軍兵士の人種差別感情は日本人の想像を超えるものがあった。与謝野は新吉原、千住、品川などの公娼系を白人兵士用に、「玉の井」（現：墨田区東向島）、「亀戸」（現：江東区亀戸）、「新小岩」（現：江戸川区松島）などの私娼系を黒人兵士用に分けて準備する。そして、将校用には「向島」（現：墨田区東向島)、「芳町《よしちょう》」(現:中央区日本橋人形町)、「白山《はくさん》」(現:文京区白山)などの花柳街《かりゅうがい》系をあてた。

「Off Limits 指令」と性病対策

ところが翌1946年(昭和21)になると、GHQの方針が大転換する。1月頃から、GHQは将兵が慰安所に立ち入ることを禁止する措置を取り始める。そして、3月26日、占領軍憲兵隊(MP)司令官から警視総監宛に「進駐軍の淫売窟《いんばいくつ》立ち入り禁止」の通達(「Off Limits 指令」)が出され、翌27日にはRAAの施設が(一部の例外を除き)閉鎖されてしまった。

この方針転換の背景にはGHQ内部の対立があった。片や、将兵の性病予防・管理を第一に考え、慰安所の存在や将兵の買春行為を黙認するクロフォード・サムス公衆衛生福祉局長を中心とする現実派。此方《こなた》、売春行為を否定するキリスト教の倫理観に基づき、将兵の買春行為を一切認めず禁欲を奨励する陸海軍従軍牧師協会を最先鋒とする買売春否定派。進駐から半年が経ち、占領体制に一応の落ち着きが出てきた時期に、日本占領軍の性行動に批判的だったアメリカ本国政府の支持を受けた買売春否定派が巻き返したと考えられる。

現実に、性病予防のために設けられたはずの慰安所が性病(主に淋病《りんびょう》と梅毒)の温床になっていた。1946年(昭和21)1月25日の第8軍(東日本を管轄)の性病感染率は年間1000人あたり259人(25・9%)で、白人兵士の平均が146人(14・6%)に対して黒人兵士は1807人(180・7%)だった。180・7%という数値、一瞬、理解できなかったが、1人の黒人兵士が1年間に繰り返し何度も性病に感染していることを示している*2。これではいくらアメリカ本国からペニシリン(性病治療に特効がある抗生物質)を送っても、足りないはずだ。

図2－1　占領軍兵士の慰安施設「Pigeon Street」から「赤線」へと変遷した「鳩の街」の旧慰安施設建物の壁面に残っていた「OFF LIMITS」の文字（2011年）。

さて、旧遊廓の妓楼主たちにしてみれば、せっかく占領軍兵士向け慰安所への転身を黙認してもらったのに、「Off Limits指令」によって、肝心の客が来なくなってしまった。このままでは経営が成り立たない。「接待婦」になった娼妓たちは生活に困る。現実問題として、再び日本人を客にするしかないのだが、その場合、警察は黙認してくれるのだろうか？　そもそも占領軍慰安所は設立の際に「日本人の施設利用は之《これ》を禁ずる」（前出の「外国駐屯軍慰安施設等整備要領」）とされていたからだ。

以下は推測だが、業者たちの代表が長年の付き合いである警視庁に相談に行く。「ＲＡＡの開設にはあれほど協力したのですから、今度は警察が助けてくれる番でしょう」みたいな陳情をしたのではないだろうか。

警察にとって当座の緊急課題は、街娼《がいしょう》（当時の用語では「闇の女」「パンパン」）の激増による風俗の壊乱《かいらん》と性病の蔓延だった。性を売る女性が街角の人々の目に留まる場所にいては困る、特定の場所に囲い込んで（「廓」化）、目に付かないようにすること（不可視化）、が警察の風俗対策の長年の基本だったし、何より性病の拡大に対応できなくなることを恐れた。
ＧＨＱも「Off Limits 指令」後、慰安所が閉鎖されると、兵士たちが街娼と性交渉するようになり、思うように性病感染率が下がらないことに業《ごう》を煮やしていた。

歴史的に見て、性病は軍隊にとっての大敵である。当時は、梅毒と淋病が二大性病とされていた。長い時間をかけて進行し、最後は脳や神経を侵され「麻痺性痴呆」（進行麻痺）を起こして悲惨な死に至る梅毒の恐怖も大きかったが、排尿時に強い痛みをともなう淋病も軍隊では大きな問題だった。早い話、股間《こかん》が痛い兵士ばかりでは戦闘力が大きく損なわれ、まともな戦争ができないのだ。

日本占領の時点の連合軍には特効薬ペニシリンが供給されるようになっていたが、量的に十分ではなく、性病への恐れはまだ強かった。日本でペニシリンの生産・供給体制が整い、性病感染率が急激に低下するのは占領末期の１９４９〜50年（昭和24〜25）頃である。それまでは、現在とは比較にならないほど、軍政における性病対策の比重（優先度）は高かった（第４章も参照）。

そこでＧＨＱは、性病の感染源である街娼の増加への対策として「常習売淫《ばいいん》の疑い」の者を拘束して強制的に性病の検診と治療を受けさせる「狩り込み（キャッチ）」という手段を採用する。東京都内での第１回の「狩り込み」は、占領軍憲兵隊（ＭＰ）に日本の警察が協力させられる形で、１９４６年（昭和21）１月28日に行われ（検挙者18名）、８月には初の全国一斉「狩り込み」が実施された（検挙者約１万５０００名）。しかし、拘束して病院に送り込み強制的に治療しても街娼たちは退院するとすぐに夜の街角に舞い戻ってしまうので、性病予防の実効性はかなり疑問だった。また、街娼と誤認されて拘束（ミスキャッチ）される女性も数多く、当時から人権蹂躙《じゅうりん》の批判があった。

集娼制の継続方針――ＧＨＱ・警察・売春業者の合作

ＧＨＱの廃娼方針にいったんは従った日本政府だが、半年あまり後の１９４６年（昭和21）秋頃から、性病検診の徹底による性病防止を理由に集娼制の継続をＧＨＱに求める動きが政府部内に出てくる。ＧＨＱも「前借金による女性の拘束はしない」「占領軍兵士を客としない」という条件で、集娼制の容認に転じていく。

ちなみに、集娼制とは娼婦を遊廓や慰安所のような一定の場所に囲い込んで管理する方式であり（コラム1で述べた「廓」方式）、それに対して、娼婦が一定の場所に囲い込まれていない、たとえば、あちこちに街娼が立っているような形態を散娼《さんしょう》という。

こうして11月14日に、次官会議の決定として「私娼の取締並びに発生の防止及び保護対策」の通達が出される。

「社会上巳《や》むを得ない悪として生ずるこの種の行為については特殊飲食店等を指定して警察の特別取締につかせ、且つ特殊飲食（店）等は風致上支障のない地域に限定して集団的に認めるように措置すること。前号特殊飲食店等の地域に於ても接客に従事する婦女は酌婦《しゃくふ》又は女給等の正業を持たなければならないものとすること」

つまり、私娼（実態的には街娼）対策を理由に、警察の監督のもと、地域を限定して「特殊飲食店」における「酌婦」または「女給」による接客（実態は売春行為）を黙認しようという方針だ。

これによって「慰安所」は「特殊飲食店」として延命できることになった。警察は売春業者を見捨てることなく、「赤線」という新たな協力システムを発案したのだ。

その際に、警察が業者に約束させたことは、性病検診の徹底（定期的実施）だった。なぜ、飲食サ

図2－2　性病の定期検診のため診療所に出向く「赤線」鳩の街の女給たち。検診は毎週火曜日に定められていた（小野常徳『アングラ昭和史──世相裏の裏の秘事初公開』秀英書房、1981年、より）。

ービス業のはずの女給が毎週、性病検診を受けなければならないのか、まともに考えれば不思議だが、新しいシステムのポイントはまさにそこにあった。「赤線」という集娼制の復活の最大の眼目は性病対策だった。1947年（昭和22）10月に設立される「赤線」業者の全国組織が「全国性病予防自治会」と名乗るのはカモフラージュではなく、そこにこそ「赤線」成立の本質があったからだ。

そして、1946年（昭和21）12月2日の内務省通達「最近の風俗取締対策について」によって「特殊飲食店」が公認され、ここに、「接待婦」を「女給」として「特殊飲食店」に囲い込み（建前上）個人営業させる形態、「赤線」システムが成立した。

キリスト教の倫理感から公娼制度を廃止したいGHQ、私娼（散娼）対策と性病予防の観点から集娼システムを復活・維持したい政府・警察当局、商売上の既得権益を保ちたい売春業者の3者の合作の産物として、「赤線」は生まれた。

1948年（昭和23）7月10日に「風俗営業取締法」

が制定されると、「特殊飲食店」は法制上「カフェー」という呼び名に変わるが、「営業」形態には変わりはなかった。

さて、ここで「赤線」は合法か、違法か、という最初の設問に立ち返ろう。

GHQの指令に基づいて1946年（昭和21）2月に「娼妓取締規則」など公娼制に関する法規が廃止されて以後、日本には買売春を規制する法律がなくなってしまった。そこで1947年（昭和22）1月15日に「婦女に売淫をさせた者等の処罰に関する勅令」（勅令9号）が発布され、「管理売春」（業者が女性を管理下に置き、売春させる形態）が法的に禁止された。しかし「特殊飲食店」における「接客」行為は、その対象外だった。警察は「特殊飲食店」の「女給」が客と性交渉をして金銭を受け取り、その100分の50以下を業者が受け取ることを、管理売春とは認定せずに黙認した。

あえて結論を言えば「管理売春は基本的には違法だが、地域限定で黙認」ということになるだろう。

「赤線」の語源

通説的には、1946年（昭和21）12月の「赤線」成立の時、営業許可地域を地図上に赤線で囲ったことが「赤線」の語源とされている。これに対して、警視庁風俗営業取締部門で公衆衛生を担当していた小野常徳（第3章で紹介するドキュメンタリー・フィルム「赤線」の制作者）は、1876年（明治9）2月24日公布の「貸座敷並娼妓規則」で貸座敷許可地域を指定する際に、地図上に朱筆で境界線を引いたことに起源すると言っている＊3。しかし、傍証はない。いずれにせよ、警察用語であったことは間違いない。

ちなみに「赤線」という言葉が公の場で用いられたのは、この章冒頭の1952年（昭和27）2月の国会証人喚問が最初で、かなり遅い。それまでは公の場では使われないスラング（俗語）だったと思われる。

遊廓から「赤線」へ

では「赤線」は、どんなところに立地していたのだろう。戦前の遊廓の跡地をそのまま引き継いだのだろうか。

第1章で述べたように、江戸時代には「新吉原」（現：台東区千束《せんぞく》四丁目）が江戸で唯一の幕府公許の遊廓で、「深川」（現：江東区門前仲町や富岡あたり）などの「岡場所《おかばしょ》」は非合法、四宿《ししゅく》（東海道品川宿、中山道《なかせんどう》板橋宿、日光・奥州街道千住宿、甲州街道内藤新宿）の「飯盛女《めしもりおんな》」の売春はあくまで「御目こぼし」だった。

1868年（慶応4）3月、根津神社（文京区根津）の近くにあった岡場所が幕府の陸軍奉行浅野美作守氏祐《みまさかのかみうじすけ》によって公許された。しかし、そもそも遊廓の統制は町奉行の管轄であり、根津門前町という寺社地であることを重視すれば寺社奉行の管轄になるはずで、いずれにしても陸軍奉行による認可は筋違いだ＊4。

幕府倒壊直前の混乱期の認可であり、明治維新後の「根津遊廓」の位置付けは微妙だった。1873年（明治6）12月10日の「貸座敷渡世規則」（東京府令第145号）で貸座敷の営業が許されたのは新吉原、品川、千住、板橋、新宿の5箇所で、根津は新吉原の管轄とする便法がとられた。幕末のどさくさまぎれの認可を明治新政府はそのまま追認しなかった。

1876年（明治9）、根津に程近い本郷に東京医学校（後の東京大学医学部）が移転してきたこと

新吉原	（浅草区千束町）	228軒	2362人（10.4）
洲崎	（深川区洲崎弁天町）	183軒	1937人（10.6）
新宿	（豊多摩郡内藤新宿町）	56軒	570人（10.2）
品川	（荏原郡品川町）	53軒	478人（ 9.0）
板橋	（北豊島郡板橋町）	13軒	157人（12.1）
千住	（南足立郡千住町・北豊島郡南千住町）	15軒	124人（ 8.3）
八王子	（八王子市田町）	14軒	86人（ 6.1）
府中	（北多摩郡府中町）	5軒	32人（ 6.4）
調布	（北多摩郡調布町）	5軒	32人（ 6.4）
9箇所		572軒	5778人（10.1）

表2−1　1929年（昭和4）の東京市内の遊廓の貸座敷数と娼妓の人数（「日本全国遊廓一覧」＊5による。括弧内の数値は、1軒あたりの娼妓数）。

により、風紀上の理由で1888年（明治21）12月をもって根津での営業を禁止し立ち退きを命ずる通達が出された。そこで、1886年（明治19）から東京湾岸の平井《ひらい》新田《しんでん》近くの埋め立て地や干潟《ひがた》を造成して（1887年〈明治20〉5月工事を完了、深川区に編入）1888年6月に移転し、貸座敷許可地として「洲崎遊廓」が成立した。この間のいきさつの詳細は不明だが、どうも根津からの移転と貸座敷の許可がバーター（交換取引）されたようだ。

こうして、戦前期の東京の遊廓は、公許系の新吉原、根津が移転した洲崎に、宿場起源の四宿（品川、板橋、千住、新宿）、それに甲州街道の宿場だった多摩の3町（調布、府中、八王子）を加えた計9箇所となった。

1929年（昭和4）における9箇所の遊廓の貸座敷の軒数と娼妓の人数は［表2−1］のような内訳で、合計572軒、5778人を数える。

新吉原と洲崎が規模的に他を圧し、宿場起源では、品川を格下新興の新宿が追い越した状況で、この2

つに比べて板橋、千住はかなり規模が小さい。多摩では、八王子が板橋、千住並の規模だが、府中、調布はさらに小さい。

1軒あたりの娼妓数は、新吉原、洲崎、新宿、品川ではだいたい10人前後で、板橋がやや多く、千住がやや少ない。多摩はだいたい6人ほどだった。

この他、浅草にあった「高層タワー」凌雲閣《りょううんかく》の下（俗に「十二階下」）にあった「銘酒屋街《めいしゅや》」（実態は飲み屋を装った私娼街）が関東大震災後に移転した非公認の私娼街として、玉の井と亀戸があった。1935年（昭和10）の警視庁衛生部の調査によると、玉の井には477軒の銘酒屋があり、913人の接客婦が働いていた。計算すると1軒あたり1・9人となる。非公認（モグリ）なので派手な営業はできず、1軒あたり平均2人の小規模経営だった。

この9＋2箇所は、品川、千住、八王子の3箇所以外、ほとんどが戦災を受けながら、板橋と府中を除いて、戦後「赤線」に移行する。

もう1つの「赤線」の起源

しかし、「赤線」の起源は遊廓だけではない。【表2－2】のように、東京の「赤線」には、大きく分けて3つの流れがあった。

ここでは、洲崎の動向に注目したい。さきほど少し触れた、戦中・敗戦直後期の軍・警察と売春業者の連携関係（ぐる）が、はっきりわかるからだ。

今のように埋め立てが進む前で、当時は東京湾岸にあった洲崎遊廓は、1943年（昭和18）10月に海軍省から明け渡しを命じられ、12月26日限りですべての家屋・備品（布団《ふとん》など）を軍に提供（売

新吉原	台東区浅草新吉原江戸町１・２丁目、京町１・２丁目、角町、揚屋町（1945年３月10日全焼→６月13日一部復活）
洲崎	江東区深川洲崎弁天町１・２丁目 （1943年12月接収→1945年12月28日復活）
品川	品川区北品川１丁目の一部
千住	足立区千住柳町の一部
新宿	新宿区新宿２丁目の一部（1945年５月25日全焼→７月一部復活）
玉の井＊	墨田区寺島町７丁目の一部、同隅田町４丁目の一部 （1945年３月10日全焼→1946年１月18日復活）
亀戸＊	江東区亀戸町３丁目の一部 （1945年３月10日全焼→11月15日復活）
八王子	八王子市田町の一部
調布	調布市布田「仲町喫茶街」（1945年８月８日全焼→1950年復活）
	（以上、戦前の遊廓・私娼街＊から移行）
	（以下、戦中の「慰安所」起源）
立川錦町	立川市錦町の一部（1944年１月10日開業）
（穴守）	大田区羽田穴守町の一部（1944年６月開業） →（1945年７月19日、武蔵新田に移転）
立川羽衣町	立川市羽衣町の一部（1944年８月６日開業）
鳩の街	墨田区寺島町１丁目の一部（1945年５月19日開業）
立石	葛飾区本田《ほんでん》立石町の一部（1945年６月６日開業）
武蔵新田	大田区矢口町の一部（1945年７月19日開業）
	（以下、戦後の「慰安所」起源）
新小岩	江戸川区松島３丁目の一部（1945年８月19日開業）
亀有	葛飾区亀有町４丁目の一部（1945年８月26日開業）
東京パレス	江戸川区小岩町３丁目の一部（1945年11月28日開業）

表2−2　３つの由来別に分類した「赤線」

図2−3　戦後の「慰安所」起源の「赤線」亀有。東京都内最北の「赤線」で、客層は周辺の工場労働者（『内外タイムス』1953年〈昭和23〉11月6号より）。

却）して廃業した。接収された施設は石川島造船所（現：ＩＨＩ）などの徴用工や動員学徒の宿舎になったが、１９４５年（昭和20）３月10日の「東京下町大空襲」で壊滅した。

業者や娼妓の一部は新吉原に移転したが、１９４４年（昭和19）１月に立川飛行場（陸軍が管轄）があった立川の錦町に、６月に東京湾の対岸の羽田飛行場（海軍が管轄）に近い「穴守《あなもり》」に、そして８月には立川の羽衣町に「産業戦士に対する慰安施設」を開設する。洲崎遊廓が３つに分散した形だ。「産業戦士」とは戦争の継続と勝利のために軍需産業で働く人々のことである。立地からしても目的からしても軍部との関係は疑いなく、わかりやすく言えば、本拠（洲崎）を軍に提供したことに対する見返りだったと思われる。

なお、穴守の産業戦士慰安所は、羽田飛行場の拡張工事にともない、１９４５年（昭和20）７月に多摩川を少し遡った「武蔵新田《むさしにった》」（現：大田区矢口）に移転した。

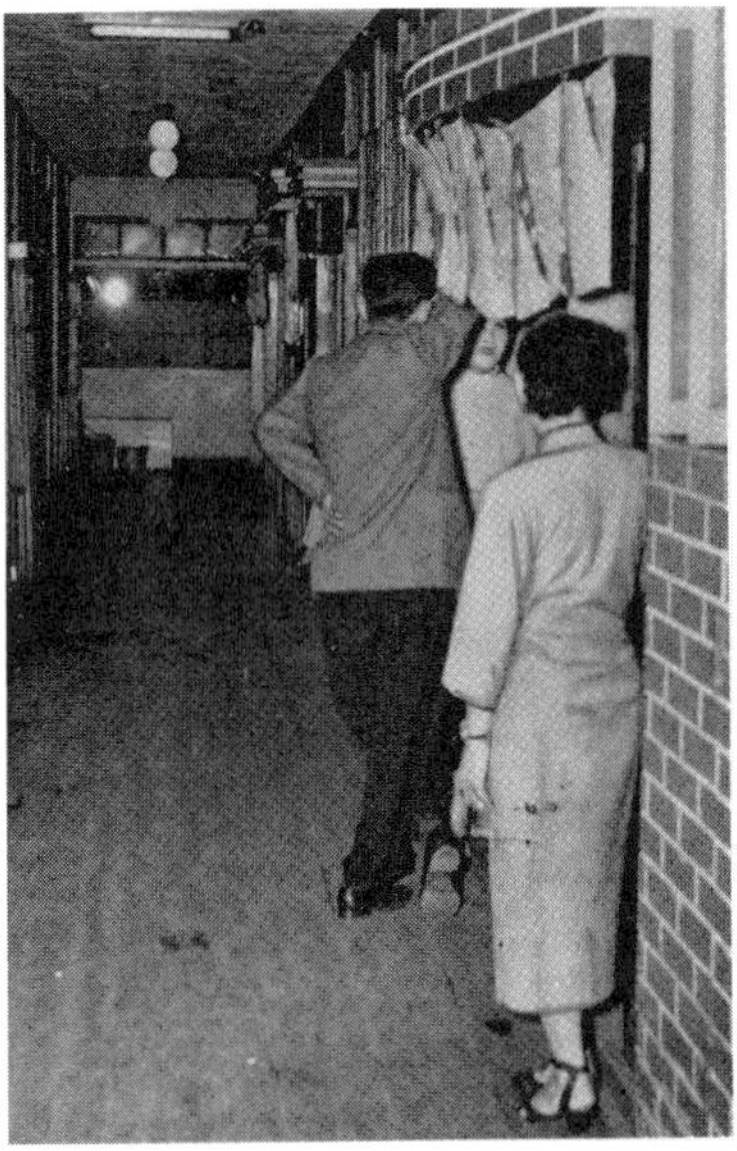

図2－4　「東京パレス」は、ダンスホールから通じる廊下にずらりと「店」（部屋）が並び「アパート形式」と言われた（『内外タイムス』1953年〈昭和28〉10月3日号より）。

さらに1945年（昭和20）5月、「東京下町大空襲」で焼失した私娼街・玉の井の業者の一部が焼け残った向島区寺島町《てらじま》一丁目（現：墨田区東向島。後の「鳩の街」）で、6月には同じく私娼街であった亀戸の業者が立石（現：葛飾区立石）に移って営業を再開する。これも産業戦士の慰安施設を必要とした軍が関与していたのではないだろうか。なぜなら、戦争末期の逼迫《ひっぱく》の中で、建設資材や労働力は軍需最優先であり、軍の協力なくしては慰安所の開設は難しかったと思われるからだ。

敗戦直後の1945年（昭和20）8月19日には、亀戸の業者が新小岩（現：江戸川区松島）に、26日には玉の井の業者が亀有（現：葛飾区亀有）に、占領軍兵士のための慰安所を開設する。これが国家的要請であったことは、先に述べた通りだ。

さらに、同年11月には、亀戸の業者が小岩（現：江戸川区南小岩）にあった時計会社「精

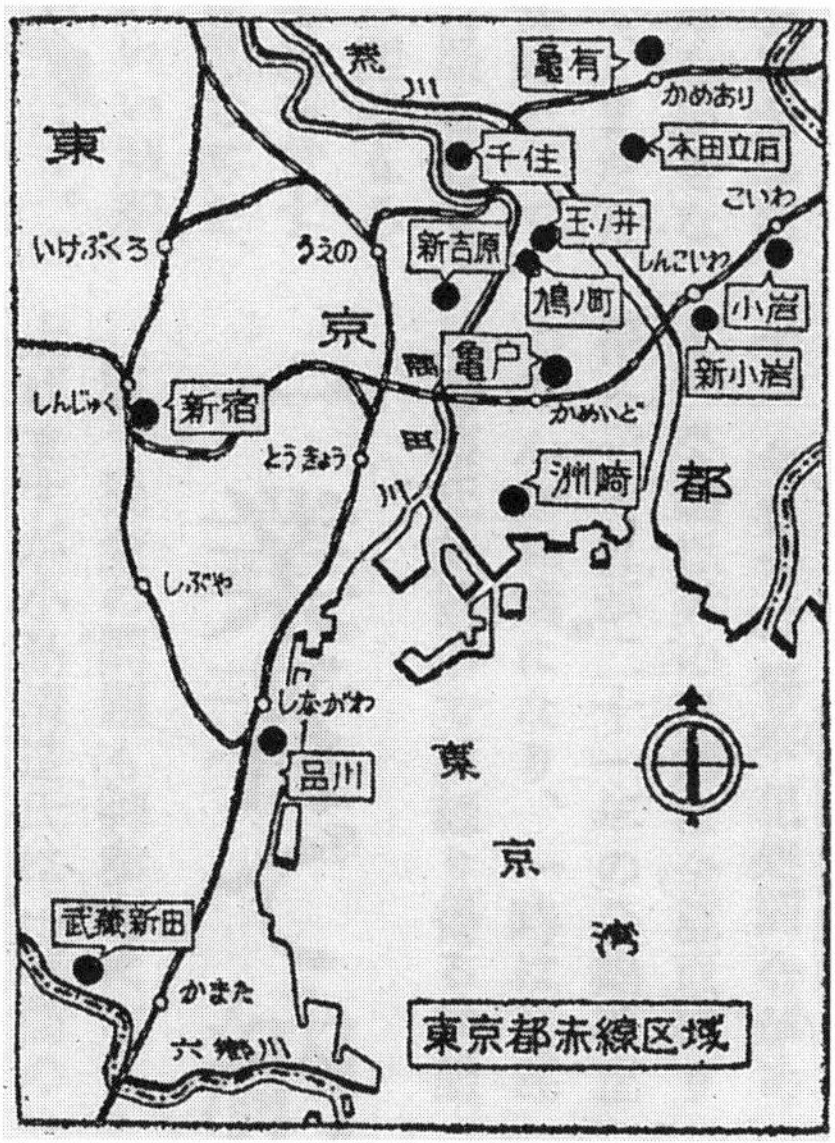

図2−5 東京区部の「赤線」。圧倒的に東部に多く分布していたことがわかる。「小岩」は「東京パレス」、「六郷川」は多摩川のこと（『週刊朝日』1952年〈昭和27〉3月23日号より）。

工舎」（現：セイコーホールディングス株式会社）の寮を転用して占領軍兵士のためのダンスホール「インターナショナル・パレス」を開設する。それが「Off Limits 指令」後に日本人向けの「東京パレス」となる。ちなみに、この寮、「女子寮」とする説が一般に流布しているが、実見した地元の方の証言によるとそれは誤りで、「男子寮」だそうだ*6。

増殖する「赤線」

結局、1946年（昭和21）12月の「赤線」発足時には、戦前派の8箇所と戦中・戦後の「慰安所」起源の8箇所の計16箇所の「赤線」が東京都内に設定された（その後、1950年〈昭和25〉に、空襲で全焼した調布が「復活」して17箇所）。戦前の9遊廓＋2私娼街（11箇所）に比べると、大きく増加している。すでに見てきたように戦中・戦後の「慰安所」に起源する8箇所が加わったからだ（板橋と府中は「赤線」に移行せず)。

洲崎の業者は洲崎、立川錦町、立川羽衣町、武蔵新田と1から4に、亀戸の業者も亀戸、立石、新小岩、東京パレスと同じく1から4に、玉の井も向島(後の鳩の街)と亀有に分家を出して1から3に増殖している。災厄に遭ったものの保険金などでかえって経済状態が良くなることをたとえて「焼け太り」と言うが、空襲で焼けて事業が拡大したのだから、本当の「焼け太り」である。

そもそも、モグリの私娼街だった玉の井系や亀戸系が、いつのまにか表に出てきて、伝統と格式をもつ新吉原などと横並びになっている。それを可能にしたのは国家・軍部との一貫した協力関係だった。

「赤線」という合法か違法か二者択一的に決定できない、ある意味不思議な存在は、そうした国家と売春業者の癒着《ゆちゃく》の産物だったのだ。

コラム2　RAAと「赤線」亀戸

亀戸私娼街とその再建

　2018年3月、東京都立両国高等学校附属中学校（墨田区江東橋）でお話をすることになった。本番の2週間前、学校に出向いて担当の先生と打ち合わせを終え、最寄りのJR総武線錦糸町駅まで戻ってきたとき、ここから「赤線」亀戸まで遠くないことに思いいたった。

　駅の北口を出て東に進み天神橋で横十間川《よこじっけんがわ》を渡ると、そこはもう江東区亀戸。川に沿って北に少し歩くと栗原橋があり、その東側一帯が「赤線」指定地だ。駅から10分ほど、亀戸駅から歩くより少し近いかもしれない。

　昭和戦前期、「天神裏」の通称で親しまれた私娼街《ししょうがい》「亀戸遊園地」（コラム1参照）は、亀戸天神社の北西、横十間川にかかる栗原橋の東、長寿寺の北、龍眼寺《りゅうげんじ》の南の城東区亀戸三丁目（現：江東区亀戸三丁目の一部）にあった。

　明治20年代（1990年前後）にはすでに銘《めい》酒屋《しゅや》が軒を並べ、大正期（1910～20年頃）には250軒を数える大私娼街となり、関東大震災で壊滅した浅草の「高層タワー」凌雲閣《りょううんかく》下の銘酒屋街「十二階下」の業者も加わり、さらに膨張し、最盛期には432軒、1000人を超える酌婦《しゃくふ》（実態は娼婦）がいたという＊1。知名度では永井荷風の『濹東綺譚《ぼくとうきたん》』（1937年〈昭和12〉）で有名になった「玉の井」には及ばなかったが、規模では東京最大の私娼街だった。

　しかし、亀戸の私娼街は1945年（昭和20）3月10日の「東京下町大空襲」で全焼・壊滅してしまう。業者が立石、新小岩、小岩に移転先を求め分散したことは、第2章で述べた通りだが、本拠地の亀戸の再建は進まなかった。

敗戦、そして連合軍の占領が始まった直後の9月28日、アメリカ太平洋陸軍軍医総監代理ブルース・ウェブスター大佐は東京都衛生局防疫係長だった与謝野光《よさのひかる》に「性病予防への協力」を要請（実際は命令）した。与謝野が、新吉原《しんよしわら》、千住、品川など公娼《こうしょう》系を白人兵士専用に、「玉の井」（現：墨田区東向島）、「亀戸」、新小岩（現：江戸川区松島）などの私娼系を黒人兵士専用に分けて、「慰安所」の準備にとりかかったことも、第2章で紹介した。

当時、占領軍兵士の慰安に当たっていたRAA（Recreation and Amusement Association：特殊慰安施設協会）は、敗戦から間もない1945年（昭和20）8月26日に内務省警保局の肝いりで設立された事実上の国策組織だ。RAAには玉の井や亀戸など私娼街系の業者団体「東京都慰安所連合会」も加わっていた。おそらく、9月28日にウェブスター大佐の要請を受けた与謝野課長はRAAに亀戸における黒人兵士専用慰安所の早期開設を指示したのではないだろうか。

そして、11月15日、亀戸の旧・私娼街での復活営業が認められた。ウェブスター大佐の要請から1カ月半ほどのことだった。

1947年の空中写真から

［図C2－1］は、1947年（昭和22）年に撮影された旧私娼街「亀戸遊園地」地区（現：江東区亀戸三丁目）の空中写真である。あたり一面の焼け跡にようやくポツポツと家屋が建ち始めた状態が見て取れる。左（西）に横十間川が南北に流れ、栗原橋が見える。その栗原橋の東側に大型の建物が並んでいるのが目につく。拡大して、建物にAからSまでの記号を付した［図C2－1下］。

建物群には明らかに規格性がある。中央のブロックには、同じ形の特徴的な横長の東西棟の大型建物が4棟並んでいる（A～D）。同じ形

図C2−1　1947年（昭和22）年にアメリカ軍が撮影した空中写真（国土地理院提供）に見る旧「亀戸遊園地」地区。民家とは異なる、規則正しく並んだ大型の建物（A〜S）が見て取れる。

の建物は道路を挟んだ南側のブロックにも1棟（E）、西隣のブロックにも1棟（F）あり、計6棟が認められる。縮尺を参考にすると、東西の長さが27メートルほどの大型建物である。

Eの南側には南北棟の大型建物が2棟並んでいる（G、H）。この建物と同じ形と思われる建物がさらに5棟（I～M）、合計7棟ある。A～Mの13棟の屋根の形は「寄せ棟」であり、その点も特徴的だ。

東側のブロックの北寄りには、やや小型の建物が4棟、田の字形に並んでいる（N～Q）。A～DとEの間にある小型の建物（R、S）もこれらと一体だろう。

これらの建物群（A～S）は何だろう？　大型の建物が多いこと、規格性をもって建てられていること、周囲の焼け跡との隔絶性などを考えると、一般の民家とは思えない。当時の建築資材の絶対的な不足状態を考えると、民間でこれだけの建物群を新築するのは困難だろう。やはり、なんらかの公的性格をもった建物だと思う。

この写真を見た建築史出身の井上章一国際日本文化研究センター教授は、南北に並ぶ横長の東西棟（A～D）について「間に庭をとって計画的に配置している様子は、日本の伝統的な建築設計とは異質で、欧米的な設計を思わせる」とコメントした。私も、アメリカ軍の兵員住宅を連想した。日本でこうした設計が一般化するのは高度経済成長期以降の公営団地である。

以上のことから、これらの建物群の建設は、占領軍に設計支援や建築資材の優先的供給を受けて、ＲＡＡによってなされた半ば公的な事業だった可能性が高い。

１９５４年の火災保険特殊地図

[図C2―2]は、１９５４年（昭和29）12月の「火災保険特殊地図　江東地区　亀戸天神方面」の亀戸三丁目の一部である。先に掲げた航空写真の7～8年後ということになる。

この間、第2章で述べたように、１９４６年

図C2−2　1954年（昭和29）の「火災保険特殊地図　江東地区　亀戸天神方面」（2002年、都市整図社）に見る旧「亀戸遊園地」地区。RAAの慰安施設由来と思われる建物群が、「特殊飲食店」（㊕の印が入った建物。図の　　　部分）に流用されている。

図C2－3　現代に残るRAA建築（推定）の建物。［右頁］　横長の東西棟建物Dの東側部分と思われる。1階は倉庫として改造されているが、屋根の形態（切妻ではない）に注目。［左頁上］　やや小型の建物Pの西側部分。「赤線」時代は特殊飲食店「双葉」だった。［左頁下］　タイルによる柱、腰壁の装飾、アーチ型の窓、複数の出入口などカフェー建築の特徴が見られる（3点とも2018年）。

（昭和21）3月26日の「OFF Limits 指令」によるRAA慰安施設の閉鎖、同年12月2日の内務省通達「最近の風俗取締対策について」による「赤線」システムの成立という大きな変化があった。RAAの亀戸慰安所も「特殊飲食店」となり、「接待婦」は「女給」となり、実態的には日本人向けの集娼地区として再出発することになった。

【図C2－2】は、そうして成立した「赤線」亀戸の1954年（昭和29）頃の実態を示すもので、亀戸三丁目41～45番地に（39番地の一部も）特殊飲食店（㊕の印が入った建物。図では網かけ部分）が密集していたことがわかる。

ちなみに、1952年（昭和27）末の調査で「赤線」亀戸の特殊飲食店は92軒、女給307人（1軒あたり3・3人）で、軒数では新吉原、玉の井、洲崎《すさき》、鳩の街、亀戸の順、女給数では新吉原、洲崎、新宿、玉の井、亀戸の順で、いずれも都内5位の規模だった

（［表3－1］参照）。

空中写真と比較すると、家屋が増えて焼け跡がほとんどなくなったこと、そしてＲＡＡが建てたと推測した建物のほとんどが特殊飲食店になっていることがわかる。

横長の東西棟（A～F）はAを除いて東西に仕切られ、それぞれ２軒の特殊飲食店になっている。大型建物（G～M）は、指定地域外のM（床屋になっている）を除き6棟が、やはり仕切られて、それぞれ2軒の特殊飲食店になっている。やや小型の建物（N～Q）は、そのまま各1軒の特殊飲食店になっている。小型のRとSだけは特殊飲食店にならず、「赤線」街には必需の「飲み屋」や「パーマ屋（美容院）」になっている。

建物は若干の改造がなされているようだが、亀戸ではＲＡＡが建設したと思われる慰安施設の建物が、ほとんどそのまま「赤線」に移行・転用されたことがわかる。その結果、「赤線」亀戸の景観は、戦前の私娼街とはまったく異なり、かなりモダンで規格的だったと思われる。

１９５１年（昭和26）の記事に「昔のおもかげはないが、再生の姿を見れば道路も広く、全部が新築であって近代カフェーの形を採り入れた洋館建であるからなかなか豪華なもの」＊2とあるのは、こうした来歴によるのだろう。

現在に残る建物

つい最近まで、ＲＡＡが建設したと推定される横長の東西棟建物Fの東側部分が残っていた。この部分は「赤線」時代には「三富」という特殊飲食店になり、「赤線」廃止後、その屋号をそのまま継承したアパート「三富荘」になり、少なくとも２０１６年12月までは残っていたが、その後、解体されてしまった［図C2－4］。

残されている写真の建築構造、窓の配置などから推測すると、2階は中央の廊下を挟んで北側・南側にそれぞれ5室あり、計10室と思われる。1室に女給1人とすると10人いたことになり、「赤線」亀戸の1軒あたりの女給数（3・

図C2−4 ［上］横長の東西棟建物Ｆの東側部分。「赤線」時代の屋号は「三富」。「雅万歩——雅夫の一日一万歩の散歩　亀戸遊園地」より（2016年１月 撮 影）。http://nabe-masao.cocolog-nifty.com/blog/2016/01/post-dfa0.html
［下］同じくＦの東側部分（北側から）「kenのデジカメライフ　亀戸の街で」より（2016年９月撮影）。https://ken201407.exblog.jp/26216381/

3人）よりかなり多い。まあ、すべての部屋が女給の私室として使われていたかはわからないが。

ということは、半分に仕切られる以前の倍の大きさだったRAA時代には2階だけで20室ということになる。1室を「接待婦」1人が使うとして20人、横長建物は6棟あったからそれだけで120人という計算になる。他の建物を合わせると、おそらくその倍、200人を超える女性がいたことになる。1階にも部屋があればさらに増える。慰安所に押し寄せる兵士の性欲を次々にさばいていくには、それだけの数の「接待婦」が必要だったということだろう。

第3章 「赤線」とは何か（2）——実態と経済

そのものズバリ「赤線」という題のドキュメンタリー・フィルムがある＊1。「制作・警視庁防犯部」となっているが、実際は警視庁勤務の技官だった小野常徳（1916〜2002）という人が私費（三十数万円）を投じて、自らシナリオを書き、撮影し、編集した個人制作である。当時の三十数万円は貨幣価値を換算すると、支出ベースで現在の500万円くらいに相当する＊2。撮影時期は「赤線」最末期の1957年（昭和32）11〜12月末。廃止直前の東京の「赤線」16箇所（1956年〈昭和31〉にすでに廃業していた調布を除く）を網羅《もうら》的に撮影・記録した唯一のフィルムで、資料的価値は極めて高い。

小野は大学で血液病理学を専攻し、法医学の大家・東京大学病理学教室の古畑種基《たねもと》の勧めで警視庁に入り、衛生部技官として公衆衛生・科学捜査を担当していた。小野自身によると、子供の頃から写真やムービー（動画）撮影に親しみ、また、学生時代に栄養ドリンクの成分である「アミノエチルスルホン酸」という物質の新製法で特許をとっていたため、警察技官としては例外的に裕福だったらしい＊3。なぜ小野がフィルムを作ろうとしたのか、職務という形はとっているが、やはり消え行くものを記録しておこうという気持ちからだろう。

フィルムは昼間のシーンが多く、「営業」中ではない女給たちの日常が写されている部分がかなりある。掃除、洗濯をしたり、化粧をしたり、診察所に検診に行ったり、当たり前のことだが、彼女たちが生活者であることがよくわかる。

2009年3月、お茶の水女子大学で開催された「フェミニズムと現代思想『映像表現とジェンダー』研究会」で、このフィルムを映して解説する機会を与えられた。解説では前借金《ぜんしゃくきん》に縛られ廃業の自由もなかった戦前の遊廓と比較して、より自由度が高く強制性が薄い戦後の「赤線」の特質を述べた。

ところが、質疑応答で「女性が籠《かご》の鳥状態で搾取《さくしゅ》されていたことに（遊廓も「赤線」も）変わりはないでしょう」と言われてしまった。「変わりはないでしょう」と決めつけてしまっては、そこで思考停止だ。どこがどう違ったのか、あるいはどこが同じなのかを明らかにすることが、学問研究ではないだろうか。

そもそも、このフィルムを見て、「赤線」の女給たちが、自由のない「籠の鳥」に見えるというのがおかしい。女給たちを一方的に搾取される被害者と決めつける思考に凝《こ》り固まっていると、見えてるものも見えなくなってしまう、ということにあらためて気づいた。そして、自分はそうならないよう、あくまで職業人・生活者である女給たちに寄り添って考えようと思った。

「赤線」はちゃんと記録されることもなく、1958年（昭和33）4月1日の「売春防止法」の完全施行以降、そんなものはまるで存在しなかったかのように扱われ、歴史の中に消えてしまった。フィルム「赤線」以外に網羅的な映像記録はなく、写真すら多いとは言えない。また、「赤線」の経営者や女給だった人たちの口は重く口述資料も乏しい。だから「赤線」の実態を再現的にイメージすることはなかなか難しい。でも、できる範囲でやるしかない。

「赤線」の経営規模

まず、「赤線」の全盛期とされる１９５２年（昭和27）と、最末期の１９５７年（昭和32）３月末における東京区部13箇所の赤線の業者・女給数を見てみよう［表３−１］。

東京の「赤線」は、業者の数では１９５３年（昭和28）の１２４５軒が、女給の人数では１９５５年（昭和30）の４４９７人が最高になっている＊4。１９５１年（昭和26）から52年（昭和27）にかけて１０３３人も急増していることからして、規模的には１９５２～55年が最盛期と見ていいと思う。「売春防止法」の完全施行の1年前の１９５７年（昭和32）になっても、それほど大きな減少はなく、業者数は最大時の約88％、女給数は約78％を保っていた。

１軒あたりの女給数を１９５２年（昭和27）のデータで見ると、品川、新宿、新吉原《しんよしわら》（現：台東区千束四丁目《せんぞく》）、洲崎《すさき》（現：江東区東陽）、千住といった旧遊廓系が４～８人で比較的人数が多い。それでも、遊廓時代に比べると（［表２−１］参照）、新吉原10・４→４・７人、洲崎10・６→４・７人、新宿10・２→６・４人、千住８・３→４・３人とおよそ半減に近く、経営規模がかなり縮小していることがはっきりわかる。ただ、品川だけが９・０→８・１人と微減に止まっているのは、戦災を受けずに戦前の建物をそのまま使用しているためだろうか（旧態依然だったとも言える）。

		1952年		1957年3月末	
新吉原	(浅草署)	313軒	1485人(4.7)	264軒	1084人(4.1)
洲崎	(深川署)	108軒	505人(4.7)	95軒	382人(4.0)
新宿	(四谷署)	74軒	477人(6.4)	70軒	451人(6.4)
玉の井	(向島署)	118軒	369人(3.1)	106軒	275人(2.6)
亀戸	(城東署)	92軒	307人(3.3)	84軒	252人(3.0)
鳩の街	(向島署)	108軒	298人(2.8)	96軒	244人(2.5)
千住	(千住署)	52軒	221人(4.3)	48軒	179人(3.7)
新小岩	(小松川署)	79軒	188人(2.4)	71軒	165人(2.3)
亀有	(亀有署)	43軒	180人(4.2)	30軒	94人(3.1)
立石	(本田署)	51軒	121人(2.4)	49軒	121人(2.5)
東京パレス	(小岩署)	59軒	118人(2.0)	55軒	60人(1.1)
武蔵新田	(池上署)	36軒	112人(3.1)	35軒	103人(2.9)
品川	(品川署)	9軒	73人(8.1)	6軒	48人(8.0)
調布		データなし		(1956年廃業)	
立川錦町		データなし		(48軒	181人 3.8)
立川羽衣町		データなし		(24軒	97人 4.0)
八王子		データなし		(15軒	74人 4.9)
都下赤線　合計		1142軒	4454人(3.9)	1096軒	3810人(3.5)

表3−1　1952年（昭和27）と1957年（昭和32）の東京の「赤線」の「特殊飲食店（カフェー）」と女給の数（警視庁調べ、小林大治郎・村瀬明『みんなは知らない——国家売春命令』＊4）。括弧内の数値は1軒あたりの女給数。多摩地区の3つの赤線については参考までに、東京都民生局『東京都の婦人保護』＊5によって1956年〈昭和31〉8月末のデータを入れた。

図3－1　新吉原・伏見通りに残る「赤線」時代の建物（「モリヤ」）。構造的に見て、2階の女給部屋は最大4部屋と推測される。女給4人は「新吉原」の平均に近い（2003年）。

これに対してそれ以外の、戦中・戦後の「慰安所」起源の新興の「赤線」（**【表2－2】**参照）は2～3人のところがほとんどだ。これは戦前の私娼街《ししょうがい》の経営規模（約2人）に近い（亀有だけが4・2人で旧遊廓系に近いが）。「東京パレス」（現：江戸川区南小岩）がぴったり2人なのは、そういう取り決めがあったのだろうか。

戦前の遊廓時代に比べて経営規模が格段に小さくなったことが、東京の「赤線」の大きな特色である。戦災を免れた地方都市などでは、戦前の遊廓時代の大きな建物のまま「赤線」に移行したところもあったが、東京ではほとんどない。実際、近年まで遺存していた「特殊飲食店（カフェー）」の建物の構造を見ても、大きな建物で4～5室、小さい店では2室も珍しくない。小さな店では経営者夫妻に女中がいる程度の家族経営であり、大きな店でもそれに1～2名の使用人が加わる程度だろう。

そもそも「玉《ぎょく》割り（売上げ分配率）」が、戦前の遊廓の実質9：1から、戦後の「赤線」では6：4～5：5と業者に大幅に不利になったので、遊廓のように大勢の従業員を雇うことは経営的に不可能だった。

「赤線」は強制売春か？

第2章で述べたように、「赤線」は「管理売春」（業者が女性を管理下に置き、売春させる形態）ではないという建前になっていた。でも、実際はどうだったのだろうか？

管理売春の重要な要素が人身売買と人身拘束であることも、すでに述べた。第2章の冒頭で、1952年（昭和27）2月29日、第13国会の衆議院行政監察委員会での野本与喜雄（新宿カフェー協同組合理事長）の証言を紹介したが、野本の証人喚問は、前年11月に起こった「新潟・東京事件」に関するものだった。新宿のカフェー業者が周旋屋《しゅうせんや》を通じて新潟県の女性11人を雇い入れ、女性の「代金」を前借金として負わす人身売買の疑いで起訴された事件である。

この事件をきっかけに1951〜52年（昭和26〜27）にかけて、「赤線」における人身売買の問題が関心を集めていた。それに関連する資料があるので、ちょっと長くなるが引用してみよう。

「この街にかぎらず都内十七の赤線区域に入ってくる経路は、親出し（親が直接売るもの）玉出し（周旋人の手でくるもの）ブン回し（同業者間の紹介）ひろい（夜の女、ダンサーなどが流れ込むもの）鞍《くら》替《がえ》（借金して他店に移るもの）と取締当局ではみている。なかでも一番多いのが〝ひろい〟で高収入を求めてここにくるものにはダンサー、女給、さては男に捨てられた女性など種々雑多である。人身売買で一番問題になるのは、〝玉出し〟〝親出し〟だが〝親出し〟はとにかく、〝玉出し〟は周旋人の手数料が高いのと（ここではないが最高一万円という例もあった）詐欺《さぎ》（？）が行われるため余り業者は歓迎してはいないが、女性が店にいなくなったときなど窮余《きゅうよ》の一策としてやるらしい。ある業者は『昨年五月以前はルーズな点があり三、四名の業者が検挙されたが現在では取締りが厳重なので人身

売買はないはずなんですが……』と語っていた」＊6

戦前の遊廓では、娼妓《しょうぎ》を確保する手段として「女衒《ぜげん》」と呼ばれた周旋人が地方を回って娘を買い集め遊廓に連れてくる「玉出し」や、親が直接娘を連れてきて楼主に売る「親出し」が主流であり常態だった。「玉出し」の場合も女衒は親に金を支払っているわけで、親が娘を売る明らかな人身売買である。楼主が娘を買った費用はそのまま娼妓となった娘に借金（前借金）として負わせ、それによって人身を拘束する方法が日常的に行われていた。

GHQ（General Headquarters：連合国最高司令官総司令部）が「デモクラシーの理念」に基づいて、こうした「奴隷状態」を否定したことは第2章で述べた。1946年（昭和21）1月21日の「日本における公娼制度の廃止に関する件」覚書で、売春を目的とする「如何《いか》なる婦人をも直接乃至《ないし》間接に束縛し、若《もし》くは身を委《まか》せしむる凡有《あらゆ》る契約及話合を無効ならしむる」と指示する。

前借金は、まさにこの「直接ないし間接に束縛し、もしくは身を委せしむる」契約に該当する。そして、この方針は2月2日に内務省警保局長から出された「公娼制度廃止に関する件」通牒に引き継がれ、さらに1947年（昭和22）1月15日発布の勅令9号で「婦女に売淫させることを内容とする契約」を禁止する形で法制化された。

前借金が違法化されたことで、売春業者が娘を買った費用を娘に負わせることが（法律を遵守《じゅんしゅ》する限り）できなくなり、業者の自己負担（経費）になってしまう。そうなると「玉出し」や「親出し」は、違法というリスクだけが高く経営的なメリットがない方式ということになり、大幅に減少することになった。

女給の借金については「女たちの三割ぐらいは借金を背負っている」という説がある＊7。この3

割は必ずしも人身売買にともなう前借金ではなく、女給生活の中で生じた不時の出費や浪費などによる通常の借金も含まれていた。逆に言えば、「赤線」女給の7割は借金を負っていない身ということになる。

とはいえ、「新潟・東京事件」のように「赤線」で人身売買が行われていたのは確かだ。しかし、それは一部であってすべてではない。人身売買が絡むのは、よほど悪質な業者か、女給の確保ができない者が「窮余の一策」として行うような場合が多かった。

何より、そんなリスクを負わなくても、女給希望者がいくらも「拾える」戦後混乱期の現実があった。生計の手段に乏しい困窮した女性、あるいは、いろいろな事情でより高収入を望む女性たちの中には、さまざまな危険が多い夜の街角に立つ街娼《がいしょう》より、屋内で仕事ができる「赤線」の女給の方がまだマシと考える人が多かったと思われる。

もう一つ指摘しておきたいのは人身拘束の物理的な困難化だ。「赤線」の女給は、遊廓時代の娼妓と異なり、基本的に外出は自由だった。戦後の「赤線」は、戦前の遊廓の多くがそうであったように、周囲と隔絶され外出の自由を困難にする「廓《くるわ》」構造（塀や堀）を備えていない。新吉原ですら「鉄漿《おはぐろ》どぶ」を埋めてしまった。「赤線」は道路一本跨《また》げば外の世界であり、外出が自由な女給が逃げようと思えば、いくらでも可能だった。

また、「赤線」の経営規模は戦前の遊廓に比べてかなり小さくなり、従業員も少なくなった。業者が従業員に命じて女給一人一人を厳しく監視し、行動の自由を制約し、売春行為を強制することはもはや困難だった。

先に述べた借金との関係で言えば、人身拘束が困難な状況で不法な借金を女給に負わすことは、女給の逃亡による「貸し倒れ」のリスクが増えることにつながる。実際、最初から計画的に前借金の形で業者から金を受け取って逃亡する、女給による「借り逃げ」詐欺もあった。

小説『男たちとの夜――赤線女給十年の手記』＊8の著者、津田加寿子は「赤線」新吉原の女給だった人で、茨城県石岡の農家の出身。1947年（昭和22）、19歳の時に恋人を装った男に騙《だま》されて「赤線」新吉原のカフェーに売られて「加寿美《かずみ》」の源氏名で女給になる。男が受け取った2万円が（違法な）前借金になり、それが残っている間は、1人での外出はできず、遠出もできなかった。しかし、1949年（昭和24）の暮に借金を返済した後の行動はかなり自由で、故郷の母の元に3カ月に一度のペースで帰っている。1951年（昭和26）秋には熱海の芸者に鞍替えし、そこで出会った男に落籍《ひか》されて妾《めかけ》になった。優雅な二号さん生活もつかの間、男が経済的に破綻《はたん》し、彼女自身も匿名組合（出資を募り利益を分配する契約の組織）「保全経済会」の休業（1953年〈昭和28〉10月）で稼ぎを貯めた30万円を失ってしまい、仕方なく元のカフェーに戻り、再び女給になる。「売春防止法」が成立した1956年（昭和31）5月、馴染《なじみ》客の芝浦の電気工場の職工長に求婚され、女給を辞めて結婚する。

すべてが事実ではないにしろ、実体験に基づいた実録小説と思われ、借金から抜けた後の女給はかなり自由だったことがわかる。

当時の現実として、少なくとも東京の「赤線」においては、女給の自主退職、「住み替え」（店を移ること）、「舞い戻り」（いったん退・転職した女給が元の店に戻ること）は、かなり頻繁《ひんぱん》に行われている。むしろ、業者は安定的な経営のために、稼ぎの良い女給の引き留めに心を配らざるを得なかった。さらにコラム3で取り上げる映画「赤線地帯」のハナエのように、「通い」（自宅から通勤）の女給すらいた。

それらを総合的に考えると、「赤線」に強制売春の要素は希薄で、管理売春としてはかなり不徹底な仕組みだったと言える。

売春行為を続けなければならない経済状況に置かれた女給が多かったとはいえ、東京の「赤線」は、自由売春の性格もかなりもち始めていたと思う。そのことは、「売春防止法」の施行による「赤線」システムの廃止に際して、女給組合が仕事・生活の糧《かて》を奪われるとして、強く反対・抵抗したことからもうかがえる（第4章も参照）。

この章の冒頭で、「赤線」も遊廓も、そこで働く女性たちを搾取するシステムという意味では同じ、という考え方を紹介した。しかし、戦後の東京の「赤線」を、明確に強制売春・管理売春の場であった戦前の遊廓と同一視して単純にその延長として捉えるのは、実態を無視した議論であり、学問的な思考の怠慢である。「赤線」に戦前の遊廓以来の古い要素が残っていたことも確かだが、戦後の新しい要素の比重もかなり高い。そうした新しい要素に注目しながら、厳しい状況の中でセックスワークを続けた女性たちの意思を重視することが、より生産的な議論だと私は思う。

「赤線」の料金設定

次に「赤線」を経済的な側面から考えてみよう。その際に、売り上げの基本ベースになる料金について触れることは当然だと思うが、なぜか研究者によるそうした分析は見たことがない。

ここでも、同時代の資料にあたってみよう。当時の代表的な通俗性科学雑誌『人間探究』に掲載されている「東京の性感帯——現代岡場所《おかばしょ》図譜」（以下、「岡場所図譜」と略称）という記事に、1952

新吉原	遊び　500〜800円
	泊り　1500〜2000円
新宿	ショート　600円（宵の口は700〜800円）
	時間（1時間）1000円前後
	泊り　2000円前後（深夜12時過ぎると2000円以下）
鳩の街	ショート・タイム　500円
	ワン・タイム（1時間）700〜1000円
	オールナイト　1500〜2000円
東京パレス	入場料　50円
	ショート・タイム　500〜700円
	オールナイト　1000〜1500円
玉の井	ショート・タイム　400円
	泊り　1000〜1500円
品川	時間　300〜500円
	泊り　800〜1000円
洲崎	遊び　300〜400円
	泊り　800〜1200円
新小岩	ショート・タイム　300円
	時間　600円
	オールナイト　1500円
立石	ショート　300円
	時間　500円
	泊り　1000円
亀戸	時間　300〜400円
	泊り　700〜1000円
千住	1時間　300〜400円
	2時間　500〜600円
武蔵新田	記載なし（ショート500円、泊り1500円）
亀有	記載なし（ショート400円、泊り1200円）

表3−2　東京区内の「赤線」の料金。「岡場所図譜」による。なぜか、亀有と武蔵新田がないので、1955年（昭和30）のデータ（『全国女性街・ガイド』＊9）で補っておく。

年（昭和27）の東京区内の「赤線」の料金がかなり網羅的に載っている＊10。料金が高い順に並べ直して紹介してみよう【表3−2】。

料金システムは「ショート・タイム」「時間」「泊り」のだいたい3種類だった。「ショート」は客が1回射精すると終わりで、時間にすると15〜30分というところだろう。「ショート」で30分以上かかるような女給は腕が悪い。「時間」は1時間、2時間という時間制で、客が頑張れば2回できた。「泊り」は文字通り女給の部屋に泊まり朝までいられる。夜1回、朝1回の「二回戦」が普通だった。「赤線」によって言い方が少しずつ違うのが面白い。東京の「二大遊廓」だった新吉原と洲崎は「遊び」という古風な言い方をしている。それに対して占領軍兵士相手の慰安施設「**Pigeon Street**」から日本人向けになった「鳩の街」（現：墨田区東向島一丁目）は、全区分、英語を使っている。

料金がいちばん高いのは、「権現様《ごんげん》（徳川家康）のお許し」以来の格式を誇る新吉原だ。「遊び」500〜800円、「泊り」1500〜2000円だが、店の格式によってはもっと高くなる。値段は明記されていないが「角海老《かどえび》」「山陽《さんよう》」などの大店《おおみせ》になると「金持ちの隠居とか、社長級の遊び場であって、安サラリーマンなどにはちょっと寄り付けない」とのこと。ただ、新吉原でも普通の店ならば、そんなとんでもない料金にはならなかった。

次いで、昭和戦前期に「モダン遊廓」として台頭し、戦後は巨大闇市《やみいち》に多くの人が集まった新宿。宵《よい》の口の「ショート」700〜800円、「泊り」2000円は新吉原に勝るとも劣らない強気である。山の手の若いサラリーマンが主な客筋で、相手をする女給も「殆どの女がダンスを踊れる」「インテリ好み」を揃えていた。

三番目が鳩の街。安価な料金設定が多かった墨東《ぼくとう》の「赤線」の中でここだけは別格。「ショート・

タイム」500円はそれほどでもないが、「オールナイト」1500〜2000円は新吉原並みだ。平均年齢21〜22歳と若く、ダンサー、喫茶店の女給、あるいは事務員、ショップガール（デパートなどの女店員）など都会での生活経験がある近代的な女性を揃えることで、若いサラリーマンに好かれ、馴染客が多かった。また新吉原と並んで浴室を備えた店が多かったのも強みだった。

料金的には、新吉原、新宿、鳩の街がトップ3であることは間違いない。

中位にくるのが、東京パレスと「玉の井」（現：墨田区東向島）で、「ショート」の下限で400〜500円、「泊り」で1000〜1500円という設定。東京パレスは「アパート形式」なので敷地に入るだけで入場料50円が必要だった（【図2－3】参照）。その上に各店の料金が載るわけだが、店によって料金にかなり幅があったらしい。過当競争のせいだろうか。鳩の街の本家筋にあたる玉の井が、交通不便な割に料金が強気なのがやや意外だ。戦前の私娼街以来の知名度だろうか。

その次あたりにくるのが品川だが、ここはちょっと変わっている。「岡場所図譜」によると「時間遊びの客が少く、大抵は泊まりになってしまう」という*10。記者は「独特の落着いた気分にとけこんでしまう」のだろうと情緒的に説明しているが、やはり都心に近いという立地から、旅館の代わりに泊まる商用客が多かったのではないだろうか。3年後のデータしかないので比較が難しいが、「武蔵新田」（現：大田区矢口）もこのクラスだろう。

比較的安価なのは、洲崎、亀有、新小岩、立石、亀戸、千住といった江東・城東の「赤線」で、「ショート」300〜400円、「泊り」700〜1500円という設定。客層が下町の商店の店員、工業地帯の工場労働者（工員）、さらには湾岸の漁師や船員といった比較的低所得の人が多かったため、低額に抑えたのだろう。亀戸については「工員向に安くなっている」とはっきり説明している。

面白いのは千住で、同じ「四宿《ししゅく》」の伝統を引く品川とは逆に「時間」がほとんどで「泊りの客は少ない」。理由は客層の中心の「八百屋や魚屋の若イ衆は、泊ると、翌早朝の仕込みに遅れるから」だそうだ。なるほど。

多摩地区の「赤線」の料金についてはデータが乏しいが、新宿から京王線で遠くない調布について「時間で五〇〇円、泊りが千円」という記録がある＊11。東京区内の城東地区の料金と大差はなかったようだ。

こうした安価な「赤線」では、女給たちも、若さ、美貌、あるいはインテリ性ではなく、「情《なさけ》が細かい」「世話女房的情味」が売りだった。

このように東京の「赤線」といっても、料金設定に倍近い差があり、明らかに階層性があった。料金設定が高い「赤線」では、別格の社長さんなどを除けば、安定した収入があり可処分所得が多いサラリーマンが上客だったが、その一方で、比較的低所得の工場労働者向けの「赤線」もたくさん用意されていた。「赤線」といっても、けっこう多様なのだ。

ここまで料金を紹介してきたが、実感をもてない人が多いと思う。やはり、物価変動を考慮して、およそであっても現代の金銭感覚に直してみる必要がある。

1952年（昭和27）当時、上級職の公務員の初任給は7650円、薄給の小学校教員の初任給が5850円だった。大工の手間賃は1日530円（雨の日もあるので実働20日として1万600円）、日雇い労働者の1日の賃金は311円（同6220円）だった。独身の会社員で月収が1万2000円もあれば、まずまずの羽振《はぶ》りだったはずだ。

もりそば1杯が17円、女給にお汁粉《しるこ》をおごれば50円、天丼なら80円、鰻重《うなじゅう》はやはり高くて300円、山手線の初乗りは10円、都電はどこまで乗っても10円、贅沢《ぜいたく》してタクシーに乗れば基本料金80円、女給が郷里の親に手紙を書けば封書の切手代10円、銭湯に行けば入浴料は12円、たまの休みに映画を見れば80円だった＊2。少し後（1956年〈昭和31〉）になるが、映画「赤線地帯」では、白粉《おしろい》200円、お召《めし》（経糸《たていと》に強撚糸《きょうねんし》を使った上等の絹織物）の反物《たんもの》が6000円だった。

現代の物価との比較は、ばらつきがあって難しいが、収入ベースでだいたい20倍、支出ベースで15倍といった感じではないだろうか。

まずまず羽振りの良いサラリーマンが鳩の街で1時間遊ぶと（800円として）、天丼10杯分の料金になり、月給の15分の1くらいが1時間で飛ぶ。

大工の兄さんが晩飯を食べて軽く一杯ひっかけた後、洲崎で遊ぶと（400円として）、ほとんど「宵越《よいご》しの銭はもたない（もてない）」ことになる。

日雇い労働者の兄さんが亀戸で同じことをすると、遊び代（300円として）だけで日当がすっ飛び、食費がなくなり、文字通り「食えない」ことになる。

現代では、天丼10杯分では、よほど上等の天丼でもない限り、買春1回分にはならない。性行為の料金は、現代に比べれば割安だったように思う。買売春も商取引（経済行為）だから需要と供給の関係が機能する。当時は困窮した女性が多く、現代に比べれば供給量が多い状態だったのだと思う。

街娼の料金設定

さて、「赤線」が街娼対策の性格をもつことは第2章で述べたが、それでも相変わらず街娼たちは街角に立ち、「赤線」の最大の商売敵（ライバル）だった。

では、街娼の値段設定はどうなっていたか。これについては「東京街娼分布図」というとても便利な資料がある＊12。1952（昭和27）年のデータで、同じ雑誌掲載の「岡場所図譜」＊10と時期的に2カ月しか違わないので、比較するのに問題はない。

最高ランクは、銀座・有楽町界隈《かいわい》の外国人相手の「洋パン」で、「時間遊び」1000～1500円、「オールナイト」2000～5000円。日本人相手では、新橋が「ショート・タイム」1000～1500円、「泊り」2000～3000円でいちばん高い。かなり吹っかけている感じがしないではないが、「赤線」のトップクラスよりも「ショート・タイム」で5割近く高い。おそらく、新吉原の大店に匹敵するのではないだろうか。

次いで、新宿が「ショート」1000円内外、「泊り」1500～2000円。渋谷が「ショート」700～800円、「泊り」1200～1800円。同じ新宿で比べると、「ショート」は街娼の方が高く、「泊り」は「赤線」の方がやや高い。

以下、上野の「ショート」500円、「泊り」1500～2000円、「露淫」（野外セックス）だと200円位。池袋の「ショート」400～500円、「泊り」1000～1500円、浅草の「ショート」400～500円、「泊り」800～1200円と続く。いちばん安い浅草の街娼でも「赤線」では中位クラスになる。

ちなみに、上野、新宿などに多かった女装男娼の料金は、女性のだいたい2割引きが相場だった。女性が500円なら400円といった感じだ＊13。

集娼制の「赤線」より散娼《さんしょう》の街娼の方が高いという結果は、正直かなり意外だった。客にしてみれば、「赤線」は街娼よりもリーズナブルだったのだ。

こうした料金設定になるのは、やはり営業形態（効率）の違いが大きいと思う。街娼の場合、街角で客を拾ったら（「露淫」の場合を除き）性行為をする場所（契約してあるパンパン宿、旅館など）まで移動して、その施設の利用料金を払わなければならないし、時間も取られる。だから、料金設定を高くする必要があったのだと思う。それに対して「赤線」は自分の店の前で客を引くため、話が決まったらすぐに二階の部屋に上がればいいので時間効率はいたって良い。

ただし、「赤線」では業者に「部屋代」として売上の5割を取られてしまう。街娼は「地廻り」にショバ代を払う必要はあるかもしれないが、売上のほとんどが収入になるので、リスクも高いが稼ぎも大きかったと思う。

「赤線」女給の収支

次は「赤線」女給の経済状態について。紹介する収支簿は小林大治郎・村瀬明『みんなは知らない——国家売春命令』＊4をはじめとして、いろいろな書籍に引かれているが、信頼度の高いものはこれしかないので仕方がない【表3－3】。

新吉原某店のY子嬢は、1カ月の間に89人（「ショート」62人、「泊り」27人）の客を取っている。営業日で泊り客を逃したのはわずかに1日のみで、ナンバー1にふさわしい人気ぶりだ。

まず、収入から分析しよう。実働28日（休み2日は離れて取っている。うち1日が生理日だろうか）だから、1日の平均客数は3・2人（「ショート」2・2人、「泊り」1人）となる。揚げ代は9万9950円と10万円の大台に迫り、1割天引きの上6：4の「玉割り」で、手取りは3万5982円になっている。

「玉割り」は6：4で、内務省の「お達し」の「百分の五十以下」つまり5：5以下より女給に不利になっているが、Y子の支出には食費がなく、食費は業者持ちという約束での6：4なのだろう。

先に述べたように、当時、一流企業に勤める同年代の男性会社員の月給は1万2000円くらいと思われるので、その3倍以上の収入があったことになる。

「ショート」の値段は平均728円。これは、前述の新吉原の「遊び」500〜800円の上限に近い。同時代の日雇い労働者の1日の賃金は平均311円なので、2日分の賃金を貯めても、なお不足する。「泊り」の値段は平均2030円でやはり新吉原の「泊り」の上限だ。小学校教員の初任月給5850円の3割以上が一夜にしてふっ飛ぶことになる。まさに「高値の花」である。帝国ホテル（ツイン）1泊料金が3200円だったので、新吉原の一流店に泊まるのは、都内の一流ホテルに宿泊するのとそれほど違わなかった。

このように考えると、Y子の店はかなりの高級店であることがわかる。当時の「赤線」新吉原のこの種の店は、庶民男性が気安く通える場所ではなく、それなりの高給取り、資産家、成金でなければ通えなかったと思われる。映画「赤線地帯」の中で、貸布団屋《かしふとん》の主人やメリヤス問屋の支配人が通い詰めたあげく、経済的に破綻していくのは当然の成り行きだった。

次に支出。クリーニング代などの必要経費的なものは小計6675円。目立つのは故郷への仕送り2万円である。これだけ仕送りすれば、故郷の家族の生活を支えるのに十分な額だと思われるが、逆に彼女がこれだけの送金をしなければならない家庭事情が背景にあることがわかる。もし、故郷の親が無駄遣いしないで貯金していれば、いずれ故郷に立派な家が建っただろう。

次に大きいのは服飾費の1万2600円だが、これには冬のドレスを新調する費用が入っている。

実働28日　休暇２日

（収入）		
遊び（ショート）	62人	45,150円（１人平均 728円）
泊り	27人	54,800円（１人平均2030円）
合計	89人	99,950円
天引き（１割　税金・諸雑費）		9,995円
残		89,955円
業者取り分（６割）		53,973円
本人取り分（４割）		35,982円
（支出）		
クリーニング代		1,200円
ちり紙代		75円
衛生費		500円
組合費		900円
化粧品代		1,000円
夜食・交際費		3,000円
服飾費		12,600円
郷里へ送金		20,000円
（支出計）		39,275円

表3−3　「赤線」新吉原某店のナンバー１女給Ｙ子（28歳）の1952年（昭和27）11月の収支簿。

季節、季節にドレスを作っているとすれば、Ｙ子がいるのは洋装主体の高級感のある店と推測される。１万２６００円という服飾費は、和装だとそれなりの着物を月に２枚ほど作れる費用に相当する。仕事に必要な経費ではあるが、何着も溜まれば、それ自体が財産だ。

　収支は３３００円ほどの赤字になっているが、これはドレス代の臨時支出が響いたためで、通常の月は、ほぼ収支トントンだったのではないだろうか。

　というと、「身を粉にして働いて収支トントンとはなんてひどい！」という意見が出てくる。しかし、それは「仕送り」を支出として計算しているからに他ならない。Y子の場合、もし「仕送り」がなければ、十分に貯金ができる収支状態だったはずだ。

Y子の稼ぎはかなり上のレベル（上位1割くらい？）だと思うが、上には上がいるもので、同時期の鳩の街には「最高十七、八万というレコード保持者」がいたという＊14。金額は売上だと思われるが、鳩の街の「玉割り」は5：5なので、この記録保持者の女給の手取りは8万5000〜9万円ということになる。ちなみに当時の国会議員の月給は7万8000円で、吉田茂内閣総理大臣の月給は11万円だった。「売春等処罰法案」を審議している国会議員より稼いでいる女給がいたことになる。

上の部類ではなくもう少し下を見てみよう。1956年（昭和31）頃、新吉原より2ランクほど低い玉の井に光江という女給がいた。業者が光江の収支を管理した帳簿がわずか3カ月分だが残っている＊15。それによると光江は10〜12月の3カ月間に1万3600円を手にしている。月平均4533円である。これは光江の売上を光江4：業者6で分割した光江の取り分7万9080円（月平均2万6360円）、そこから業者が立て替えた経費を差し引いた額、つまり、光江が自由に使える額（部屋代や食費を含まない）である。それを光江が貯金したか、実家に仕送りしたか、浪費したかはわからないが、当時の小学校教員の初任給が7800円だった（ここから部屋代や食費が出ていく）ことを考えれば、若い女性の収入としてそれほど悪くはないはずだ。

ジャーナリストの向井啓雄《ひろお》（1919〜83）は「一カ月の平均収入額を見れば、五千円から二万円を得ているものが最も多く、約七割に達している。それについでは二万円から三万円の収入のある女が一割五分ぐらいである」と述べている＊7。また、映画「赤線地帯」（1956〈昭和31〉年）で、新吉原の上級店「夢の里」のあまり売れない女給より江の収入が1万5000円という設定になっている。これらから考えると、平均的な「赤線」女給は、月1万円前後の手取りだったと思われる。それでも、同年齢の大卒サラリーマンの月収に比べて遜色《そんしょく》なく、職業婦人としては断トツの高収入だった。

「百三十万円貯金したという女性もいる」＊6、「彼（業者組合の事務員）の話によると、ここ（鳩の街）にいる女の子は、大抵二十万近くの金を残している」＊14というような言説は、たとえ話半分にしても、それなりの信憑性《しんぴょうせい》があると思う。前掲の『男たちとの夜』＊8の主人公（加寿美）も30万円を貯えていた。

女給たちの中には、目的（夢）をもって働いている人もいた。新吉原の江戸町《えどちょう》二丁目で働いていた民子嬢は「男に頼らず一本立ちしたいという気持、つまりささやかなりともお店を切り廻してみたい、安定した家庭を私一人で築きあげたい、ただその一心で働いている」と記している＊16。当時の女性としては自立心に富んだ立派な心がけだと思う。

それが夢で終わらず、「赤線」の稼ぎを貯金して、それを資金に飲食店を開いたり、アパートを経営したり、あるいは故郷に立派な家を建てた女給は実際にいた。貧困層出身の女性にとって、「赤線」女給という仕事は数少ない階層上昇の手段（機会）だったのだ。

一方、あってはならないはずの前借金を負わされ、身をすり減らして働いても、借金を返すのが精一杯で、わずかな貯金すらできない女給もいたことを忘れてはいけない。しかし、そういう女給ばかりだったわけでもない。

「赤線」システムの特徴は、女給が業者に払う「部屋代」が定額制ではなく定率制だったことだ。これは稼ぎの少ない女給にとってはありがたいシステムだった。稼ぎに応じた「部屋代」を払えばよかったからだ。

一方、業者にすれば、稼ぎの良い女給を店に置くことが経営上の最大のポイントになる。稼ぎの良い女給は、まさに金の卵を産む鶏で、業者はほとんど何もしなくても毎日お金が入ってくる。たとえば、月2万円を売り上げる女給を3人置いていれば、「玉割り」が6：4として3万6000円が業者の取り分になる。女給の食事代といっても、家族経営だから自分たちと同じものを食べさせればいいわけで、額的には知れている。こうした業者の中に、資金を貯め、次々に店を増やしたり、将来に備えて不動産を買ったりした者がいたのも当然なのだ。

こういう業者にとって重要なのは安定的な経営である。そのためには、世間の指弾《しだん》を浴びるようなことは避けなければならない。だから「新吉原カフェー喫茶協同組合」を筆頭とする業者の組合が「自由拘束、売春強要、不当搾取の一掃」を掲げるのは営業方針として当然のことだ。

一方で、経営の才覚に乏しく、稼ぎの良い女給を揃えられない業者もいた。そういう業者はいろいろ無理（脱法行為）をする。業者組合がそれを咎《とが》めて除名すれば、ますます規制がきかなくなる。実際、女給を搾取する悪徳業者は組合に加盟していないことが多かったらしい。そして、そこを「廃娼」派につけ込まれ、まるで業者すべてが違法行為をしているかのように宣伝されることになる（第4章も参照）。

家の前に女性が立っている1枚の写真がある［図3-2］。家は平屋だが妻入りの玄関をもち、かなり大きい。この家、「赤線」玉の井のある女給さんが、数年間、身体を張って働き貯めたお金で、1952年（昭和27）、故郷の山形に両親のために建てたものだ。写真を提供してくださった日比恆明氏によると、写っているのは両親と同居する姉で、新築なった家の写真を撮って「あなたが送って

図3−2　「赤線」玉の井の女給さんが故郷に建てた家（日比恆明氏提供）。この写真、4つに裂かれている（修復済）。そこにどんな事情があったのか不明だが、危ういところで今に伝わった。

くれたお金で家を建てました」という手紙といっしょに、玉の井にいる妹に送ったものらしい。この時代、女性が自分だけの稼ぎで家一軒を建てるのはめったにあることではない。この女給さんは間違いなく成功者であり、その親孝行は十分に称《たた》えられるべきである。

そこまでの成功者でなくても、客の男性に求められて女給を辞めて結婚し、下町の商家の奥さん、職人のおかみさんとして、安定した生活に入った人も多かった。

その一方で何年働いても貯金すらできず、年齢を重ねて働き場を失い、哀れな末路をたどった女給もいただろう。

赤線の女給は多様なのだ。だからこそ、できるだけ丁寧に実態を見ていくことが大事だと思う。セックスワークに従事する女性は搾取され必ず不幸な末路をたどるはずだ（いや、たどらなければならない）というような固定観念で見ては、何も見えなくなる。

私が一時、覗《のぞ》き見た水商売の世界も同様だった。その世界に入ってたちまち人気者になり、5年も経たずに独立してママになる「娘《こ》」もいれば、何年たってもうだつが上がらず、いつの間にか消えていく「娘」もいる。こういう世界は、才覚と努力と運のトータルで、結果はピンキリ、成功者の陰には常に死屍《しし》累々《るいるい》なのだ。

「だから、そんな悪い世界はなくすべきだ」と言う人もいるだろう。だが、私はそうは思わない。いろいろな事情で環境や学歴に恵まれなかった女性が、才覚と努力でのし上がっていける世界は必要だ。ただ落伍者が死屍累々にならないよう、一定のセーフティネットを用意する必要はある。

そこのところが恵まれた環境にある女性には、残念ながらなかなかわかってもらえない。「赤線」女給を処罰することにこだわった1950年代の女性議員と、現代の風俗営業規制派のフェミニズム女性学者が二重写しになるのは、私だけだろうか。

コラム3　映画に見る「赤線」の客

遊廓にしても「赤線」にしても、買売春が性的サービスと金銭の交換という経済行為である以上、客がいなければ成立しない。

ところが、従来の買売春研究では、客に注目することがほとんどなかった。フェミニズム系の女性研究者からすれば買春男性なんて論じる価値もない唾棄《だき》すべき存在だろうし、男性研究者の視線は同族の男性にはなかなか向かない。

これはずいぶんバランスを欠いていると思う。いったいどんな男性たちが遊廓や「赤線」の客だったのだろうか？　そう思うのは、私が「水商売」の世界を覗《のぞ》いた経験があるからかもしれない。

「赤線映画」レビュー

少し前、人文地理学者の加藤政洋さんと対談した際に京都の「赤線・五条楽園」の「遊客人名簿」を見せていただいた＊1。そこには住所・氏名だけでなく、遊び方や支払った金額、さらには人相や服装、身体的特徴（背の高低、禿《は》げとか白髪とか）までが記されていて、とても興味深かった。何かあった時に警察の犯罪捜査に協力するためのものだが、これを分析すれば、「赤線」の男性客の傾向がある程度わかるかもしれないと思った。しかし、まさか他の研究者の秘蔵資料に手を出すわけにはいかない。

そこで、窮余《きゅうよ》の策として、「赤線」を描いた映画に出てくる男性客を分析してみようと思う。というのも、私が「赤線」の男性客に関心をもったきっかけが、2002年12月に、お茶の水女子大学で開催された「フェミニズムと現代思想『映像表現とジェンダー』研究会」で、映画「赤線地帯」の分析を報告したことだったからだ。

まず、「赤線」の男性客を考える資料にした「赤線映画」を簡単に紹介しておこう。

（1）溝口健二監督「赤線地帯」
（1956年〈昭和31〉、大映）

当時国会で審議中だった「売春等処罰法案」の可否が社会的関心を集めていた世相を背景に、「新吉原《しんよしわら》」（現：台東区千束《せんぞく》四丁目）のカフェー「夢の里」に生きる5人の女給と楼主（経営者）夫妻を描いた作品。

しっかり者で美貌のナンバー1女給（やすみ）に若尾文子、スタイル抜群の洋パン（占領軍将兵専門の街娼《がいしょう》）上がりのアプレゲール（戦後派）女給（ミッキー）に京マチ子、中年（42歳）の未亡人女給（ゆめ子）に三益愛子、病弱な夫をもつ世帯じみた通勤女給（ハナエ）に木暮実千代、田舎くささえない容姿の女給（より江）に町田博子、楼主夫妻に進藤英太郎・沢村貞子、遣《や》り手のおばさんに浦辺粂子《くめこ》という、今となっては実に豪華な配役だ。

溝口健二（1898〜1956）の遺作となったこの作品は、溝口流の徹底したリアリズムに貫かれ、また新吉原での現地ロケ（実景描写）を含んでいて、「赤線」末期の様相を後世に伝える貴重な性社会史の資料となった。

（2）前田陽一監督「にっぽん・ぱらだいす」
（1964年〈昭和39〉、松竹）

終戦から「赤線」廃止まで、長い伝統をもつ遊廓「桜原」（実在の新吉原がモデル）を舞台に、遊廓とともに生き、死んでゆく楼主と女給、それを取り巻く社会風俗を描いた作品。

娼家《しょうか》の営業が国家と社会、そして恵まれない女たちにとって必要な仕事と信じ、RAA（Recreation and Amusement Association：特殊慰安施設協会）への協力、焼け跡からの再建、「赤線」としての繁栄に尽力しながら、「売春防止法」の成立（1956年〈昭和31〉5月）によって国家に裏切られたショックで死んでしまう楼主（蔵本大典）に加東大介、廓《くるわ》に育ち「いまどき珍しい花魁《おいらん》気質」の女給としてナンバー1の評価を得ながら、廓の外の世界に出る不安から「赤線」の灯が消える日に命を絶つ女（光子）に香山美子、女給組合の委員長として活躍するドライな戦後派女給（はるみ）にホキ・徳田、父の跡を継いで「トルコ風呂」（今のソープランド）への転業をはかる二代目（蔵本希典）に長門裕之、卒業論文制作のために「赤線」に入り込む女子大生（楠千恵子）に加賀まりこという配役。「赤線」廃止6年後の作品で、時代考証・復元に大きな問題点はなく、「赤線」を中心とする戦後の性風俗史の流れを追うのに最適の作品だ。ただ、舞台になっているのが老舗《しにせ》の大店《おおみせ》で、女給の人数など一般化できない部分がある。

（3）白鳥信一監督
「赤線最後の日　昭和33年3月31日」（1974年〈昭和49〉、日活）

明日から「売春防止法」が完全施行される1958年（昭和33）3月31日、「赤線」最後の夜の新宿二丁目を舞台に、最後まで「赤線」にとどまった3人の女の姿を描いた作品。

通い詰める学生をやさしく抱きしめる女（ひとみ）に宮下順子、次から次に客を上げて無感動に身体を開く女（ヨーコ）に芹明香、結婚を前にした童貞男に女を教える女（康子）に中島葵、そして、食事を抜いてまでひとみに通い詰める学生に風間杜夫という配役。

「赤線」廃止16年後の作品、しかも「ロマンポルノ」という低予算映画にもかかわらず、洋風のホールをもつ特徴的な「赤線」のカフェー建築をかなり丁寧に再現している。また、性行為の後、女たちが使用する「洗滌器《せんじょうき》」が映されている。

「赤線」の客の分類

さて、これら3つの映画から、男性客を抽出して、5つのカテゴリーに分類してみた。

①経営者

「にっぽん・ぱらだいす」の材木商の老人：紀ノ国屋文八（元禄期の豪商、紀伊国屋文左衛門のパロディー）。元は樵《きこり》だったが、戦後の木材需要で大儲《もう》けした成金。光子を「水揚げ」（遊女が初めて客と寝所を共にすること）し、後に光子を落籍《ひか》せて妾《めかけ》にする（その後、光子は「赤線」に戻る）。しかし、事業に失敗して無一文になり、「赤線」最後の夜に光子のもとを訪れる。

「赤線地帯」の土建屋の社長？：藤田（62歳）。山の工事現場から下りてくると、ゆめ子のもとを訪れ、数日間、夫婦のように暮らし、また山に戻っていく。山の現場は当時の世相からして電源開発（ダム工事）だろうか。こうした生活をしていた男性にとっては、家庭をもつより「赤線」を即席・臨時の家庭にした方が合理的という考え方があったのかもしれない。

自由になる金銭が大きい経営者（社長）は基本的に最上客である。しかし、事業に失敗するリスクは常にもっていた。また、女給たちの結婚相手としては非現実的で、光子のように妾として囲われるのがせいぜいだろう。

②商店主

「赤線地帯」の貸布団屋《かしふとん》の主人：塩見（47歳）。大門の前で貸布団店「ニコニコ堂」を経営する。布団は「赤線」の女給にとって必需の商売道具であり、布団屋は美容院などとともに「赤線」に付き物の商売だった。「ニコニコ堂」は「夢の里」の出入り業者だが、店主がやすみに入れ揚げていて、回収した売上金（6000円）のうちから3000円、さらにねだられて、結局、全額を小遣いとして渡してしまう始末。とうとう、経営が傾き夜逃げしてしまい、やすみが「ニコニコ堂」の女主人に納まる。

「にっぽん・ぱらだいす」で、「赤線」最後の日に集まった光子の馴染《なじみ》客5人のうち、明治時代から遊廓に通っているという近所の酒屋のご隠居もここに入る。

商店主でも、資産があり経営基盤がしっかりしていれば上客になれるが、そうでないと上客になるのは難しい。下手をすれば店が傾く。

映画ではないが、吉行淳之介の小説「原色の街」（1956年〈昭和31〉）には、「鳩の街」（現：墨田区東向島一丁目）の女給あけみに求婚する、戦災で妻を失った中年の薪炭商《しんたんしょう》が出てくる。「赤線」の女給たちにとって、商店主の妻に納まるのは、ある程度、現実性がある願望だったと思われる。

③自営業者

医者、弁護士、会計士、税理士など、国家的な専門資格をもつ自営業者が考えられる。「水商売」には上客のはずだが、なぜか資料とした映画には出てこない。「にっぽん・ぱらだいす」の光子の馴染客5人のうち、病院勤務の医師がこれに近い。

④勤め人（サラリーマン）

「赤線地帯」の（日本橋）横山町のメリヤス問屋の支配人：青木政次（30歳）は、やすみの馴染客で結婚を迫るが言葉巧みにかわされている。ついに店の金25万円を使い込んで手渡すが、やすみに開き直られる。逆上して、やすみを絞殺しようとするが失敗し破滅する。当時と現在の貨幣価値は、収入ベースで約20倍と思われるので、25万円は500万円の見当。どちらも命懸けになるのもわからなくはない。それだけの金額を吸い上げる、やすみの腕前はすごい。

同じく「赤線地帯」の区役所勤務の公務員：金田（39歳）。やすみの馴染客で、戦災で妻子をなくした独身者と言っていたが、食堂で妻子といるところを、やすみに見つかる。「赤線」の女給が客に語る身の上話はいくつもあって、簡単に信じてはいけないことは知られていたが、客の身の上話も必ずしも信じられない例。その点、現代のホステスと客も似たようなものだ。

もう1人「赤線地帯」から、大阪の化粧品会社のセールスマン：日吉（38歳）。より江の馴染客だったが、関西出身のミッキーと意気投合、

「浮気」して騒動になる。「赤線」は「自由恋愛」という建前ではあるが、相方の店の同僚に手を出してはいけないという、遊廓以来の掟《おきて》は生きていた。

「にっぽん・ぱらだいす」の光子の馴染客5人のうち、会社勤めの初老のサラリーマンと新聞記者がここに入る。また「原色の街」のあけみの馴染客、元木英夫は海運会社のサラリーマンだ。

勤め人（サラリーマン）は新吉原、新宿、鳩の街など、上の部類の「赤線」の客としては、人数的にいちばん層が厚かったと思われる。安定した収入があり可処分所得が多く、かつ時間の自由がきく独身サラリーマンは良い客だった。常連でなくても、出張の機会に訪れる客もいた。

一方、家族持ちのサラリーマンは、それなりの高給取りで可処分所得が十分でないと常連客になるのは難しい。いずれにしても、無理をすれば、会社の金を使い込み、身の破滅となる。

⑤工場労働者・職人

現業系の労働者で、「赤線」の客としては人数的に多いはずだが、資料にした映画には出てこない。これは映画が新吉原、新宿といった「赤線」の中でも値段の高いエリアの店を舞台にしているからだと思われる（第3章参照）。安価な「赤線」が舞台なら、工場労働者や職人が主な客として出てくるはずだ。

また、女給たちの結婚相手としても、いちばん現実性があり、実際、そうしたケースは多かったと思う。「赤線地帯」のより江がいったん所帯を持った相手は下駄職人だった。

先にも触れた実録小説『男たちとの夜——赤線女給十年の手記』＊2の著者、津田加寿子は「赤線」新吉原の女給だった人だが、「売春防止法」が成立した1956年（昭和31）5月、馴染客の芝浦の電気工場の職工長に求婚され、女給を辞めて結婚する。「芝浦の電気工場」といえば誰もが「東京芝浦電気（東芝）」を思い浮かべる。職工長とはいえ大企業に勤務する「給金取り」の妻である。立派な階層上昇だと思う。

⑥アウトロー

「にっぽん・ぱらだいす」の光子の馴染客5人のうち、「まともな人間じゃございやせんが、ご素人衆《しろうと》に迷惑をかけるようなことはいたしやせんから」と仁義を切る男。任俠《にんきょう》世界の男たちは、割の良い「シノギ」(収入源)があり、羽振りが良ければ客になるが、悪くなると女給が身体で稼いだ金を巻き上げる「ヒモ」になりかねない。

⑦学生

「にっぽん・ぱらだいす」の学生：柴田。陸上競技部の先輩たちに無理やり「赤線」に連れてこられ、光子の客になり童貞を喪失する。ちなみに料金は800円で、内480円(60%)が女給の取り分だった。その一度で光子に惚《ほ》れてしまい馴染客になる。「赤線」最後の日に光子にプロポーズするが、その夜、光子は自殺してしまう。

「赤線最後の日」の学生：益夫。食を抜いてまで、ひとみに通い詰める。「赤線」最後の夜、自分の血を売って資金を作りやってきたが、ひとみを抱いた後、貧血で倒れる。

柴田のように実家が資産家で十分な仕送りに恵まれていない限り、学生が「赤線」の常連客になるのは困難だった。柴田が払った800円は、現在の貨幣価値に直すと約1万6000円になる。一般の学生がそうそう通えないのは明らかだ。

ところで歌舞伎町のホステス時代、「赤線」後期に早稲田大学の学生だった男性(年配のお客さん)と新宿の「赤線」の話になった時、「ほんとうに(店に)上がらなかったのですか?」という質問をしたら、こんなことを語ってくれた。

「今の学生と違って、当時の(早稲田の)学生はほんとうに金がないんだよ。よほど家が金持ちでたくさん仕送りがある道楽息子ならともかく、そんな奴は早稲田にはめったに来ないしね。よく、本とか辞書とか質に入れて女を買うって話があるけど、その辞書や本だってなかなか買えないくらい金がないんだから、『赤線』なんてまず無理。売血？　たしかに血でも売れば、何とかなっただろうけど、僕はそこまでの気はなかったね」

「売血」の値段については、「赤線」最後の日の少し後の昭和30年代中頃で400円（200ミリリットル）だったようだ。1952年（昭和27）の新宿二丁目の「赤線」だと「ショート」（客が1回射精すると終わりで、時間にすると15〜30分）で最低でも600円が相場なので、200ミリリットルを売ったのでは足りない（安い「赤線」なら足りるところもある）。倍の400ミリリットルを売れば800円になって足りるが、新宿の「時間（1時間）」1000円にはまだ足りない（【表3−2】参照）。やはり、益夫のような無理な売血→貧血パターンになってしまう。

ただし、女給が年齢的に近い学生を好んだ傾向は間違いなくあり、「学割」あるいは「（一部）出世払い」的なサービスはあったらしい。

ここまで書いて、う〜ん、と思ってしまった。私がお手伝いホステスをしていた新宿歌舞伎町の店のお客さんと共通するものがあるように思えてきたからだ。私がいた店は、フリードリンク&フリーカラオケで基本料金（1時間）5000円、以後1時間ごとに2000円加算という料金システムだった。客単価の平均は8000円くらいだったと思う。歌舞伎町のホステスクラブとしてはかなり安い（何しろホステスが本物の女性ではないので）。でも、それなりの収入がないと足繁《しげ》くは通えない店だった。

やはりいちばんの上客は社長さんだ。銀座で飲んだ後に寄って「銀座の女はきれいだが、気を遣うから疲れる。その点、お前らが相手だと気楽でいいな」なんて言いながら2時間ほどくつろいで、時間に関係なく1万円札を置いていくような人。ただ、そういう社長クラスは絶対数が少ない。

自営業系（医師、弁護士、税理士など）のお客さんも悪くはないのだが、だいたいにおいて忙しい。毎週定期的に来店するような人はあまりいなかった。金払いは良いのだが回数が少ない。

　商店主は意外に自由になるお金が少ない。常連客に築地の魚屋の大将（店主）がいた。遊ぶ金に困ると、自分の店の魚、たとえば立派な平目とかをもってきて刺身にさばいて店にいる人（お客にも）にふるまってくれる。思いがけないご馳走にホステス連中は喜ぶが、現金払いではなく現物払いが続くと、ママが渋い顔になる。

「良いお客さんてどんなタイプですか？」とママに質問したことがあった。返事は「そりゃあ、マメに通ってくれるお客さんよ」だった。お店の売り上げは、客単価×人数×回数である。1回に使うのは7000円でも、毎週2回来てくれるようなお客さんが数多くいれば、店は潤《うるお》う。その条件に合うのは、やはり「勤め人」（ビジネスマン）だ。ただし「平」だと経済的に辛い。課長さんクラスがいちばん多かったように思う。

　性的サービスを売るか、お酒を伴う接客サービスを売るか（客側からすれば性的欲望か飲酒欲求か）の違いはあっても、広い意味での「水商売」である以上、店と客の構造は変わらないのだろう。

「赤線」でも、無理をせず小ママに長い間、通ってくれる客がいちばん良いお客さんだったと思う。

　なんだか、つまらない結論になってしまった。でも、こういう視点、研究一筋の大学の先生には思いつかないだろう。

第4章 「赤線」とは何か（3）――その終焉

「赤線」増殖への抵抗

2014年夏、吉祥寺のカルチャーセンターでの講義を終えた後、ふと思い立ってJR中央線三鷹駅北口から遠くない武蔵野市中町二丁目に行ってみた。住宅地の中に不自然に幅広い道路が、しかも中途半端にある。ここは、かつての「赤線」業者の夢の跡だ。

1949年（昭和24）の秋、三鷹駅北口から徒歩5分程の武蔵野市武蔵野八丁目の畑地で家屋の建設が始まった。洲崎《すさき》系の「赤線」業者による新たな「特殊飲食店（カフェー）」の建設であることに気づいた地元住民が反対運動を始めるが、いろいろ手間取っているうちに、1950年（昭和25）秋に8軒が営業を始めてしまった。「武蔵八丁特飲街」である［図4-1］。

当初の予定は48軒だったが、地元住民の反対で、わずか8軒と大幅に縮小したものの、それでも「赤線」廃止の直前の1958年（昭和33）1月13日まで営業を続けた。つまり、武蔵八丁は「赤

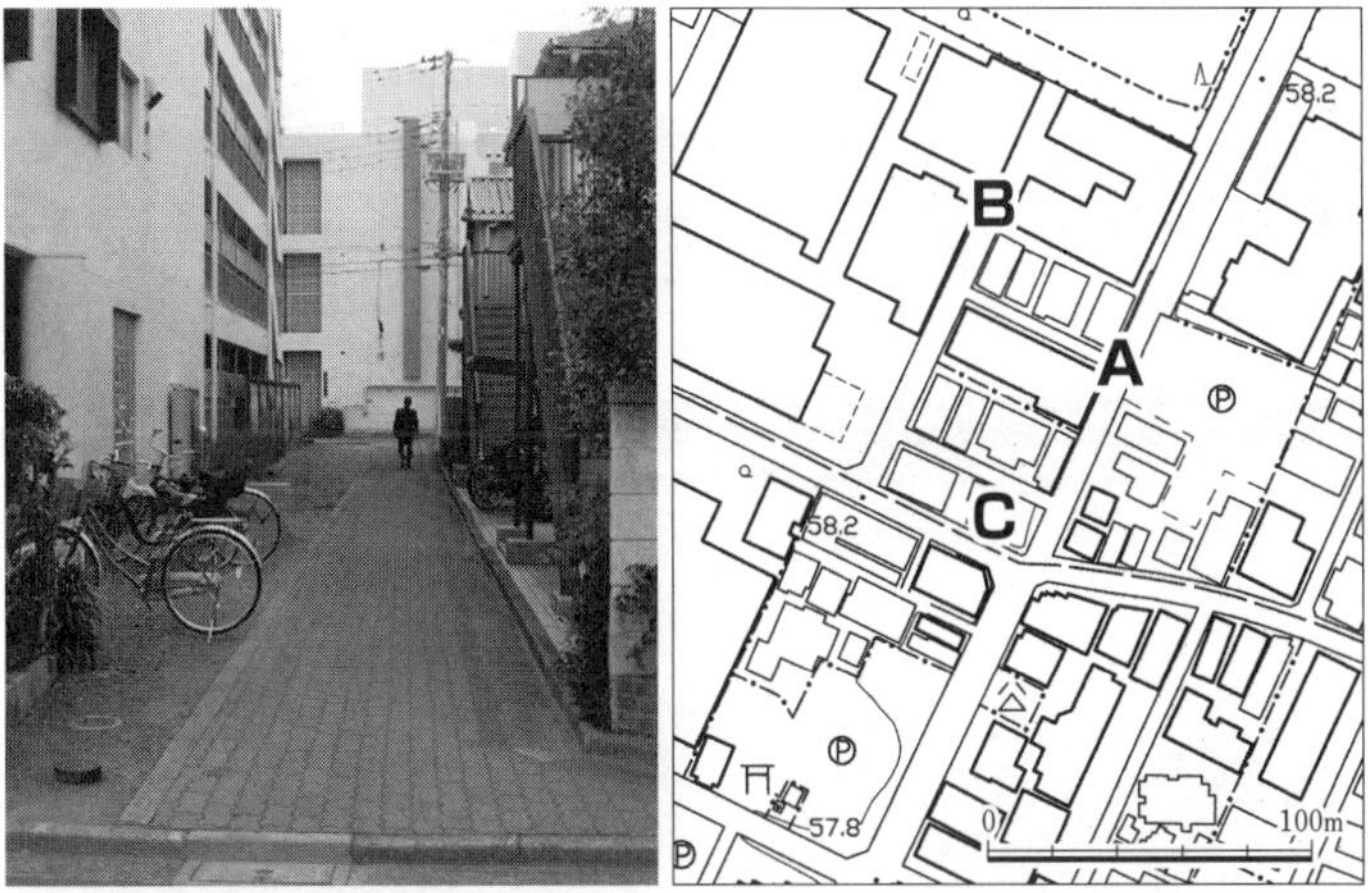

図4−1　「武蔵八丁特飲街」の痕跡。［上左］住宅地の生活道路としては幅が広すぎ、現在は半分しか使われていない（2018年。図中のA地点から撮影）。［上右］さらに幅広い道路（図中のB。「東京都縮尺2500分の1地形図　平成27年度版　吉祥寺」）。［下］石製の手すりがあるバルコニーなど、一般住宅とは異なる様式の建物（2014年）。「武蔵八丁特飲街」の組合事務所として使われたと思われる（図中のC地点）。

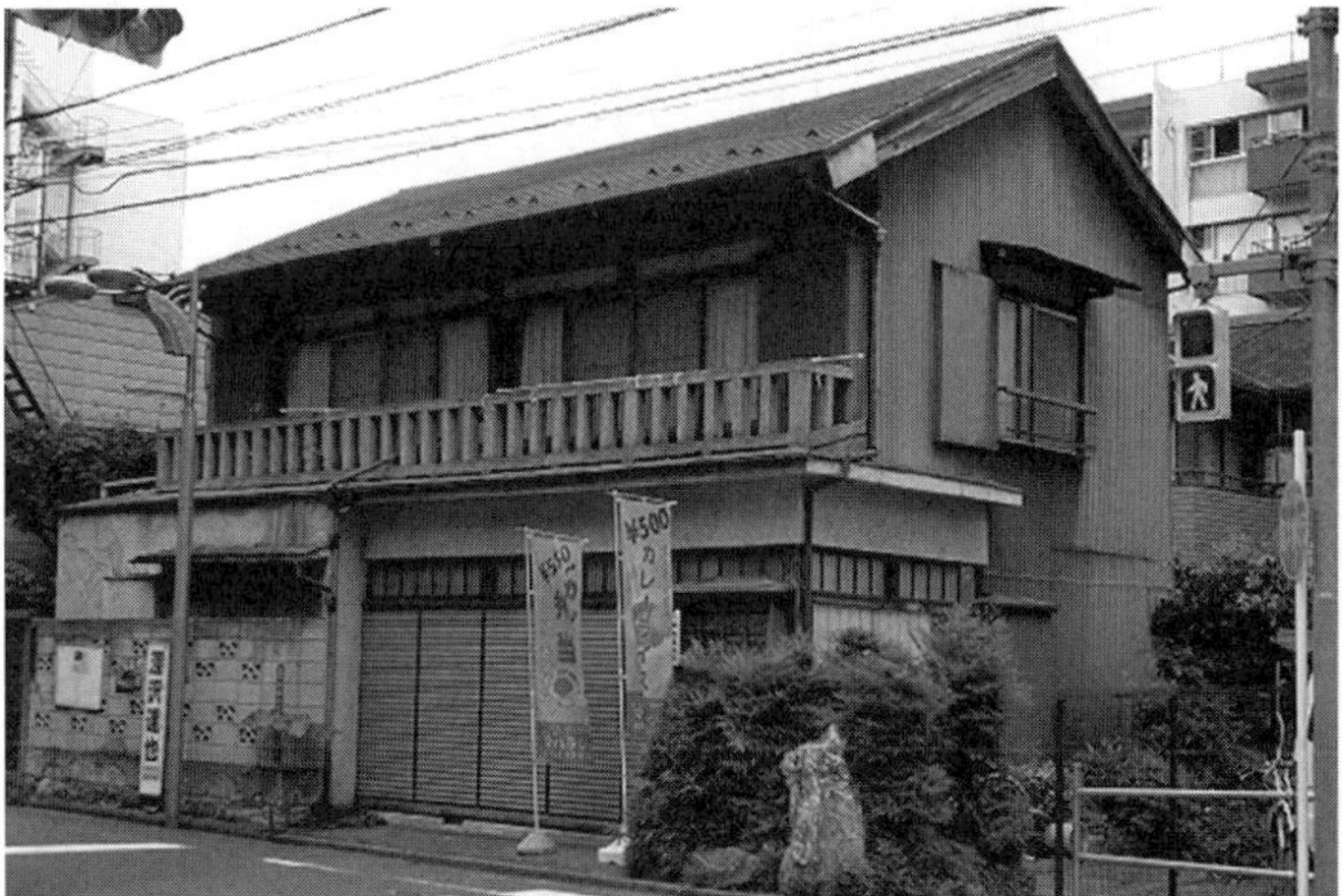

図4－2　「今井特飲街建設反対」運動。バス停は「瑞江」（小林大治郎・村瀬明『国家売春命令物語――みんなは知らない』雄山閣出版、1971年〈昭和46〉より）。

線」業者の増殖願望が半ば実現した場所なのだ。

ただ、この武蔵八丁を「赤線」（黙認買売春地区）とするか「青線」（黙認しない非合法買売春地区）とするかは見解が一定しない。「赤線」としてカウントしている資料も複数あるが、管轄者だった東京都の資料は「青線」としている＊1（第5章参照）。

「赤線」業者の増殖願望は、ここだけではなかった。ほぼ同じ頃、大田区武蔵新田《むさしにった》（現：大田区矢口）の「赤線」業者が同じ大田区内の池上に進出を計画していたが、１９５０年（昭和25）11月、地元住民の反対運動で頓挫《とんざ》する「池上特飲街事件」が起こる。また、北区豊島一丁目にも「特殊飲食店」街ができ、地元住民による反対運動が行われていたが、警察の摘発が入って１９５２年（昭和27）初頭に撤退する「王子特飲街事件」が起こった。少し後の１９５４年（昭和29）1月には、トロリーバスの始点があった江戸川区今井町（現：江戸川区江戸川）に「特殊飲食店」の業者が進出を計画したものの、住民の反対で潰《つぶ》れた「今井特飲街事件」があった［図4－2］。

売春の場の増殖を阻止したい住民の願望も、また強かったのだ。

「売春等処罰法案」

ここまで、敗戦後、公娼制が廃止されたにもかかわらず、売春の場はむしろ増えていることを述べてきた。しかし、世の中には、売春に反対する意見も根強くあった。

まだ占領下だった1948年（昭和23）6月、芦田均内閣の法務庁（法務省の前身）はGHQ（General Headquarters：連合国最高司令官総司令部）の売春否定派の意向を受けて、「風俗営業法」「性病予防法」「売春等処罰法」の3法案を第2国会に提出した。しかし「売春等処罰法案」だけが審議未了・廃案になった。

1952年（昭和27）に占領軍が去った後、売春の禁止、売春に従事する女性と客の処罰を目的に「売春等処罰法案」を推進したのは、戦前から廃娼運動を続けてきた「日本キリスト教婦人矯風《きょうふう》会」や「救世軍」などのキリスト教団体と婦人団体に推された女性議員たちだった。しかし、当時の吉田茂内閣とその与党は「赤線」システムによって娼婦を一定の場所に囲い込む集娼制を維持する姿勢を変えなかった。

1953年（昭和28）3月、「売春等処罰法案」が議員立法として第15国会に提出されたが、解散により審議未了・廃案。次いで1954年（昭和29）5月の第19国会に再提出されたが継続審議になり、第20国会でまた審議未了・廃案になっている。

1954年12月、吉田内閣が倒れ、キリスト教徒で「廃娼」に理解があった鳩山一郎が首相になったが、第21国会（同年12月）に議員立法で提出された「売春等処罰法案」は、解散のため審議未了となった（1955年〈昭和30〉1月24日）。

「売春等処罰法案」が何度も提出・廃案を繰り返している間に、売春に対する世論が徐々に変化していく。世論調査研究所によれば、「赤線」維持（存娼《そんしょう》）派は1949年（昭和24）には70％を超えていたが、4年後の1953年（昭和28）には52％と、やっと半数を超える程度に下がり、以後も低下を続ける。

こうした世論の変化に大きな影響を与えたのが、度重なる人身売買事件だった。とりわけ1954年（昭和29）8月に発覚した「松元事件」は大きな衝撃だった。鹿児島市の旅館・松元荘で、15歳の中学生をはじめ高校生ら未成年者9人を含む23人が、建設会社を営む社長夫妻によって接待売春を強要されていた事件である。客は県議、町長、県庁の計画課長らを含む「地元名士」たちであり、事件発覚後、女子高校生が自殺（未遂）するという結末になったことで、世の強い批判を浴びることになった。

また、1955年（昭和30）4月には17歳の少女が父と継母によって芝（東京都港区）の芸者置屋に売られ、売春を強要される事件が発覚した。

いずれも、悪質な少女強制売春の事例ではあるが、「赤線」とは何の関係もない。むしろ、警察の監督が強かった「赤線」システムでは稀な売春の形態だった（第3章も参照）。しかし、「赤線」廃止（廃娼）派は、これらの「赤線」とは無関係の人身売買事件を、「人身売買の受け皿としての『赤線』」という論法で、人身売買をなくすためには「赤線」をなくさなければならないという論理に巧みにすり替え、世論を誘導していった。

「売春防止法」の成立

こうした世論の変化の中で、1955年（昭和30）6月の第22国会に「売春等処罰法案」が提出される（議員立法としては4度目）。今まで法案反対の立場だった日本民主党（鳩山一郎総裁）が法案賛成に回るなど、一時は可決成立かと思われたが、7月19日の衆議院法務委員会で、19対11で否決となった。しかし、鳩山内閣は「売春問題連絡協議会」を設置して、政府提出の法案作りに取り掛かる。

「特殊飲食店」業者はこうした情勢の変化を危惧し、業者の団体である「全国性病予防自治会」が、1000万円とも言われる豊富な資金を使って関係議員への働きかけを強めた（1957年〈昭和32〉10月に「売春汚職事件」として摘発）。

ほぼ時を同じくして、仕事の場を奪われる女給たちが自らの生活権を守るべく連帯して反対運動を開始する。1947年（昭和22）に結成されていた「新吉原《しんよしわら》女子保健組合」が中心になり、1956年（昭和31）1月、東京の「赤線」女給組合の横断組織「東京都女子従業員組合連合会」が結成される。

結成大会の会場「浅草公会堂」には都内全域の「赤線」から1500名の女給が集まった。新吉原出身の石井リサ大会議長団代表は次のように述べた。

「私達は、業者の指金《さしがね》でもない。あやつられているのでもありません。私達は私達の力で生活を護りつつ、一日も早く更生してゆこうとするのであります。如何に私達の行為が社会悪だからといって、犯罪と同様な処罰や保護処分として身柄の拘束を受け、補導と称して日常の行動を監視され、売

春婦としてのレッテルを貼られて長い間社会人の疑惑の目を忍ばねばならぬ様な法律案を阻止しようというのであります」＊2

当事者からの「売春等処罰法案」への明確な反対声明であり、3月16日には都内の盛り場で売春禁止の法制化に反対するビラ撒《ま》きを行い、さらに3月26日には、全国的な連帯組織「全国接客女子従業員組合連盟」が結成された。

しかし、女給たちの全国的な連帯による反対運動も「時遅し」で、法案成立の流れは止まらなかった。3月7日、内閣に議員と学識経験者、関係省庁の次官級で構成された「売春対策審議会」が設置されて法案の作成が進められ、1カ月後の4月9日に早くも「答申案」が提出される。

政府はこれに基づき5月2日、「売春防止法案」を作成し第24国会に提出した。国会閉会直後に第4回参議院議員通常選挙（1956年〈昭和31〉7月）を控えて、これまで法案成立に消極的だった与党自由民主党（1955年〈昭和30〉11月に自由党と日本民主党の「保守合同」により結党）は、女性票の獲得を意識して法案成立の方向に転換する。

こうして、1956年（昭和31）5月21日に「売春防止法」が可決・成立した（5月24日公布）。「売春等処罰法案」があれほど廃案を繰り返したのが嘘のような一気呵成《かせい》の勢いだった。

「売春防止法」の施行は1957年（昭和32）4月1日だが、1年間は刑事処分が猶予され、1958年（昭和33）4月1日に完全施行された。したがって、一般には完全施行の前夜1958年3月31日が「赤線」の灯が消えた日とされるが、実際にはそれ以前に警察の指導によって、「赤線」の廃業が進んでいた。東京の「赤線」の終焉《しゅうえん》は2月28日である（コラム4参照）。いずれにしても、ここに「赤線」システムは終わった。その寿命は11年と3カ月余に過ぎなかった。

「売春等処罰法案」と「売春防止法」の問題点

何度も廃案になった「売春等処罰法案」と、実際に成立した「売春防止法」の最大の違いは、前者が売春を行った女性にも買春した男性にも厳しい刑罰を科していることだ。1955年（昭和30）の第22国会提出法案では、売春女性・買春男性は「一万円以下の罰金又は拘留若《こうりゅうも》しくは科料《かりょう》」、常習売春者は「六箇月以下の懲役《ちょうえき》又は三万円以下の罰金」とされていた。罰金の額は、およそ15倍すると現在の貨幣価値に近くなると思う。

それに対し、「売春防止法」は「何人も、売春をし、又はその相手方となつてはならない」（第三条）としながらも、売春女性・客ともに刑罰を科さず、「売春を行うおそれのある女子」に「保護更生の措置を講ずる」ことによって売春の防止を図ることを目的とした（第一条）。

「売春等処罰法案」にしろ「売春防止法」にしろ、いちばんの問題点は、仕事の場、生計の手段を奪われる当事者の女給たちが「私達の叫びを素直に聞いて欲しい」＊2と何度も言っているにもかかわらず、同じ女性であるはずの女性議員が女給たちの意見・要望にほとんど耳を傾けず、きわめて冷淡に扱ったことだ。

「売春防止法」は、女性を一般女性と「性行又は環境に照して売春を行うおそれのある女子」（第一条）に分断する構造をもっているが、戦前から後者の女性を「醜業婦《しゅうぎょうふ》」と呼んで蔑《さげす》んできたキリスト教系の廃娼運動家の女性たちにとっては「同じ女性」ではなかったのかもしれない。

たとえば廃娼運動の中心だった日本キリスト教婦人矯風会は、戦後の日本が「存娼国・芸妓《げいぎ》国」であることは「敗戦の上に恥の上塗り」であり、「此際《このさい》我等の主張を明かにし純潔国家建設に邁進《まいしん》すべき」と主張し、その上で「街頭に徘徊する『闇の女』（街娼《がいしょう》）」を「これが長年婦徳と貞操とを強く教へこまれた同胞女性であらうかと痛嘆に堪へない」と強く非難している＊3。

そもそも、前近代の日本には、売春という行為をことさら特別視して悪業とする感覚はほとんどなかった。遊女になることは「遊女奉公」であり、細部の契約はともかく基本的に他の「年季奉公」の延長線上だった。子供が「奉公に出る」にあたって一定の年限（年季は「十年」が多い）を定めて、金銭を親に渡す（その金額が奉公人の前借金《ぜんしゃくきん》になる）ことは、江戸時代において広く行われていたシステムだった。現代の感覚で言えば、親が子を売る「人身売買」だが、それが社会の常態であり、むしろ、儒教倫理でいう「孝」の実践だった。「遊女奉公」に出ることは、一般的な「下女奉公」などに比べて多額の金銭を親にもたらすという意味で、より「親孝行」だったのだ。

売春行為をことさら特別視して悪業とする反売春の思想は時代を超えたものではなく、日本では近代以降に登場し広められたものであることは、ほぼ間違いない＊4。その担い手となったのが、キリスト教系の廃娼運動家たちだった。

キリスト教の性規範は、神が認めた婚姻関係にある男女（夫婦）間の生殖を目的とした性行為だけが「正しく」、非婚姻関係の男女間の性行為は神の教えに背くものとして認めていない。青年男女は結婚まで「純潔」を守り、結婚後は夫婦互いに「貞節」を守るのが「正しい」姿である。したがって、売春行為は論外であり、売春という「醜業」に従事する売春婦（醜業婦）は神の教えを顧みない堕落した女ということになる。

キリスト教系の廃娼運動家たちは、こうした売春を否定し「純潔」を重んじるキリスト教の性規範を欧米キリスト教国と同様に日本でも実現すること、そのための法制化を最大の目的とし、売春の担い手である女性は「面汚《つら》し」であり、存在そのものに否定的だった。

当時の文献を読んでいると、婦人議員や廃娼運動家が、売春に従事する女性に刑罰を科すことに強いこだわりをもっていたことに当惑を覚える。売春従事者に厳罰を科すことによって売春を根絶するという論理で、売春従業女性の救済・保護よりあきらかに処罰が先行していた。

たとえば、法理的・実態的な面から売春従事女性の処罰に「行き過ぎだろう」と疑問を呈する團藤《だんどう》重光《しげみつ》（東京大学教授、刑法学・法哲学、1913〜2012）に対して、「売春等処罰法（案）」を推進した女性議員の中心だった神近市子《かみちかいちこ》（衆議院議員、1888〜1981）は、「私たちは法律にうといものですから」と前置きしながら、売春従事女性の処罰を法案に入れることに強くこだわっている＊5。

また、團藤らと神近の間で、売春は「自然犯」か「法定犯」かという議論が行われている。「自然犯」というのは法律が犯罪と定める（これが法定犯）までもなく、根源的に悪いこと、それ自体が悪という考え方だ。さらに言えば、この場合の「自然」とは、単に「人為が加わっていないありのままの状態」という意味ではなく、「超自然的な存在である神が意図をもって創造したもの」というキリスト教思想が背景にある。つまり、神が創造したこの世の秩序の中で、最初から売春は悪ということだ。だから「自然犯」と主張する神近たちにとって、売春の犯罪化、それに従事する人々の処罰はまったく自明のことだった。

その一方で「売春等処罰法（案）」は、売春従事女性の保護・更生についてはまったく触れていない。法案に反対した女給たちも、その点をはっきり問題視している。

「『罰すること』にのみ終始して、転落防止や救出厚生への具体的手段については、何も説明されていない。（中略）それによって生活のカテを得ているこの現実を考えて頂き、転落防止、厚生転業への何等かの具体的施策を作っていただきたい」「文化国家の対《(ママ)》面上という無意味な床の間の生け花式な辞令でもって、性急に、しかも従業婦のみの生活を脅かしかねない性急な決定を悲しみ、憤りさえも覚えるのです」＊6

「法律にうとい」と自覚しながら法律を作ろうとする女性議員というのもすごいが、疎《うと》かろうがなんだろうが、ともかく「処罰」だった。

したがって、「売春防止法」が売春行為を違法としながらも、売春従事女性の処罰を規定しなかったことは、婦人議員や廃娼運動家にとってかなりの痛恨事だった。神近は、法案成立直後の座談会で「売春行為を罰しなければ、名ばかりで役に立たない」と単純売春の処罰化にこだわり「私どもは、すぐ追いかけて改正案を出そうという事を申し合わせています」と言っている＊7。

売春従事者をあくまでも犯罪者として処罰したい婦人議員や廃娼運動家に対して「赤線」の女給たちは強い反発をみせた。

「更生!!　その言葉は、私はキライです。私は更生しなければならないような前科者ではありません。私は赤線で働いた。それが犯罪なのでしょうか。私が、死ぬほどの思いでこの所にとびこみ、毎日、いくらかのお金を得て自分も生活し、子供二人を養っているのに、私はスリや人殺しと同じように犯罪人として扱われ、更生させられなければならないのでしょうか。そんな不合理なことはないと思うのです」＊8

これは「売春防止法」によって「更生」を強制されることになった、ある女給の叫びである。彼女たちの強い怒りが伝わってくる文章だ。

また、「更生」を決意しても、今度は差別が行く手に立ち塞《ふさ》がる。「売春防止法」成立以前のことだが、ある女給が引退後の生活を考えて手に職をつけるため、夜は女給として働きながら昼は洋裁学校で学ぼうとした。ところが入学手続きも終え学費も納めたにもかかわらず、面接で「そういう所（新吉原）から通って貰《もら》っては、他の学生に悪い影響があるとこまる」と言われて入学を拒否された。また、ある女給が保健婦を志願したところ「あなたは闇の仕事をして生活しているのでしょう、そういう人は遠慮して貰います」と試験官に拒絶された＊9。

こうした厳しい状況で生活のために最後まで働く場の維持を求め続けた「赤線」女給と、売春従事女性の保護・更生よりも処罰を目指した婦人議員や廃娼運動家との間に接点ができなかったのは当然だった。

ほとんどが売春しなければならないような生活状況とは遠く、「純潔」を叫んでいられる恵まれた環境にいた女性たちが、「売春」という場に身を置かざるを得ない状況の中で精一杯生きようとした女性たちに対して、これほどまでに冷淡だったことを思うと、何とも悲しい気持ちになる。しかし、この構造は過去のことではなく、現在にまで引き継がれている。

たとえば、働く場の継続を強く求めた「赤線」女給の主張に対して「本音の主張なのか？（赤線継続を求める）業者に言わされているのではないか？」という疑いをもつ意見は当時も現在もしばしば見られる。なぜ、いちばんの当事者の真摯《しんし》な主張がこうまで軽視されるのか、その根本にはセックスワーカーへの根深い偏見があると思う。

売春のアンダーグラウンド化

「売春防止法」のもう一つの問題点は、管理売春のアンダーグラウンド化をまねいてしまったことだ。

このことは「売春防止法」成立過程の議論の中ですでに予想されていた。

たとえば1950年代、ひたすら売春女性を処罰することで売春をなくそうとした「廃娼派」に対抗して実態を踏まえた現実的な主張で論陣を張ったジャーナリストの向井啓雄《ひろお》は、「売春防止法」を「現実性をもたず、益するところよりも害するところの多い売春防止策」とした上で、「いわゆる白線《バイセン》とよばれる、もぐりの淫売屋はたしかにふえている」と述べ、その傾向は「売春防止法が成立してからすでに見られはじめた」と指摘している＊10。

何より、そうした危険性を切実に感じていたのは、当事者である女給たちだった。「私達は、表面に出ている赤線区域の業者よりも、一般社会からは自由であると見られている、青線や街娼の背後にあやつるヒモ・ボス等のだにの様に喰い附いている黒幕が恐ろしいのであります」＊2

明るい場所の悪（赤線業者）より闇に潜むの悪の方がずっと恐ろしいということだ。「赤線」は買売春の場ではあったが、警察の監督下にあり、露骨な人身売買、人身拘束をともなう管理売春・強制売春は行えないシステムだった。そういう意味では、悪質な売春がはびこらないための社会の安全装置という側面もあった。その安全装置を潰してしまうわけで、社会の現実を知る者ならば、どういう事態が生じるか、予想は難しくない。

実際、「売春防止法」成立直後から買売春の場が、白い紙に白で線を引いたように見えなくなってしまう「白線」化、さらには売春を暴力団が管理する「黒線《くろせん》」化が進行していった。売春が暴力団と密接に結び付き、その有力な「シノギ」（収入源）になったのは、「売春防止法」成立の後、1960年代以降の現象だ。それ以前の「赤線」の売春は警察と結び付いていたから暴力団が介在する余地はほとんどなかった。

「売春防止法」によって、業者には転業資金が与えられたが、女給の転職一時金は貸付のみで、「更生」事業もまったく不十分だった。たとえば「更生」事業で洋裁の技術を身に付けたとしても、その収入は売春で得られる収入には遠く及ばないだろう。女性一人が食べていくことは何とかできても、今までのように田舎の親・兄弟へ送金することは難しい。

新吉原・京町《きょうまち》一丁目で働いている北海道出身のふじを嬢の姉はやはり新吉原の女給で、「月々きちんと八千円の書留」を3年間、郷里の母に送っていた。その仕送りでふじをは中学校を終えることができた。上京したふじをは姉と同様に新吉原の女給になり、高校生になった弟の学費を仕送りしている＊11。根本にある貧困問題の解決がされない限り「更生」は難しかった。

結局、多くの女給が収入の手段を求めて、アンダーグラウンド化したさらに条件の悪い売春に立ち戻ってしまった。

警視庁防犯部が作成した「新しい売春形態とその捜査」という部外秘の16頁の小冊子がある［図4-3］。1958年（昭和33）2月、つまり「売春防止法」完全施行の1カ月半前、東京都内の「赤線」が営業を止める直前に捜査部隊の幹部（中隊長）に回覧したものだ。

売春防止法の全面実施後も「表面だけを糊塗《こと》して売春を継続しようとするものが多く出るのではないかと思われる」として、「最近までに取締面に現れた事犯からみて、予想される売春形態」を次のように列挙している。①青線、②旅館（ホテル）、③カフェー・キャバレー等、④白線置屋（しもたやの売春宿）、⑤ガイド・クラブ、⑥結婚相談所、⑦パンマ、⑧やとな、⑨「トルコ風呂」。

このうち、④は商家ではなく一般住宅（しもた屋）での売春行為、⑤ガイド・クラブは「ステッキ・ガール」と呼ばれた同伴サービスを装った売春クラブ、⑥は結婚相手の紹介を装った売春組織、

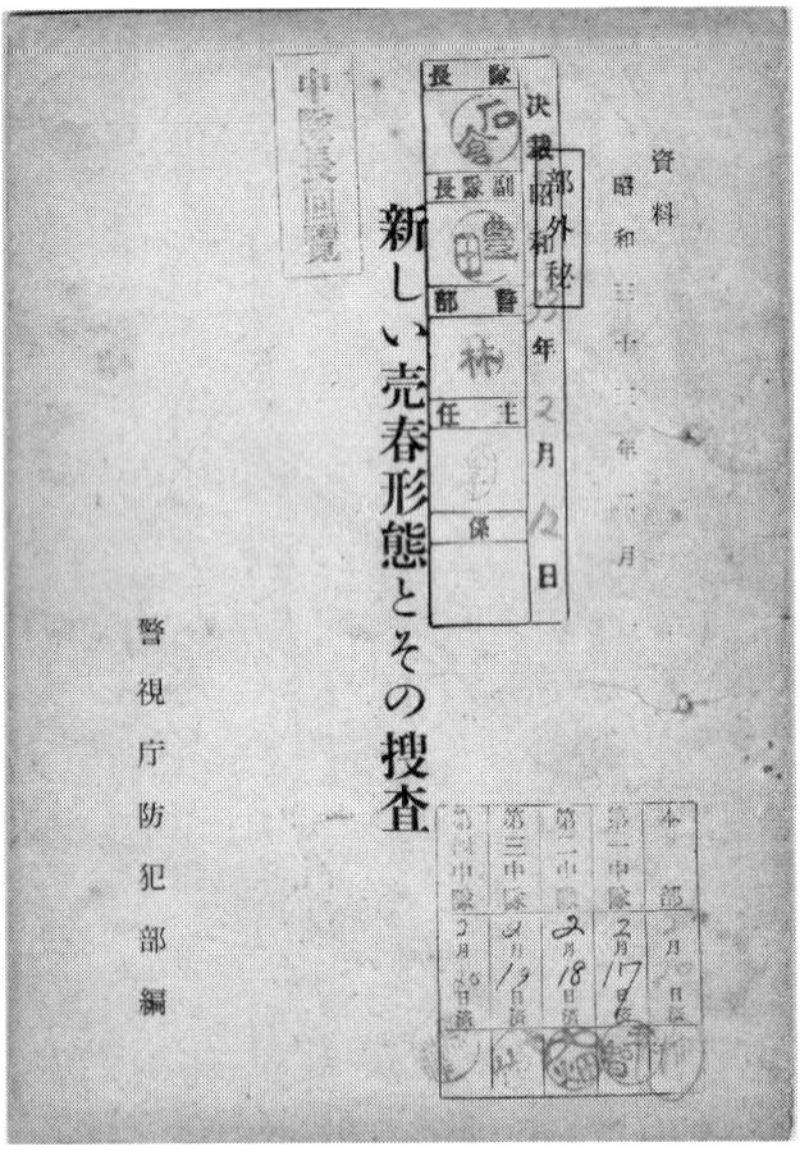
資料
新しい売春形態とその捜査
警視庁防犯部編
部外秘

図4－3 「新しい売春形態とその捜査」表紙。表紙に捺された「部外秘」の判子、隊長以下の決裁印、中隊長たちの「回覧済」の月日記入と印鑑が生々しい。

⑦は「パンパン・マッサージ」の略で、マッサージを装った売春、⑧は料理店、料亭などに派遣されて客を接待する女性で、中には売春をする者もいた。⑨は「ソープランド」の旧称で、この時点で都内に五十数軒あり、偽装転業の代表的な業種だった。それぞれについて「捜査要領」を指示している。警察は「売春防止法」完全施行後の状況をかなり正確に予想していたし、おおむねそのようになった。

向井が「売春の取締りというものは、けっきょく、日本人全体の生活水準の向上とか、生活の不安を一掃するような社会保障制度の確立とかと深い関連をもち、局所的な施策では絶対に解決できない問題」＊10と断言した通りで、「売春防止法」は「売春根絶」の根本的な解決策にはならなかった。

警察の姿勢はなぜ変わったのか

一方、業者の中には、しばらくすれば「赤線は復活する」と本気で信じていた人がかなりいたようだ。女性の人権擁護という観点から、組織売春、管理売春の禁止は世の趨勢《すうせい》としてかなりはっきりしていたと思うのだが、それでも業者が「『赤線』復活」を信じたのはなぜなのか。それは、ずっと「ぐる（協力関係）」でやってきた警察が自分たちを見捨てるはずがない、12年前（1946年〈昭和21〉1月の公娼制廃止）のように、「必ず警察が救いの手を差し伸べてくれるはずだ」という思いだったのではないだろうか。

では、なぜ警察は、長年「ぐる」だった業者を見捨てたのだろう？ 婦人議員らによる廃娼運動の展開、人身売買に対する世間の批判の高まりなどもあるが、「赤線」成立の経緯からして、それはやはり性病問題だと思う。

第2章で述べたように、1950年代になると国内でのペニシリンの生産・供給体制が整い、性病感染率が急激に低下する。

梅毒の感染報告数をみると【図4-4】、1948年（昭和23）には22万人に近かったのが、ペニシリンの供給体制が整った1952年（昭和27）には4分の1以下の5万人弱に減り、さらに、「売春防止法」が成立する1956年（昭和31）にはほぼ半減して約2万4000人になり、「赤線」終焉の1958年（昭和33）には1万3000人ほどになる*12。10年間で約17分の1というきわめて急激な減少を見せた。

淋病も同様で、1952年（昭和27）には約15万9000人の感染者がいたのが、1959年（昭和34）には9430人と7年間で約17分の1になった。

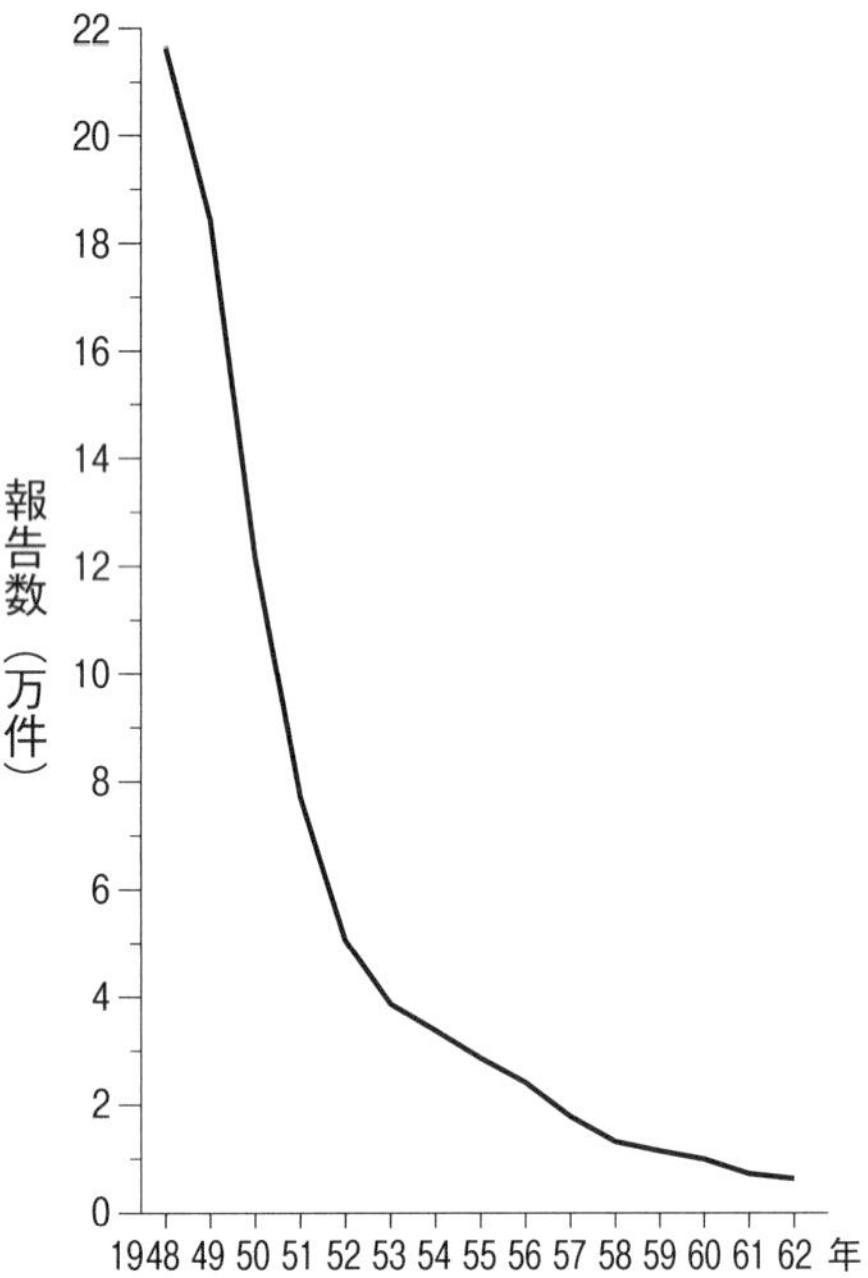

図4－4　梅毒感染報告数の変化（1948〜62年〈昭和23〜37〉。国立感染症研究所のデータ＊12）。

こうした状況は、関係者に完全にではないにしろ医療（抗生物質）による性病のコントロールが可能になったという認識を抱かせたと思う。性病蔓延《まんえん》の恐怖が過去のものになったことで、警察としても集娼制を維持し、業者との「ぐる」関係を続ける必要性が大きく低下したのだ。

つまり、「赤線」システムの終焉をもたらしたのは、突き詰めて言えば、性病のコントロールが可能になったこと、さらに言えば、抗生物質の普及ということになる。

「売春防止法」と現代

「赤線」廃止後も、男性客と女性従業員の自由意志による「恋愛」という建前の売春行為は、場を替えて継続していく。警察の目はずっと厳しくなったが。たとえば、「トルコ風呂」が改称した現在の「ソープランド」などがそうである。

「売春防止法」は現行法であり、現代のセックスワーカーにも大きな影響を及ぼしている。「売春防止法」第一条で、売春は「人としての尊厳を害し、性道徳に反し、社会の善良の風俗をみだすものである」と規定された結果、「違法なことをしている人、人としての尊厳を害している人だから差別されて当然」という考え方が生まれた。

つまり、セックスワーカーに対する差別の根拠を「売春防止法」が提供しているのだ。セックスワークを一方的に罪悪視（スティグマ化）することで、彼女たちの仕事と人生を、社会の影の部分（アンダーグラウンド）に追いやり、事態をいっそう困難なものにしている。

現在、日本のセックスワーカーは、法的に存在を認められず、不可視化されている。「いるのにいない」状態なのだ。そのため、労働者として安全かつ健康に働くという最低の権利すらも保障されていない。

「あたしたちって、いてもいないない存在なんですよ。いくら事務所のバックアップがあっても、頭がおかしな客にぶつかって、ベッドで首を絞められたら終わりなんですよ。売春婦が1人殺されたって、テレビも新聞も殺された方が悪いみたいな扱いでしょう」（1996年、新宿歌舞伎町で会ったデリバリー嬢の言葉）

「ソープランドやファッションヘルスの経営者としては、（従業員の）女の子の健康は大事だし、お客さんに安心して遊んでもらえれば、店が繁盛することにつながるわけですよ。だから、店長が（従業員の）女の子にコンドームを配ったり、求人広告に『性病の定期検査有り』って書くわけです。そうすると、すぐに保健所から『お前の店はコンドームを必要とするようなことをやらせているのか?』『性病に感染するようなことをしているのか?』と言われて、下手したら触法《しょくほう》行為ってことになってしまう。だから、おおっぴらにやれないんですよね」(2003年、新宿歌舞伎町で会ったソープランド店長の言葉)

このように従業女性にとって最重要であるはずのリスク(暴力被害、性病感染、望まない妊娠)の回避が「売春防止法」によって妨げられているのが現状だ。

「売春防止法」の施行から60年が経っても、「売春の防止」「女性の保護」「売春助長者の処罰」という目的は達成されていない。法の実効性に大いに疑問を抱かざるを得ない。

1990年代前半、「セックスワーク」を性的サービスを提供することで金銭の代価を得る労働と認める「セックスワーク(性的サービス労働)論」が日本に紹介される*13。優れた容姿や訓練されたテクニックを用いて、女性が自発的に性的サービスを行い、金銭的対価を得るのは、女性の働く権利(労働権)の一つであり、自由意志による個人売春は、法律などによって禁止すべきではない。つまり、「売る売らないはワタシが決める」ということだ*14。

もちろん、女性が性的サービスを強要され、それによって経済的に搾取《さくしゅ》されることはあってはならない。強制売春、組織売春、管理売春は人身売買であり、法的に厳しく禁止すべきである。しかし、個人売春まで含めた禁止はセックスワーカーの人権への侵害であり、個人売春を合法化し、セックスワーカーのリスク(暴力被害、性病感染、望まない妊娠)の軽減を図ることが最重要という考え方である。

「売春防止法」成立の直前、反対運動の中で女給たちが主張した「働く権利」が、30年以上経って、ようやく言論の場に登場したのだ。

２０１５年8月11日、国際人権ＮＧＯのアムネスティ・インターナショナル（Amnesty International）の世界大会で、セックスワーカーの人権を守るための決議が採択され、「同意に基づくセックスワークの全面的な非犯罪化」とセックスワーカーが搾取や人身売買、暴力に対して他の職業と同じ法的保護を十分に受けることが支持された。

一方、国内では全国婦人保護施設等連絡協議会（全婦連）が２０１４年末～15年に、厚生労働省、法務省、内閣府に、人権保障と自立支援の視点で「売春防止法」の改正を求める要望書を提出した。しかし、この動きは女性団体、キリスト教団体の主導で、当事者であるセックスワーカーの意見はほとんど反映されていない。60年前と同じパターンが今また繰り返されようとしている。

私は、売春を「人としての尊厳を害し、性道徳に反し、社会の善良の風俗をみだすものである」とする「売春防止法」の「基本認識」を根本的に見直す必要があると思っている。その上で、セックスワーカーの人権（身体の自由・働く権利）と安全（暴力・性病・望まない妊娠の回避）を基本に据えた法整備が必要だと考える。そして、法改正にあたっては、当事者であるセックスワーカーの意見が十分に反映されることがなにより大切だと思う。

コラム4　昭和33年3月31日「赤線最後の日」の虚構

「赤線」と「螢の光」

新宿歌舞伎町「ジュネ」でホステスをしていた20年ほど前の話。「ジュネ」の従業員は見かけはともかく、法的（戸籍的）には女性ではないので、女性の深夜就労禁止に引っかからない。だから、営業時間は20～4時だった。でも、たいてい4時を過ぎてもお客はカラオケを止めようとしない。さすがに4時半頃になるとチーママが目配せする。私は割り込み予約でラストソングを入れる。曲は越路吹雪の「ラストダンスは私に」に決めていた。

この曲、題名にラストが入っている上に、後の方に長い間奏があり「本日はご来店ありがとうございました。ただいまをもちまして営業を終了させていただきます。またのご来店、心からお待ちしております」と挨拶を入れることができる。私が歌い終わると、チーママがカラオケを有線放送に切り替え、店内に「螢の光」のメロディーが流れる。すると、腰の重い酔客たちも、さすがに席を立たざるを得なくなる。

ちなみに、閉店時間は業種によってさまざまだから、その有線チャンネルは一日中ずっと「螢の光」だけを流し続けている。

「螢の光」の原曲はスコットランド民謡「オールド・ラング・サイン（Auld Lang Syne）」だが、イギリスではこの歌で新年を迎える習慣があった。日本でも放送されたイギリスの歴史ドラマ「ダウントン・アビー」のラストシーンは皆が「オールド・ラング・サイン」を歌いながら1926年の新年を迎える場面だった。

日本では戦前から卒業式の式典歌として「螢の光」が「仰げば尊し」とともに歌われていたし、海軍では士官の離任式の際などに演奏されていたようだ。しかし、卒業歌と「終了歌」とでは微妙に違う。イベントの終了の際に歌われる形としては、NHK大晦日の「紅白歌合戦」がよく知られているが、それは1953年（昭和28）の第4回からだ。営業の終了に際して「螢の光」を流す慣習がいつ成立したかは、よくわからない。

ところで、少し年配の男性なら、コラム3でも紹介した「赤線最後の日　昭和33年3月31日」（監督：白鳥信一、脚本：武末勝、1974年〈昭和49〉、日活）という映画をご存知かもしれない。数多い日活ロマンポルノの中でも名作に数えられる作品だ。

舞台は明日から「売春防止法」が完全施行される1958年（昭和33）3月31日夜の新宿二丁目「赤線」。最後まで「赤線」にとどまった3人の女の姿を追いながら夜が更《ふ》けていく。そして、法律が完全施行される4月1日0時をまわり、店のネオンが消えていく中、どこからか「螢の光」のメロディーが「赤線」地区に流れ出す。そして、客と女たちが「螢の光」を歌い始める。消えゆく「赤線」の挽歌として、多くの男たちの心に残ったシーンだ。

東京「赤線」の廃業日

しかし、野暮を承知で言えば、これは歴史事実ではない。なぜなら新宿二丁目「赤線」は、3月31日の2カ月前の1月31日で営業を終えていたからだ。店の扉にはこんな貼紙が出されていた。「申し合せにより、一月三十一日限り廃業致しました。長らく御愛顧を賜わり、誠にありがとうございました」＊1

『朝日新聞』1958年（昭和33）2月1日付朝刊には「『赤線の灯』きょう消える　都内十地区の大店業者」という見出しで、新宿と品川のすべての業者、鳩の街の一部の業者が1月29日に、玉の井、武蔵新田《むさしにった》、千住、洲崎《すさき》、亀戸、八王子の法人業者が31日に集団廃業届を所管の警察署に提出したこと（新吉原《しんよしわら》の法人業者だけが遅れて2月1日に廃業届提出）を報じている。

残る法人業者の「繰り上げ廃業」も、武蔵新田（2月25日）、立川錦町、同羽衣町（2月26日）、新吉原、洲崎、千住、鳩の街（第2次分）、玉の井、亀戸、立石、亀有、新小岩、「東京パレス」、八王子（2月28日）といった具合に進み、東京の「赤線」はすべて「売春防止法」完全施行の1カ月前、2月28日までに廃業している。

こうした状況は「繰り上げ廃業」が個々の「赤線」の事情ではなく、警察（警視庁）の指導によって行われたことを思わせる。実際、警視庁は「業者はおそくも法人組織は一月末、その他は二月末までに転廃業すること」、したがって「三月一日からは取締りを強化する」方針を指示していた＊2。

業者が警察に廃業届を出しているので規制力があり、3月31日以前であっても、廃業届提出後の営業はすべてモグリで摘発の対象になった。

つまり、東京の「赤線」最後の日は3月31日ではなく2月28日なのだ。そのことは、『朝日新聞』3月1日付朝刊が「〝赤線〟昨夜で消滅都内全域」の見出しで報じ、翌2日付朝刊1面のコラム「天声人語」が「赤線や青線の灯はバタバタと急ぎ足に消えていく。東京では二月一ぱいで赤線は一応全部消滅した」と書き出していることからわかる。

夕刊紙『内外タイムス』も3月2日号（1日発行）の紙面に「赤線の灯ついに消ゆ」と大見出しを打っている［図C4－1］。『内外タイムス』の記者は、東京の「赤線」最後の日である2月28日の夜、新吉原、洲崎、鳩の街、玉の井を取材して、「11時すぎにはどこも客足がばったり途絶え、最後の歓楽の夢さめた遊客を迎えにくるタクシーのライトと、ここだけは消し残った交番の赤い灯がわびしく光っていた」と記す。「螢の光」の話は出てこない。添え見出しのように「案外淋しかった最後の夜」だった。

内外タイムス　（第4116号）

赤線の灯ついに消ゆ

案外淋しかった最後の夜

客引く声も暗し

吉原、きのうからの"処女"を嘆く

洲崎など最高の人出

営業していた業者数（カッコ内は従業婦数）

吉原	112（375）
洲崎	74（755）
鳩の街	42（89）
玉の井	52（122）
亀戸	47（116）
千住	26（74）
亀有	24（71）
立石	43（91）
新小岩	67（141）
東京パレス	53（77）
八王子	13（40）
計	552（1449）

【注】新宿、品川は1日未明で、武蔵新田は2月25日で、立川市錦町、羽衣町は2月28日でそれぞれ廃業。

交番とクルマのライトだけがわびしく光っていた（吉原）

最後の客待ち店先で股火鉢の女給さんたち（洲崎）

図C4−1　「赤線」の終焉を報じる『内外タイムス』1958年（昭和33）3月2日号の紙面。

ところが、その1カ月前、1月31日夜はだいぶ様子が違った。『内外タイムス』2月2日号は「最後の赤線にドッと客足」の大見出しで、新宿、鳩の街、新吉原をルポしている。そして、注目すべきは、小見出しに「粋客?と一しょに『螢の光』」とあり、リード文にも「新宿では三十一日は最後の夜とあって（中略）"螢の光"を合唱する一団もあった」と記していることだ。

どうやら、1月31日夜、「赤線」新宿で「螢の光」が歌われたようだ。

以後、『内外タイムス』の3月中の記事を見ていくと、すべて「赤線」廃止後という設定で書かれている。

たとえば8日号には「吉原で禁

図C4－2　営業終了の半月前、客足がばったり途絶えた「赤線」新吉原京一通り。1958〈昭和33〉2月13日（朝日新聞社）。

止後初の槍玉　残った女を使う　更生資金まで巻上げ」という見出しで悪質なモグリ営業の摘発が、9日号には「〝旅館転業〟ちょっと待て　行悩む新小岩の赤線地帯」という見出しで転業問題が、16日号には「〝もぐり売春〟大繁盛　赤線消えて半月・巷《ちまた》に娼婦あふれる」という特集記事が組まれている。相当に呑気な男性でも、「赤線」はもう終わっていることはわかったと思う。

　全国的には、3月15日までに8割の業者が「繰り上げ廃業」し、24、25日に愛媛、北海道、宮城の業者が廃業、法律ぎりぎりの3月31日まで粘ったのは香川県の業者だけだったようだ*3。

　そして、完全施行の日の『内外タイムス』の紙面（4月2日号、1日発行）には、「日本キリスト教婦人矯風会《きょうふうかい》」の指導者として「廃娼運動一筋50年」の久布白落実《くぶしろおちみ》（1882～1972、当時75歳）のインタビュー記事が掲載されているだけで、現場のルポはない。それも当然で、東京の「赤線」は1カ月前にすべて閉まっていたのだから。

「最後の日」と「螢の光」

つまり、映画のタイトルである「赤線最後の日　昭和33年3月31日」というのは、東京都をはじめ多くの道府県ではまったくのフィクションなのだ。にもかかわらず、映画にこうした題名が付けられたのは「赤線」廃止16年後という時の流れのなせる業《わざ》なのだろう、とも思う。

しかし、まだ16年だ。「終線」の時、35歳だった男性は51歳でまだ現役だろう。東京の「赤線」の最後の日が3月31日ではなく2月28日（新宿に限れば1月31日）だったことを知っている人は数多かったと思う。中には、その夜、実際に「赤線」にいた人だっているだろう。

ところが、恐ろしいことに、「繰り上げ廃業」のことはすっかり忘れられ、実際には2月28日や1月31日の記憶が、いつの間にか3月31日に移動してしまう。しかも集団で。それは、各種の年表に「1958年4月1日　売春防止法完全施行」もしくは「3月31日『赤線』の灯が消える」などと書かれているので、それに吸い寄せられてしまうのだと思う。

たとえば、作家の半藤一利は1930年（昭和5）の生まれで、「終線」の1958年（昭和33）には27歳だったはずだが、こんなことを書いている。

「遊冶《ゆうや》郎《ろう》としては修行の足らぬわたくしなんかが、鳩の街で〽螢の光窓の雪……を女たちと歌って、過ぎにし栄華の日を偲《しの》んだ赤線最後の日の三月三十一日」＊4

実は、この記載、「赤線最後の日」に「螢の光」が歌われたという記録の代表的なものなのだが、何度も言うように「赤線」鳩の街の最終営業は2月28日であって3月31日ではない。3月31日だったら完全なモグリ営業だ。実際に

「最後」に立ち会った人でさえも、このように記憶が移動している。

半藤は、そのうえで、鳩の街を愛した老作家永井荷風の3月31日の日記（『断腸亭日乗《だんちょうていにちじょう》』）をチェックして、荷風先生が「正午浅草。アリゾナにて食事」とだけ記し「赤線」に立ち寄っていないことを確認している。それはそうだろう。鳩の街は2月28日までに店仕舞いしているのだから。もし荷風の鳩の街への愛着を確認したければ、『日乗』の2月28日条を見るべきなのだ。

ちなみに、『日乗』の2月28日条を確認すると「晴。風寒し。正午浅草」とだけ記されている。荷風山人、この年、傘寿《さんじゅ》（数え年80歳）、「赤線」に足が向かないのも当然だろう。

こうなると、半藤の記憶を疑うわけではないが、「螢の光」が歌われたことについてももっと傍証が欲しくなる。で、いろいろ文献を引っ繰り返した結果、ようやく見つけた。

それは『週刊サンケイ』1968年（昭和43）3月4日号に掲載されている、池田みち子「赤線の灯が消えて10年」という、「赤線」新宿のその後についての記事だ。小見出しに「最後の夜に『螢の光』！」とある。

「いよいよ今夜で赤線がなくなるという最後の一月三十一日、これが見おさめ、遊びおさめと思うせいか、暗くなるのを待ちかねたように、客がぞろぞろ集まってきて、まるでお祭のようになった。夜の十二時になると、あっちの店、こっちの店で、次々にネオンが消え始めた。すると誰かが『螢の光』を歌いだした。酔っぱらいがふざけて歌ったのかもしれないが、歌声は次々に拡がって、客も女も、街全体が合唱するなかで、街は真っ暗になった」

池田みち子（1910〜2008）は、女の性を描く「肉体派の風俗作家」として1950〜61年（昭和25〜36）の間に少なくとも24冊もの小説が刊行された当時の売れっ子作家である。小説執筆のネタ集めのための取材と思われるが、残念ながら彼女が「二丁目かいわいに通ったのは赤線の灯が消えた直後からで」直接の見聞ではない。しかし、「最後の夜の様子は娼婦たちから直接聞いた」とのことなので、信憑性《しんぴょうせい》は十分にある。何より日付がちゃんと1月31日になっている。

実際に「赤線」新宿二丁目の最後の夜、「螢の光」が歌われたのだ。しかしそれは1月31日であって、3月31日ではなかった。

池田が記す「赤線」新宿二丁目の様子は、映画「赤線最後の日　昭和33年3月31日」の情景ととてもよく一致する。もしかすると、映画の脚本を書いた武末勝は、池田のこの文章を参照したのかもしれない。そこまでは事実に即していたし、映画の題名が単に「赤線最後の日」だったら問題はなかった。

あるいは、題名を決める時、記憶が動いている（あるいは無知な）営業部の人が「昭和33年3月31日」と入れてしまったのではないだろうか、とも考えた。しかし、あらためて映画を見直すと、女たちや客の服装は真冬ではなく春っぽい。やはり3月31日の設定で撮影されたようだ。

こうして、この映画がもとになって3月31日の夜の「赤線」で「螢の光」が歌われたというまったく事実ではない「都市伝説」が生まれていくことになった。

第5章　新宿の「青」と「赤」——戦後における「性なる場」の再編

東京新宿花園神社の裏手に、櫛《くし》の歯のような形をした細い路地の両側に木造の飲食店が密集しているエリアがある。「ゴールデン街・花園街」地区（新宿区歌舞伎町一丁目1番地5～10）だ。1993年冬から94年にかけて、私はそのうちの一つの路地「花園五番街」にあった女装バー「ジュネ」に毎週のように通っていた。

「ゴールデン街・花園街」の所在地は「花園神社の裏手」と表現されることが多いように、路地の名前が入ったアーケードもそちら側に立っている。しかし、新宿駅東口からは、新宿通りから紀伊國屋書店の脇の路地に入り靖国通りを渡って、その昔は都電の線路だった遊歩道「四季の道」を通って、裏口から入る方が近かった。ただそのルートだと、「花園五番街」のアーケードから3軒目の「ジュネ」までは、細い路地をずっと歩かなければならない。

「ずっと」と言っても50メートルほどで、たいした距離ではないのだが、問題は夜の早い時間帯（20

～21時）だと、路地にやたらとおばさんが立っていることだった。何しろ幅2メートルもない狭い路地だから避けて通ることはできない。結局、「おはようございます」と挨拶して通ることになる。2人、3人なら何でもないが、5人、6人、日によってはもっと多い。中には「あら、あなた先週も通ったわね。どこの『娘《こ》』？」なんて聞いてくるおばさんもいる。こちらとしてはけっこう気を遣う。

ある夜、「ジュネ」に着いて、薫ママに「あの路地に立っているおばさんたちは、何してるのですか？」と聞いてみた。するとママは「あのおばさんたちも、昔は若いきれいなお姐さんだったのよ。ああやって店の戸口に立ってお客を誘っていたわけ。まあ、今では逆効果かもしれないけどね。この街が『青線』だった頃からの習慣みたいなものなのよ」と教えてくれた。

つまり、私が「女」として育ててもらった街は、旧「青線」街だったのだ。

「青線」とは何か

「青線」とは何だろう。まず、押さえておかなければならないのは、「青線」とは「赤線」に対する言葉であるということだ。

では「赤線」とは何かといえば、すでに何度か述べたように、1946年（昭和21）12月から「売春防止法」が完全施行される前日の1958年（昭和33）3月末まで、戦後日本社会に存在した黙認（事実上の公認）買売春地区だ。警察の監督（地域限定・営業許可）のもとで、「特殊飲食店（後にカフェー）」に勤務する「女給」が客と「自由恋愛」するという建前で買売春を黙認するシステムである。警察が「特殊飲食店」の営業を許可したエリアを地図上で、赤い線で囲んだことから「赤線区域」「赤線地域」と呼ばれるようになった。つまり、「赤線」は警察用語であるというのが通説だ。

そうした警察によって黙認（事実上の公認）された買売春地区である「赤線」に対して、警察によって黙認されない非合法な買売春地区が「青線」である。

ただし、単に「非合法な買売春」と言った場合、街娼《がいしょう》などの散娼《さんしょう》形態の買売春も含まれてしまうことになる。実際、街娼が立っているようなエリアを「青線」と言った用法もなくはない。しかし、何度も言うように「青線」は「赤線」に対する概念であって、「赤線」が娼婦を一定の場所に囲い込む集娼形態であることを踏まえれば、「青線」は集娼形態の非合法な買売春地区と定義するのが適切だと思う。その点、人文地理学者・加藤政洋氏の「赤線まがいの集団売春街」という定義は、「赤線」に対置される「青線」の特質をよく踏まえている＊1。

ある青線業者がこんなことを言っている。「赤と青といったって警視庁が地図に赤線で囲んで黙認したのが赤線区域で、赤線で囲んでくれないのが青線区域でさ、衛生設備さえ完備すれば赤線に昇格さすべきですよ」＊2。おそらくそれが当時の当事者の意識だったのだろう。「昇格さすべき」かどうかはともかく、「青線」が「赤線で囲ってくれなかった」地域という認識は注目すべきだ。「青線」が地図に青線で囲われた地域であるかのように考えるのは誤解だと思う。したがって「青線」区域が「赤線」区域と違って不明瞭な漠としたものになるのは仕方がないことなのだ。

また、当時の用法として「あの店は青線だ」というように、ある酒場や旅館を指して「青線」と言うこともあった。「青線」的な非合法な売春行為をしている店という意味だ。しかし、そうした店が1軒だけ、あるいは何軒か散在している状態では「青線街」「青線地区」という言い方にはなじまない。やはり「青線」と言うには、非合法な売春を行う店がある程度集まって「街」を形成していることが必要になると思う。

「青線」の出現時期

「青線」的な飲み屋や旅館での売春が出現したのは、警視庁の正史によると、1947年〈昭和22〉の末から1948年9月の風俗営業法施行までの空白期間で、「赤線」の成立から2年後のことだった＊3。その由来は、警視庁に勤務していた小野常徳〈第3章で紹介したドキュメンタリー・フィルム「赤線」の制作者〉によれば「戦後新宿花園町の一画に満州からの引揚者が陣どって、階下が料理屋で二階で売春していた」状況を「毎日新聞の記者が、それじゃあ青線と書こうじゃないかということで書き出した」という＊4。これを信じれば「赤線」が警察用語であるのに対し、「青線」はマスコミ用語ということになる。

この「花園町の一画」とは現在の「ゴールデン街・花園街」地区のことと思われる。新宿駅周辺の闇市《やみいち》の一つ、東口から南口の国鉄線路東側に細長く立地した「和田組マーケット」の露店商を中心とする人たちがGHQ（General Headquarters：連合国最高司令官総司令部）の露店整理指令（1949年〈昭和24〉8月4日）を受けた整理事業（1950年〈昭和25〉3月末までに撤去完了）に応じて、「三光《さんこう》町《ちょう》」の空き地（現：歌舞伎町一丁目の一部）に移転した。ほぼ同じ頃、新宿二丁目の「赤線」の周囲にいた「河野組」の露店商も「三光町」の新開地に移動し、両者併せて「ゴールデン街・花園街」地区の原型が形成される。その時期は、1950年〈昭和25〉冬から1951年〈昭和26〉夏にかけてのことだった＊5（コラム5も参照）。

ところで、1945年〈昭和20〉5月25日の「東京山の手大空襲」で焼け野原になった新宿の街の復興の歩みをたどると、非合法買売春＝「青線」として問題視されたのは「花園町の一角」よりも

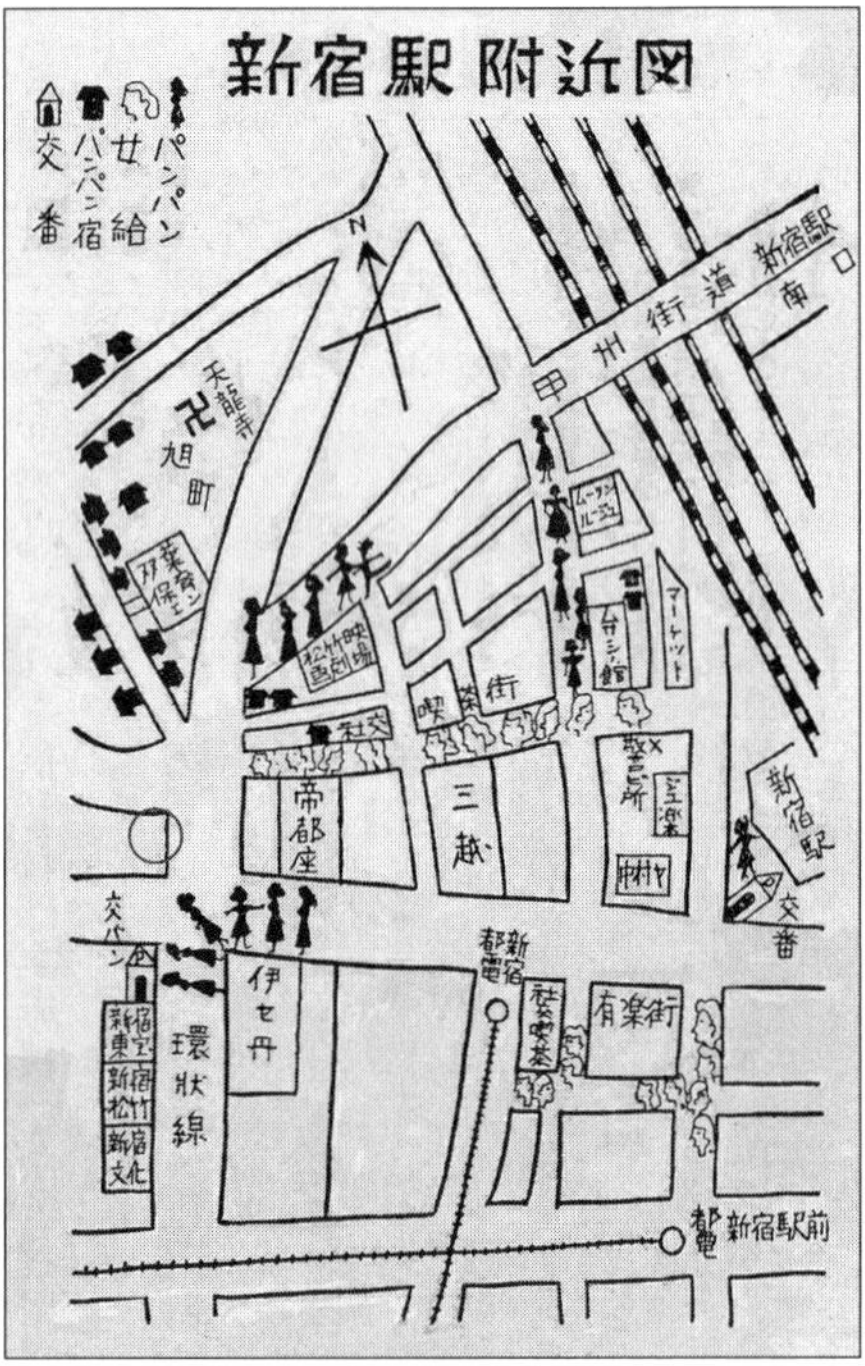

図5—1　「新宿駅附近図」（神崎清「新宿の夜景図——売春危険地帯を行く」＊6、より）。方位の南北が間違っている。図の下方を横切る、都電の線路が走る道路が靖国通り。その下（北）の「花園街」になるあたりは図の外。

「三越裏」の方がずっと早かった可能性が高い。「三越裏」とは新宿のメインストリート新宿通りと新宿駅東口から延びる中央通りに挟まれたエリアのことである。戦前はカフェー街として賑わったが、空襲で丸焼けになった。

念のため言うと、戦前のカフェーは、基本的に飲食店（酒場）であり、飲食のサービスをする女給はいるが、性的なサービスはなかった。

評論家・神崎清（1904〜79）の「新宿の夜景図——売春危険地帯を行く」＊6は、1949年（昭和24）夏頃の夜の新宿ルポルタージュだが、掲載された略地図の「三越裏」には「社交喫茶街」の存在が記されている［図5—1］。1949年にはすでに復興していたことがわかる。神崎は「不景気になやむ女給たちが、三越うらの社交喫茶街から（駅前近くまで）遠征して……パンをかけてくる（性的な誘いをかけてくる）」ことを記していて、「青線」という言葉こそ使っていないものの、いかにも「青線」的である。

またこの略地図は靖国通り以南を描いていて、1年後に「ゴールデン街・花園街」の原型が形成される靖国通り北側エリアは図の外であり、「売春危険地帯」としてまだ視野の外だった。「三越裏」は、明らかな場末の「花園町の一角」とは比べ物にならない盛り場であり、少なくとも1949年（昭和24）には「青線」的様相を見せていた。あるいは、小野が言うように「青線」という言葉の起源は「花園町」かもしれないが、実態的には「三越裏」が先だったと思う。

いずれにしても、戦後の東京で非合法買売春地域である「青線」が最初に問題化したのが新宿であったことは間違いなさそうだ。

営業形態と値段

「青線」は「赤線」に比べて圧倒的に資料に乏しく、その実態に不明確な点が多い。その中で『夜みる新聞』掲載の「特別調査・売春街秘密情報」という記事（以下「秘密情報」と略称）は、1955年（昭和30）頃の東京の「青線」をはじめとする非合法買売春地帯をかなり網羅《もうら》的に記し、さらに「青線」の営業形態にも触れていて貴重である*7。

新宿の「青線」について次のように記している。

「〝赤線〟の女給は、大体登楼する客が、アレ専門に狙って行くので看板のカフェー喫茶営業のビールやコーヒーはあまり出ず、この点『青線』の女給は、店の経営が両道に掛っているので酌婦《しゃくふ》であり、

図5－2［右頁］　営業中の「青線」の女性と客（『内外タイムス』1956年〈昭和31〉5月20日号より）。
図5－3［左頁］　「お茶づけ」の暖簾がかかった店の前に立って客を待つ新宿「花園街」の女性たち（朝山蜻一『女の埠頭――変貌する青線の女たち』*5より）。

女郎でありして、とても有利らしい」

「赤線」の客は最初からセックスだけが目的で、一応は設置されているカウンターでビールやコーヒーを飲むことはほとんどせずに、まっすぐに女給の部屋に上がるが、「青線」の客は、店が酒場としての実態をもっているので、まず酒を飲み、女給も酌婦としての役割を行い、その後でセックスに至ることが多かったという。

つまり、「赤線」の店が「特殊飲食店」としての建前から「カフェー」「喫茶」の看板を掲げていても実態的には性風俗営業（売春）一本であり、女給も実態的には娼婦であったのに対し、「青線」の店は飲食店（酒場）としての飲食接客営業と性風俗営業の「両道」であり、そこの女給も酌婦と娼婦の2つの役割を兼ねていた点に、「青線」の営業形態の特色がある。

この「青線」の営業形態は、警察に対して絶対に必要なものだった。警察の「臨検」（抜き打ちの立ち入り検査）の際に「ウチの店は普通の酒場です」と

言い張れるだけの、酒場としての実態を備えている必要があったからだ。

「青線」の実際を知っている世代であり、かつ「赤線」「青線」があった時代の新宿区役所裏（歌舞伎町一丁目）に住んでいたことがある推理作家の都筑道夫（1929～2003）は、「青線はあくまでも飲み屋という名目だから、一階にはカウンターがあって酒を飲ませて、二階が売春の場所になっていた」と述べている＊8。

「あくまでも飲み屋」というのが「青線」の特徴であり、その点こそが、「飲食店」がまったくの建前であることを警察も承知している「赤線」との大きな違いだった。つまり、女の性だけを売る「赤線」、女の性と酒の両方を売る「青線」という営業形態の差異に留意しておきたい。

「秘密情報」は「青線」をめぐる経済についても語っている。

「彼女たち（＝青線の女）は、赤線の女より収入が多いらしく、昼間は美容学校洋裁学校に通っているのも居り、貯金なんかシコタマと持っていたりもする。稼ぎは、一夜五回ぐらいの客を取り、ショート・タイム三百円位、オール・ナイトで千円位が相場で、この他にビールや酒の売上げ歩合も付くらしくなかなか羽振りが良い」＊7

「青線」の女給は、娼婦としての稼ぎに加えて、酌婦としての歩合収入もあるので、収入が多いという。ちなみに1955年（昭和30）の物価は、コーヒー50円、ビール（大瓶）125円だった。ビールは小売値段であって、店で出す時はもっと高かっただろう。

「青線」と「赤線」の料金の比較については、第3章でも取り上げた「東京の性感帯――現代岡場所《おかばしょ》図譜」（以下、「岡場所図譜」と略称）に1952年（昭和27）のデータがある＊9。新宿二丁目「赤線」の料金は、「ショート」600円（宵の口は700〜800円）、「時間（1時間）」1000円前後、「泊り」2000円前後（深夜12時過ぎると2000円以下）だった。それに対し、「花園町界隈《かいわい》」の「青線」は「飲み代込み」だが、支払額は「ショート」で750〜1500円、「泊り」だと1500円以上になり、「赤線」と大差ない。さらに、店の階上ではなく、女給を連れ出して店が契約しているホテルを使うと3000円が必要だった。この場合、取り分は、酒場の店主、女給、ホテルが三等分（各1000円）になる。

「秘密情報」が記す1955年（昭和30）の「新宿花園町界隈」の「青線」の値段は、「ショート」300円、「オール・ナイト」1000円となっていて、1952年（昭和27）の新宿二丁目「赤線」の半額ほどの値段になっているが、これは飲み代別のセックス代だけの料金と思われる＊7。

一般に「赤線」より「青線」の方が料金は安いとされるが、客の側からしたらセックスするために払う金に飲み代が乗るわけで、支払う金は必ずしも少なくなかった。

警察の「狩り込み」

さて、警察が黙認していない非合法の買売春地域である「青線」にとって、最大の問題は警察の手入れだった。その点について「秘密情報」は次のように語っている。

「夜ネオンが瞬《また》くと、女給たちは一斉に門口に勢揃い、協同組合事務所の『狩り込み』警戒の連絡事項を受け、最近ではまるで『赤穂浪士』の討ち入りみたいな山と川の暗号やら色々の方法（で）組合事務員を要所々々に立たし、電話、懐中電灯、漂客《ひょうかく》の挙動調査と予防策にチエを絞っている」＊7

やや文意が不明確だが、個々の店ではなく、同業者組合がある程度、組織的に警察の「狩り込み」（手入れ）に関する情報を探り、客を装った私服警官の内偵などを警戒していたことがわかる。

実際に1956年（昭和31）5月8日夜に行われた、四谷署による「新宿特飲街（赤線）」周辺の歓楽街（青線）の一斉摘発の際には、「新宿特飲街周辺のモグリ売春宿や新宿四丁目の通称『旭町《あさひまち》ドヤ街』では手入れと同時にピューッとカン高い笛が鳴」り、「ポン引きや、夜の女たちの手入れを知らせる巧みな連絡方法で、いままで立ち並んでいた女たちがバラバラ逃げだした」＊10。結局、この夜は65名もの捜査員を動員したにもかかわらず、「運悪く」逮捕されたのは売春婦10名と客引き女性2名に過ぎなかった。

しかし、それだけ警戒しても思いがけない警察の手入れに遭ってしまうことがある。1955年（昭和30）2月6日早朝、警視庁保安課は四谷署・淀橋署の協力を得て250名の私服警官を動員して、新宿「青線」37箇所を急襲する。まさに「夜討ち」が駄目なら「朝駆け」だ。前夜は土曜日で客も多く、ようやく寝付いたばかりの「青線」街は大混乱になり、女給69名が売春現行犯で、業者28名が管理売春・場所提供容疑で逮捕され、相客56名（外国人兵士9名を含む）も引致《いんち》されるという大打撃を被ってしまった＊11。

この時のように、店の階上で女給と客がセックスしている「現場」を押さえられたら、現行犯だから言い逃れは難しい。

建物の構造

東京で最大かつ典型的な「青線」だった「ゴールデン街・花園街」地区には、一見同じような安普《やすぶ》請《しん》の木造建築の酒場が並んでいるが、南側（靖国通り寄り、［図5－4］の下方）の「ゴールデン街」と北側（［図5－4］の上方）「花園一・三・五番街」（図では三光町商店街）では、店の大きさが微妙に異なる。「花園一・三・五番街」の店が平均3・5坪であるのに対して、「ゴールデン街」の店は平均4・5坪でやや大きい。そして、「ゴールデン街」の建物も「花園一・三・五番街」の建物も外観からは同じように2階建てに見えるが、「ゴールデン街」の建物は内部が3階建てになっている。

こうした店の構造の違いは、両者の来歴の違いに基づいている。「ゴールデン街」（現：新宿ゴールデン街商業組合）を形作った人たちは、元、新宿二丁目「赤線」の周辺の露店商たちだった。彼らは「赤線」営業の旨みを知っていて、最初から「赤線まがいの営業（＝青線）」をするつもりで、木造3階建ての建物を設計した。1階が酒場、2階が住居、そして3階に娼婦の仕事部屋という構造である。当初の店の数は約50軒だった。

これに対して、「花園一・三・五番街」（現：新宿三光商店街振興組合）を形成した人たちは、新宿駅東～南口の露店商たちであり、移転後も一杯飲み屋やおでん屋などの零細な飲食店がほとんどで、建

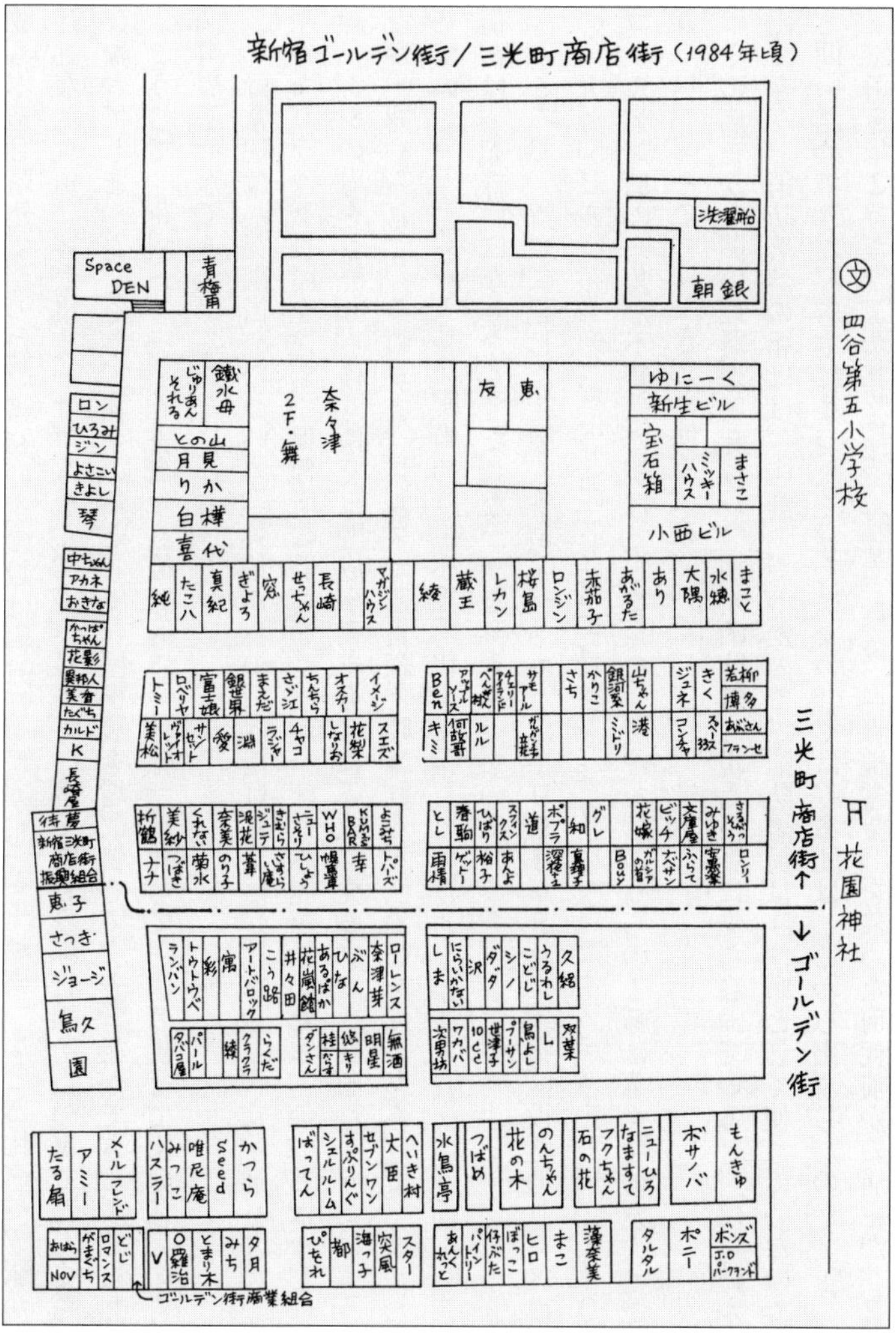

図5−4 1984年（昭和59）頃の「新宿ゴールデン街／三光町商店街」の店舗図（渡辺英綱『新宿ゴールデン街』晶文社、1986年、より）。

物も木造2階建てだった。当初の店の数は約91軒。しかし、「三越裏」などと比べて、駅から離れた辺鄙《へんぴ》な飲食街に客が集まるはずもなく、売春目当ての客で賑わう「青線」街の裏でたちまち経営不振になってしまった。そこで窮余《きゅうよ》の策として、屋根裏を増改装して売春営業ができるようにした。

こうして「花園一・三・五番街」も後発的に「青線」街化して、両者併せて東京最大の青線街「花園町界隈」ができ上がることになる＊12。

小野常徳は「花園街」について「外地からの引き揚げ者などが相寄って、文字通り九尺二間のささやかなバラック長屋を建て、保健所の許可を受け、一杯飲み屋を始めたが、いつとはなしに二階で赤線ハダシの春をも売り、ゆくゆくは既成事実をもとに正式の売春ブロックをつくりあげようとはかったが、認められず、そのまま、ズルズルと青線と呼ばれる不法地帯をでっちあげてしまった」と解説している＊13。このエリアが当初は「赤線」化を目指していたことが語られていて興味深い。「花園街」は「赤線」になりたくてなれなかった「青線」なのだ。

ところで、冒頭に記した花園五番街「ジュネ」は1994年5月に新宿区役所通り、区役所向かいの「丸源54ビル」（現：「三経55ビル」）2階に移転した。私がそこでホステスをしていた1998年頃、ゴールデン街の一角が不審火で焼けてしまった。焼けた店のうちの1軒は薫ママの友人で、店主（男性）は「ジュネ」にときどき飲みに来ていた。

その店主から聞いた話が興味深い。彼が消防署の現場検証に立ち会っていると、焼け跡から布団《ふとん》が出てきた。消防署への届けは「店舗」だったので、消防署員は「住居として使っていたのですか？」と問い詰めてきた。店主にまったく覚えはない。では、布団はどこから出現したのか？

謎解きはこうだ。「売春防止法」完全実施後、「青線営業」を諦めた何代前かの店主が、3階の娼婦

図5－5　新宿「ゴールデン街」に残る３階の娼婦部屋［左］と、敷きっぱなしになっていた布団［右］。１畳半ほどの部屋が２つ並び、入口は棟木側。天井は低いが窓もあり、「３階」の体裁になっている。宮内勝撮影。

部屋に布団を敷いたまま、2階の天井に開いていた3階に通じる穴を封鎖してしまった。それから何代かの店主を経て、屋根裏部屋の布団の存在はすっかり忘れ去られた。そして三十数年後の火事で、1階と2階の天井が焼け落ち、屋根裏部屋の布団は地上に落下して姿を現したのだ。

ちなみに、花園五番街時代の「ジュネ」〈2階〉の天井にも「穴」があって、かつては2階から梯子《はしご》をかけて屋根裏部屋に上がれる構造だったが、すでに板で塞《ふさ》がれていた。「ジュネ」の隣の「梢」〈旧名：「ふき」〉、1967年〈昭和42〉に読売新聞の社員でアマチュア女装秘密結社

「富貴クラブ」の有力会員だった加茂こずゑが開店した、東京で最初のアマチュア女装者が集まる店）の屋根裏部屋に上がったことがある女装世界の大先輩によると、いちばん高い所（棟を壁で仕切り、背中合わせに店舗を設けて、路地に面した両側を入口にする棟割《むねわり》長屋構造なので中央の棟木寄り）で膝立ち程度、低い所（路地寄り）は30センチもなく、明かり取りと換気口を兼ねた細長い小さな窓があるだけだが、「それでも十分に（セックスは）できたわよ」とのことだった。

警察に不意打ちを食らった場合でも、梯子を引き上げて、穴を板で塞いでしまえば、とりあえず隠れることはできる。もちろん、警察もそんな建物構造は承知だが、時間は稼げるので、「現場」を押さえられること（現行犯逮捕）だけは免れることができる。

それでも、屋根裏部屋で男女2人だけでいるのは十分に怪しい。当然、捜査員に「何をやっていたんだ？」と詰問されることになる。

ホステスしている頃に「青線」時代を知っている年配のお客さんから、そんな場面について、こんな話を聞いたことがある。

「その時は『花をやってた』って言うんだよ。だから屋根裏部屋には花札を置いておくんだ」

「そんなことで言い逃れできるんですか？ それにそれじゃあ、別の罪（賭博《とばく》行為の現行犯）になっちゃうでしょう」

と食い下がってみたが、笑って答えてくれなかったので、真偽不明のままなのが残念だ。

東京の「赤線」と「青線」

「赤線」が警察によってエリア（住所）を指定されていて、その所在が明白であるのと異なり、「青線」の所在はかなり漠然としている。

東京都に限っても「赤線」は、区部に新吉原《しんよしわら》、洲崎《すさき》、新宿二丁目、品川、千住、亀戸、玉の井、鳩の街、亀有、立石、新小岩、東京パレス（小岩）、武蔵新田《むさしにった》の13箇所、多摩に八王子（田町）、立川錦町、立川羽衣町、調布（1956年〈昭和31〉秋に廃業）の4箇所の計17箇所があった。東京都民生局が「売春防止法全面施行15周年記念」としてまとめた『東京都の婦人保護』＊14によると、1956年（昭和31）8月末段階で、「特殊飲食店」1213軒、従業婦4425人という規模だった。

それに対して「青線」は、何を「青線」として把握するかによって数値が大きく異なってくる。1956年（昭和31）頃、「新宿、浅草、池袋、渋谷など各地に約千五百軒。そこには七千人の女中が管理されている」という記事＊15がある一方で、5箇所、飲食店321軒、従業婦850人とするデータもある＊14。前者を採れば「青」は「赤」に匹敵するどころか凌駕《りょうが》する規模だったことになるが、後者だと「青」は「赤」の4～5分の1程度の規模ということになる。やはり、「青線」の実像は漠然としている。

東京の「青線」の所在地を示す信頼度の高い資料は、前出の『東京都の婦人保護』の中にある図表「都内赤線・青線分布図」である（以下「赤線・青線分布図」と略称）。そこには1956年（昭和31）8月末の「青線」として、北品川（8軒、54人）、新宿二丁目（34軒、130人）、新宿三光町・歌舞伎町（265軒、592人）、亀有（4軒、15人）、武蔵八丁（10軒、59人）の5箇所が記されている。

これらのうち、新宿二丁目、北品川、亀有の3箇所は「赤線」の所在地であり、おそらく「赤線」指定地の周囲に、それと連なる形で成立した非合法な売春街と思われる。

武蔵八丁は、国鉄中央線の三鷹駅北口から程近い武蔵野市武蔵野八丁目（現：武蔵野市中町二丁目）

の畑地に1949年（昭和24）秋頃から建設が始まり、地元の反対運動にもかかわらず1950年（昭和25）秋に8軒が営業を始めた「特殊飲食店」街である（第4章参照）。

この武蔵八丁を「赤線」とするか「青線」とするかは、見解が一定しない。「赤線」としてカウントしている資料も複数ある。たとえば武蔵八丁が廃業するときの新聞記事の見出しは「武蔵野市の赤線が集団廃業」＊16だ。また、1956年（昭和31）1月に都内の「赤線」女給組合の連合体「東京都女子従業員組合連合会」が結成されたとき「八丁街」からも理事が出ることになっていた＊17。つまり、女給たちは武蔵八丁で働いている女性も仲間と認識していたのだ。武蔵八丁を「赤線」とカウントすると、都内の「赤線」は18箇所になるが、実際、そうした記事もある＊18。研究者でも加藤政洋氏は東京唯一の新設「赤線」として扱っている＊1。

しかし、東京では1946年（昭和21）12月に「赤線」システムが機能して以後、明確な「赤線」の新設はない。これは「赤線」の既得権益の黙認という性格から肯《うなず》けるもので、もし武蔵八丁が唯一の新設「赤線」だとしたら、なぜここだけが認められたのだろうか。「赤線」に「昇格」したい「青線」は、「新宿花園街」など他にもあったのに。私は東京都民生局が「青線」として認識していることを重視すべきだと思う。

さて、「赤線」に附属した「青線」や、やや特異な武蔵八丁を除くと、東京の「青線」は、新宿三光町（花園街）と歌舞伎町の2箇所になる。規模的にも東京都民生局が掲げる「青線」のうち、軒数で8割以上、従業婦数で7割を占めていて圧倒的である。やはり、東京の「青線」の中心は新宿であったと考えてよいだろう。

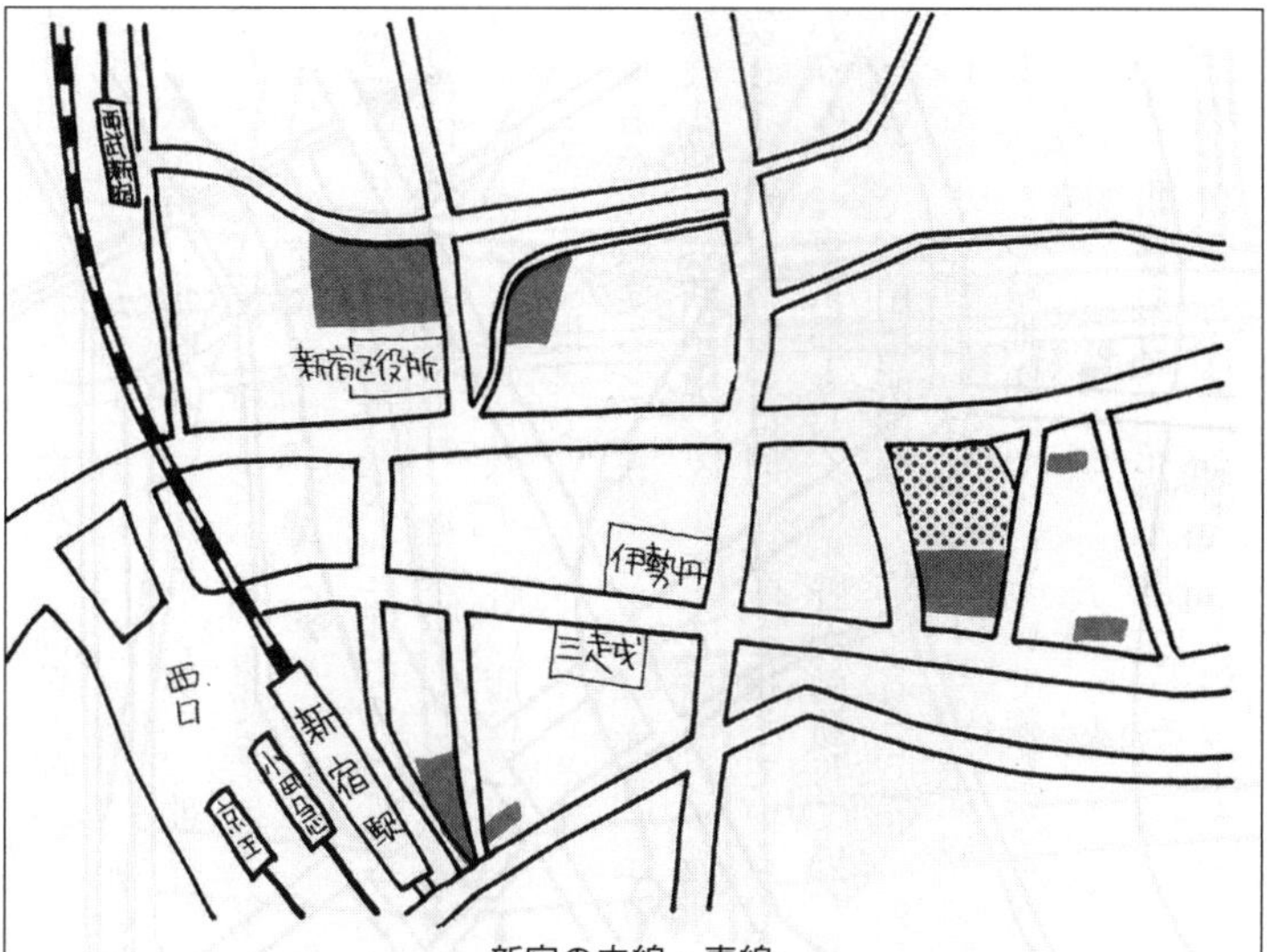

新宿の赤線・青線

図5−6　「新宿の赤線・青線」（東京都民生局『東京都の婦人保護』＊14、より）。∵∵∵部分が赤線、■部分が青線。

新宿「青線」の地理的検討

　新宿の「青線」について「秘密情報」は、「新宿は吉原に次ぐ〝赤線〟として昔から名題《なだい(ママ)》の『岡場所』であった。戦後〝赤線〟に対抗する『青線』なるものが出来、至極《しごく》安直に一杯飲めて女も買えるのが魅力となり、忽《たちま》ちのうちに地域を拡大強化」したと述べている＊7。

　それでは、新宿の「青線」はどこにあったのだろうか。『東京都の婦人保護』＊14には「新宿の赤線・青線」という地図が載っている［図5−6］。「赤線」を赤（［図5−6］では水玉部分）、「青線」を青（［図5−6］では灰色部分）でマークしてある。「当時その地区担当であった婦人相談員に、その場所を記入してもらったもの」だが、歌舞伎町（「新宿区役所」の上の部分）がベタ塗りされていたり、明らかに抜けている地域があったり、かなり大まかなもので、あまり当てにならない。ただし、同書所収の「婦人相談員の活動・新宿地区」（筆者は新宿地区担当の婦人相談員・兼松左知子）の文中に「青線は、柳の並木道をへだてて赤線と隣接した新宿2丁目のほか、花園歓楽街、花園小町、新宿センター、歌舞伎小路、新天地、歌舞伎新町があった」とある。新宿の「青線」の全体像と所在を示す、貴重な記述である。

また、小野常徳はドキュメンタリー・フィルム「赤線」（1958年〈昭和33〉）の中で、新宿の「青線」についても触れて、二丁目の「赤線」の南側にはみ出た「青線」の他に、歌舞伎町エリアの「青線区域は、花園小町・歓楽街・新天地・歌舞伎町・歌舞伎小路それに新宿センターと六つの売春ブロックからなり、百八十一軒の店に二百七十九名の女性が立ち働き、いずれも二、三畳の狭い部屋やむさ苦しい屋根裏で春をひさいだ」と述べている＊13。

両者を比較すると、新宿二丁目「赤線」エリア南側、「花園歓楽街」、「花園小町」、「新天地」、「歌舞伎小路」、「新宿センター」の6箇所は一致する。前者の「歌舞伎新町」、後者の「歌舞伎町」が一致しないが、あるいは同じ場所を指しているのかもしれない。とすると、新宿の「青線」は7箇所というのが、東京都もしくは小野が勤務していた警視庁の認識だったといえる。

ところで、「岡場所図譜」は、1952年（昭和27）当時の東京の買売春地帯をほぼ網羅的に紹介している＊9。新宿については二丁目の「赤線」だけでなく「青線」の「花園町界隈」についてもルポがあり、かつ略地図までついていて便利である。これを主な手掛かりに地区ごとに検討していきたい。

①②「花園歓楽街」・「花園小町」

「岡場所図譜」には「伊勢丹裏手のモータープールの入口を背に、花園神社を右に見て狭い通りをダ

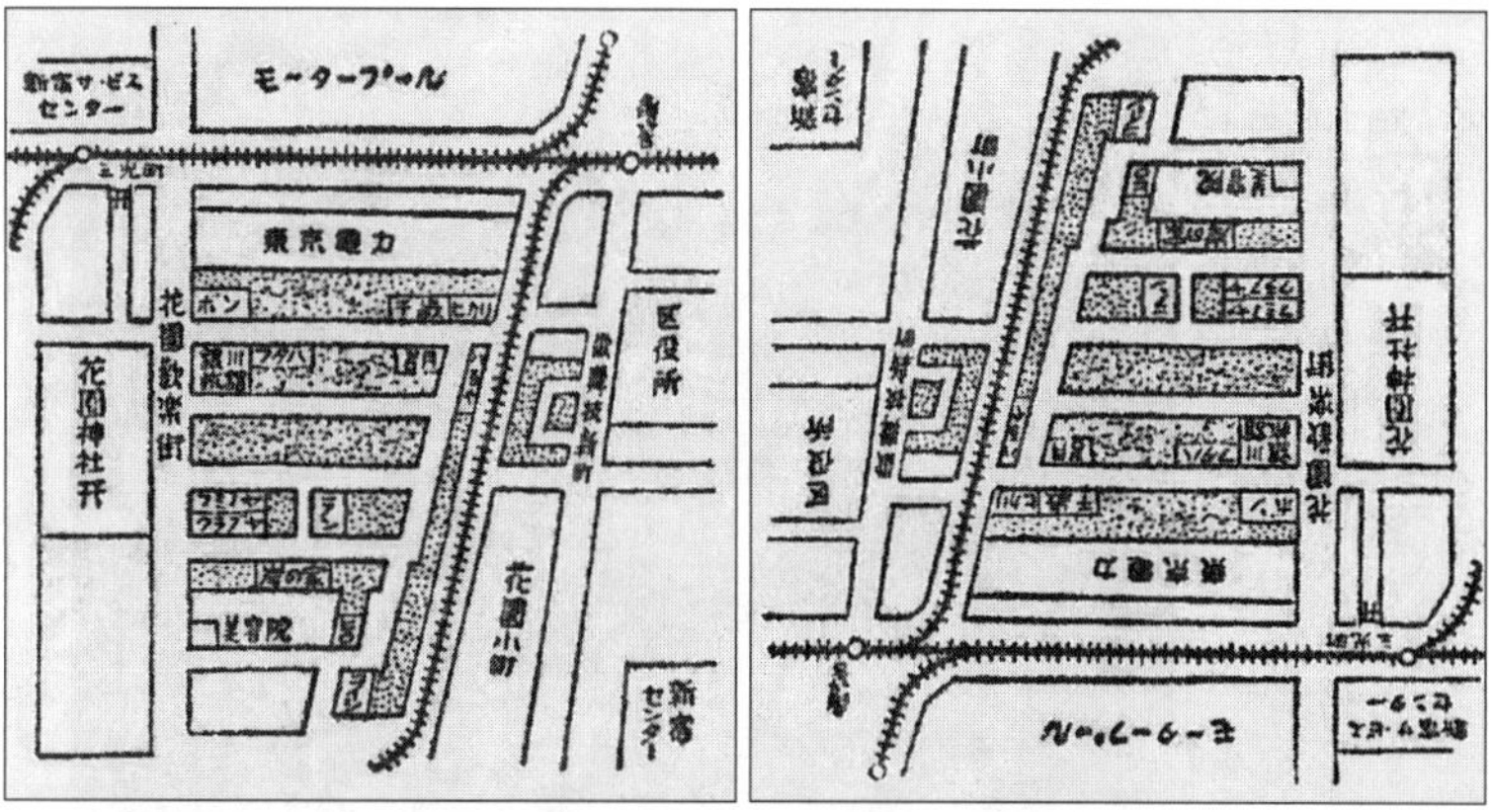

図5−7　新宿歌舞伎町の「青線」の分布（図中の∷∷部分。「岡場所図譜」＊9 より）。右は北が上になるように上下を逆にしたもの。横に都電が通っているのが靖国通り、上から下に走る廻送線は現在の遊歩道「四季の道」。

ラダラと下って行くと、左側の東京電力出張所の先の黄色い建物が、花園歓楽街（旧河野組）。水色が花園小町（旧和田組）、都電の回送線の向こうが歌舞伎新町、軒数は百五十ある」と説明されている＊9。

　略地図［図5−7］を参照すると、花園神社裏（西側）の北側に「花園小町」、南側（靖国通り寄り）に「花園歓楽街」、都電の廻送線の向こう側（西側）、区役所通りの東側の一角に「歌舞伎新町」という3ブロックがあったことがわかる。

　1951年（昭和26）の「火災保険特殊地図　歌舞伎町方面」［図5−10］と1962年（昭和37）刊の『東京都全住宅案内図帳　新宿区西部』［図5−14］に対応する地点を記号で示すと、「花園小町」［図5−10C・図5−14C］、「花園歓楽街」［図5−10D・図5−14D］、都電の廻送線［図5−10B・図5−14B］の向こう側（西側）の一角に「歌舞伎新町」［図5−10E・図5−14E］となる（以下、それぞれの「青線」について同じ作業を行っ

図5－8　1956年（昭和31）の「新宿花園街」全景（花園神社側から。『内外タイムス』1956年〈昭和31〉5月1日号より）。アーケードの灯の下に女性が立っている。

た）。

「花園歓楽街」が現在の「ゴールデン街」（新宿ゴールデン街商業組合）に、「花園小町」が「花園一・三・五番街」（新宿三光商店街振興組合）に当たることは疑いない。「歌舞伎新町」については後で検討する。

興味深いのは、隣接（というか密接）する「花園歓楽街」と「花園小町」の建物が黄色と水色に色分けされていたことである。そうでもしなければ、両者の区分けができなかったのだろう。

『東京都の婦人保護』に掲載されている「新宿集娼地区廃業従業婦調査表」（以下「従業婦調査表」と略称）は、「赤線」「青線」最末期の1958年（昭和33）2月時点のデータだ。それによると「花園歓楽街」は業者49軒、従業婦107人、「花園小町」は業者113軒、従業婦170人だった*14。

「秘密情報」は、「花園小町」について「通路が凡《およ》そ五本ばかり、新宿の『青線』の中でも最も大きく通路の軒燈《けんとう》に『花園小町』と灯が入っているし女給も粒揃いで美人が居る」と記している*7。「花園小町」だけで「花園歓楽街」の記述がないのはやや不審だが、「通路が五本」という記述から、「花園小町」と「花園歓楽街」の区分がついてなく、一体のものと見ていたのだろう。

ちなみに「赤線・青線分布図」によると、「新宿三光町・歌舞伎町」の「青線」全体では、業者265軒、従業婦592人という規模で、二丁目の「赤線」の業者75軒、従業婦511人に比べ、業者数では大きく上回り、従業婦の人数でも凌駕していた。ただし、経営規模を示す1軒あたりの従業婦数は、「赤線」が6・8人に対し、「青線」は2・2人と3分の1以下で、まったく零細経営だった＊14。

③④「歌舞伎新町」・「新天地」

「歌舞伎新町」は、先掲の略地図【図5－7】によると「花園歓楽街」と「花園小町」がある花園神社裏側（西側）から都電の廻送線（現：遊歩道「四季の道」、【図5－10B・図5－14B】）を越えた、区役所通り【図5－10A・図5－14A】に接したエリアにあったことがわかる【図5－10E・図5－14E】。

略地図に記された場所を「赤線」「青線」廃止から4～7年後の1962年（昭和37）と1965年（昭和40）の住宅地図で見ると、小規模な飲食店が集まっている。ここは、現在「星座館ビル」（歌舞伎町一丁目2番地7）が建っている場所に相当する。「星座館ビル」は1980年に竣工した10階建ての雑居ビルで、テナントの多くは飲食店である。

「秘密情報」には「歌舞伎新町」の名はなく、「新天地」が見える＊7。「新天地」は「これ（花園小町）の発展延長」とされ、「角筈《つのはず》の都電線路を跨《また》ぐと自動車会社のガレージの脇から潜《くぐ》って入れるようになっており、仲通りが一本横通りが五本でまだ範囲が小さい」と記されている。「歌舞伎新町」と同様に、都電の廻送線を西に越えたエリアであることがわかる。あるいは、異名同場所かとも考え

図5－9　「歌舞伎新町」のアーケード。「明朗新町　お気軽にどうぞ　歌舞伎新町飲食街」とある（朝山蜻一『女の埠頭――変貌する青線の女たち』＊5より）。

たが、「従業婦調査表」は「新天地」と「歌舞伎新町」を別のエリアとして記述しているので、両者は別物である＊14（「新宿の赤線・青線」［図5－6］では、このエリアは青く塗っていない）。「新天地」については、神崎清「赤線区域・青線区域――集団売春街の諸形態」＊19掲載の地図に、新宿区役所の南側に「新天地」と記されている。しかし、このエリアは靖国通りに面した場所で、戦災後、比較的早く建物が立ち、１９５１年（昭和26）の「火災保険特殊地図　歌舞伎町方面」を見ても、東京都交通局の新宿営業所や金融機関の事務所ばかりで、零細な飲み屋街が立地する余地はない［図5－10J］。何かの間違いだろう。

　そこで、再び１９６２年（昭和37）の住宅地図［図5－14］を見ると、「歌舞伎新町」［図5－10E・図5－14E］に相当すると思われるエリアの北側に、さらに多くの小規模飲食店が集中しているエリア［図5－14F］がある。１９５１年（昭和26）の「火災保険特殊地図」では、空き地［図5－10F］になっている。この場所は「柳街《やなぎがい》」と呼ばれた飲食店街があった場所で、１９９０年代から長らく更地で板囲いされていたが、近年「ベストウェスタン新宿アスティナホテル東京」（２００８年３月開業。現：シタディーンセントラル新宿東京）が建った。

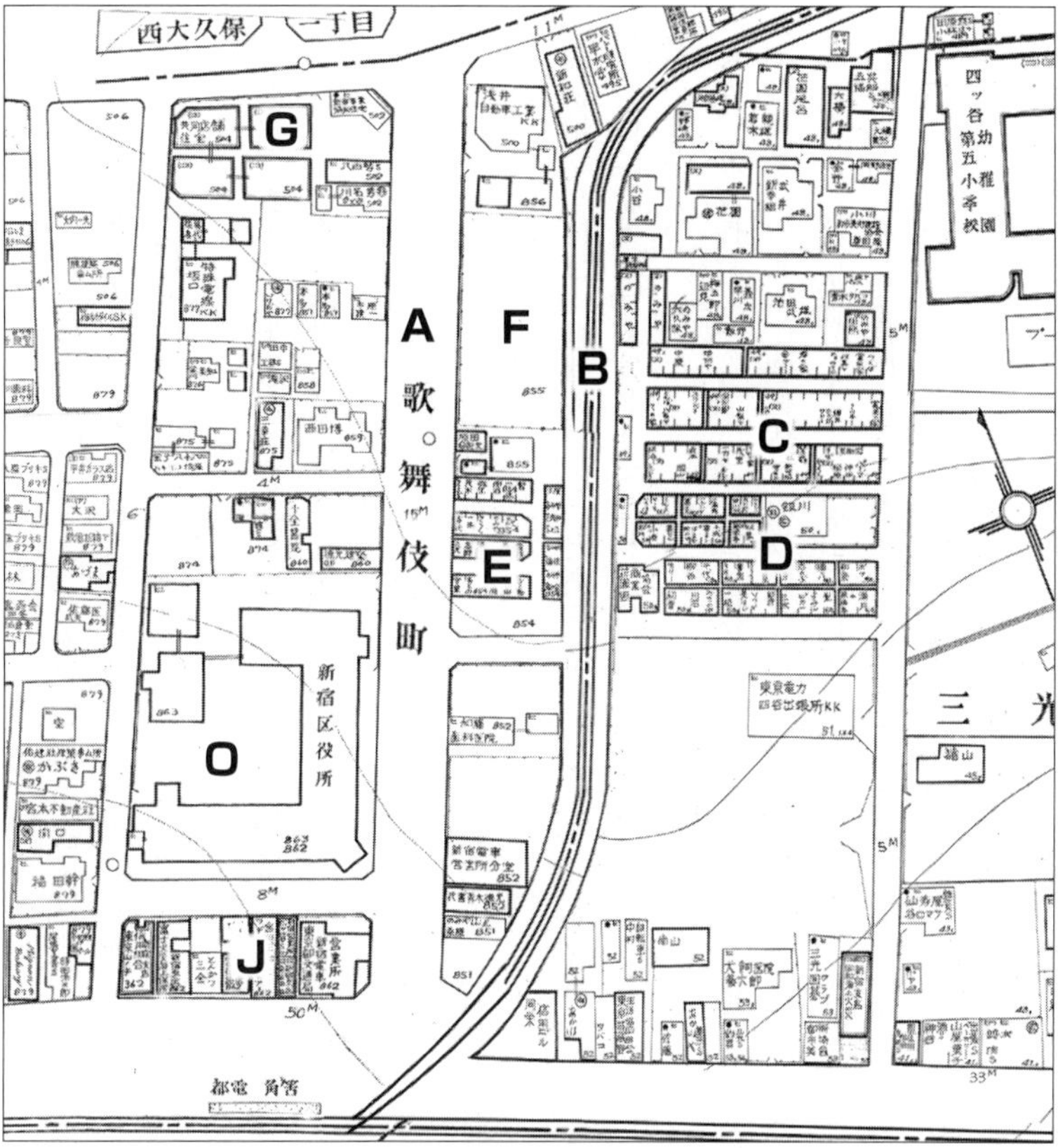

図5−10　1951年（昭和26）の「火災保険特殊地図　歌舞伎町方面」（都市整図社、1999年）に見る歌舞伎町区役所通り界隈。中央を南北に通るのが区役所通り（A）。そのやや右に平行する都電廻送線（B、現：遊歩道「四季の道」）の東側に「花園小町」（C）「花園歓楽街」（D）と、西側に「歌舞伎新町」（E）がある。「歌舞伎新町」の北側に私が「新天地」と推測している広い空き地（F）がある。「歌舞伎小路」=「歌舞伎横丁」（G）に相当する所に4棟の「共同店舗住宅」がある。

今一つ決め手に欠けるが、これらを勘案すると、「歌舞伎新町」[図5－10E・図5－14E]の北側が「新天地」[図5－10F・図5－14F]であり、後に「柳街」と呼ばれることになったのではなかろうか。つまり都電廻送線と区役所通りに挟まれたエリアに、南に「歌舞伎新町」、北に「新天地」が並んでいたと考えたい。

「従業婦調査表」によると1958年(昭和33)2月時点で「歌舞伎新町」は業者21軒、従業婦73人、「新天地」は業者25軒、従業婦104人だった*14。

⑤「**歌舞伎小路**」＝「**歌舞伎横丁**」
「従業婦調査表」には「歌舞伎小路」とあり、1958年(昭和33)2月時点で業者17軒、従業婦60人という規模だった*14。

「秘密情報」には「歌舞伎横丁」とある*7。おそらく同じ場所を指していると思われる。「歌舞伎横丁」は「新天地」と同じく「これ(花園小町)の発展延長」とされているが、場所についての具体的な記述がない。

現在、歌舞伎町一丁目と二丁目の境界の道路(花道通り、[図5－14K])と区役所通り[図5－14A]の交差点の北西に歌舞伎町のランドマークになっている「風林会館」があるが[図5－14ではL に相当]、その花道通りを挟んだ向かい側に細い路地の入口がある[図5－14M]。この路地は南方向から西方向に逆L字形に折れ、西側の出口[図5－14N]に「思い出の抜け道　新宿センター街　since 1951」という小さなアーケードがある[図5－11]。1951年(昭和26)は、1949(昭和24)年8月4日のGHQの露店整理指令により、新宿各地の露店商が移転・定着した「青線」形成期

図5－11「新宿センター街」のアーケード（図5－14のN地点、2009年）。

であり、この小さな街の来歴が推測できる。

映画「不夜城」（1998年、リー・チーガイ監督）の冒頭シーンのロケが行われた路地で、聞き取りなどからここが「歌舞伎小路」＝「歌舞伎横丁」と推定される［図5－14G］。前掲の神崎清「赤線区域・青線区域——集団売春街の諸形態」掲載の地図も、ここに「歌舞伎小路」と注記している。1951年（昭和26）の「火災保険特殊地図　歌舞伎町方面」を見ると、この場所に4棟の「共同店舗住宅」がある［図5－10G］。ここで青線営業が行われたのだろう。

⑥「**新宿センター**」

「岡場所図譜」の略地図［図5－7］の北西端に「新宿センター」と記されている。そして「新しい処では新宿センター（デパートの新宿サービスセンターとは違います）。ここは、コンクリートの三階建で堂々たるものであ

図5－12　「三光町・歌舞伎町」・区役所通り付近の空中写真（1963年〈昭和38〉、国土地理院提供）。中央を南北に通るのが区役所通り（A）。その右のカーブするラインが都電廻送線（B）。その右側の家屋の密集が「花園小町」（C）と「花園歓楽街」（D）。線路と区役所通り（A）の間に「歌舞伎新町」（E）と私が「新天地」と推測しているエリア（F）。そして、左上に「歌舞伎小路」＝「歌舞伎横丁」（G）、「新宿センター」（H）、「青線」だったという説がある「歌舞伎三番街」（I）。左下の大きな建物は新宿区役所（O）。

図5－13　「新宿センター」。3階建ての屋上にさらに増設したアパート風の建物で、各戸に専用階段があり、「青線営業」をしていた（朝山蜻一『女の埠頭――変貌する青線の女たち』＊5より）。

る」と解説されている＊9。

　この「新宿センター」については、東京の「赤線」「青線」の「灯が消えた」半年後の1958年（昭和33）8月の「街の特集　新宿」という記事＊20に「二畳の小部屋ばかりの、三階建てアパート風の元青線。今では大ていがバーを看板にしているが……」と紹介されている。ビルの各部屋が小さな飲食店になっていて「青線」営業をしていたことがわかる。

　こうした「アパート形式」の「赤線」としては、「東京パレス」（現：江戸川区南小岩）が知られていたが、その「青線」版である。

「従業婦調査表」によると、1958年（昭和33）2月時点で業者23軒、従業婦89人という規模だった＊14。

　この「新宿センター」のビルは1962年（昭和37）の住宅地図によると、前述の「歌舞伎小路」＝「歌舞伎横丁」（現：新宿センター街）の逆L字形路地の途中（東側）にあったことがわかる〔図5―14H〕。1965年〈昭和40〉の住宅地図には記載がない)。現在、この路地を「センター街」と呼ぶのは、その記憶によるのかもしれない。
また「新宿センター」の南隣の「飲食店街」(入口は東側の区役所通り側。〔図5―14I〕)は「歌舞伎三番街」と呼ばれたが、ここも「青線」的な要素があった(私の聞き取りによる。文献的証拠は未見)。現在は「747超高速立体駐車場」になっている。

⑦新宿二丁目「赤線」の南側

ドキュメンタリー・フィルム「赤線」の中で「赤線の南側には、三十四軒の青線が軒をつらね、百五十一名が店先で客を招いている」と解説されている*13。業者は「新宿二丁目カフェー協同組合」を結成していた*19。

新宿二丁目「赤線」の指定区域は仲通り〔図5―15A〕と花園通り〔図5―15B〕(の1本南側の道路)の北西のエリアで、現在の新宿二丁目16、17、18、19番地と12番地の一部に相当する〔図5―15D〕。ただし、花園通りは1949年(昭和24)頃の区画整理で新設された道で、旧道は現在、花園通りの1本南側の路地〔図5―15C〕に痕跡を残しているラインだった。

『東京都の婦人保護』には「青線は、柳の並木道をへだてて赤線と隣接」とある*14。この「柳の並木道」は現在の花園通りのことなので、厳密には正確さを欠くが、「赤線」指定地の南側の12番地南半と11番地一帯が「青線」だったと思われる〔図5―15E〕。

「赤線・青線分布図」によると、1956年(昭和31)8月末の時点で、新宿二丁目は「赤線」(業者75軒、従業婦511人)、「青線」(業者34軒、従業婦130人)となっている*14。「赤線」は1軒あたり

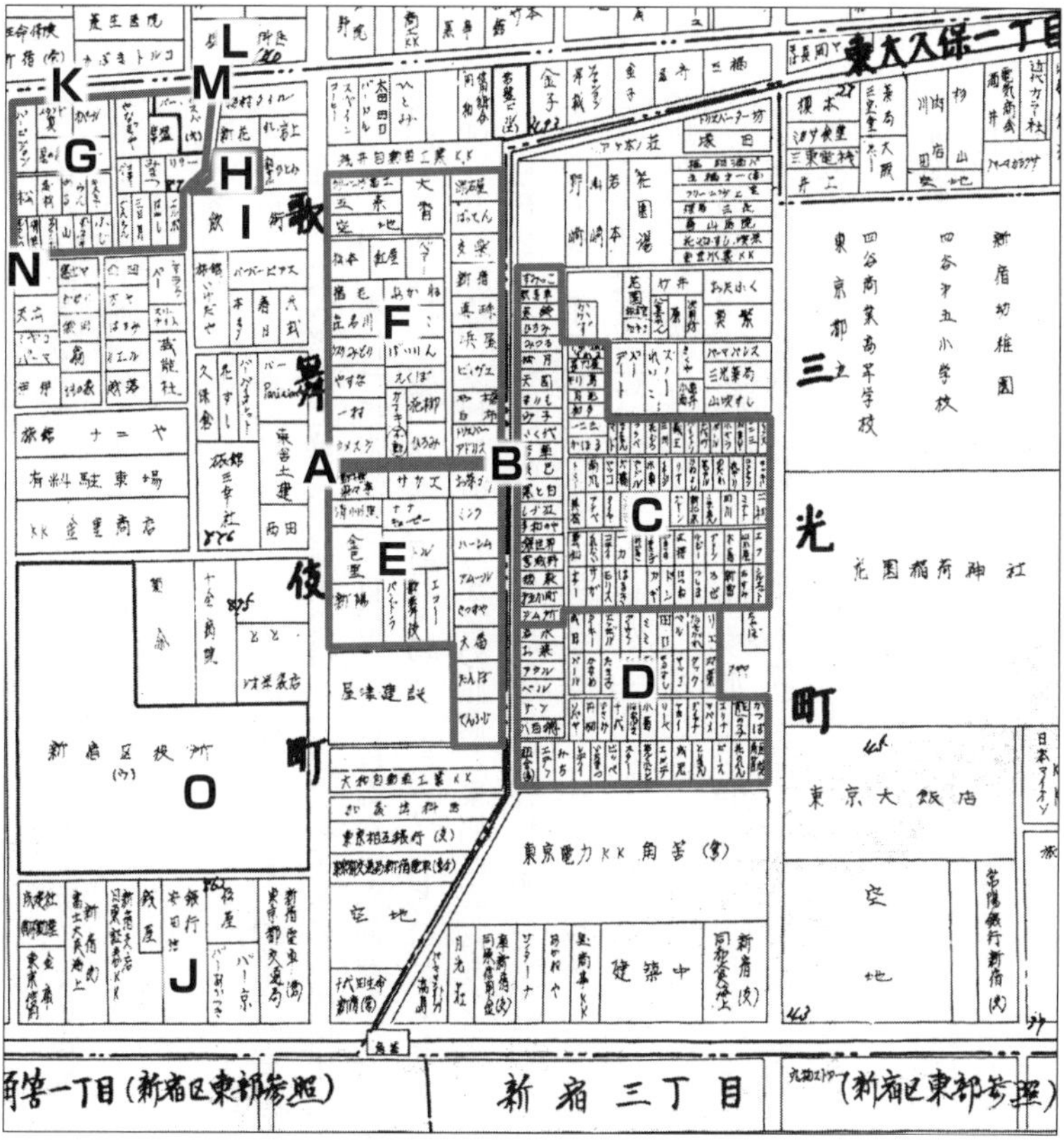

図5－14　「三光町・歌舞伎町」の「青線」概念図（太字が「青線」街）。歌舞伎町と三光町の境界だった都電廻送線（B、現：遊歩道「四季の道」）の東側の南北に「**花園小町**」（C）と「**花園歓楽街**」（D）が密接し、線路を挟んだ西側（区役所前の道路の東側）に南に「**歌舞伎新町**」（E）、北に「**新天地**」≒「**柳街**」（F）があったと思われる。さらに、現在歌舞伎町１丁目と２丁目の境界の道路（K、現：花道通り）と区役所前の道路（A、現：区役所通り）の交差点の南西側の逆L字形の路地（現：新宿センター街）が「**歌舞伎小路**」＝「**歌舞伎横丁**」（G）で、その東側の３階建て？ビルが「**新宿センター**」（H）。現在の歌舞伎町１丁目の区役所通りの両側（1、2、3番地）のかなりの範囲が「青線」街だったことがわかる。原図は『東京都全住宅案内図帳　新宿区西部』（住宅協会、1962年〈昭和37〉）。

6・8人の従業婦を擁したのに対し「青線」は3・8人で小規模だった。それでも、「三光町・歌舞伎町」の「青線」の2・2人よりはだいぶ多い。

⑧「**墓場横町**」

「秘密情報」に「墓場横町」という「青線」が見え、「赤線の道路を四谷寄りに越して、鍵の手の横丁となり、突き当ると墓場で新宿ではニュウフェイスの岡場所である」と紹介されている＊7。

現在、旧「赤線」指定区域の新宿二丁目17番地から仲通りを渡ると、15番地のブロックを鍵の手に西から南へ抜ける細い路地［図5－15F］があり、レズビアン系の店が多いので「レズビアン横丁」と呼ばれている。路地に沿った建物の北側と東側は成覚寺《じょうかくじ》の墓地［図5－15G］である。

1962年（昭和37）の住宅地図にはこの路地の両側に小さな飲食店が密集しているので、おそらく、この鍵の手の路地が墓場に隣接することから「墓場横町」と呼ばれていたのだろう［図5－15H］。「従業婦調査表」には記述はないが、「新宿の赤線・青線」では該当するあたりが青く（［図5－6］の灰色の部分）塗られている。

⑦と同様に、「赤線」からはみ出す形で形成された「青線」と考えられるが、二丁目の仲通り東側エリアは、1949～52年（昭和24～27）の間に大規模な区画整理・道路の付け替え（花園通りもこの時敷設）が行われていて、この「墓場横町」も新たに形成された街区だった。

⑨**旭町**

「秘密情報」には、「同じ新宿でも方面をかえて『旭町』（これは準青線とでも云うべき実態）」とした

図5−15　新宿二丁目の「赤線」と「青線」概念図。「赤線」（D）に隣接して「青線」（E・H）があった。原図は『東京都全住宅案内図帳 新宿区東部』（住宅協会、1962年〈昭和37〉）。

うえで、「準青線みたいな旭町は、国電貨物駅構内横から陸橋下新宿高校脇きの旧テント村あたりへ掛けて拡がっているが、女は街娼で、質も落ち、付近の♨（温泉マーク＝連れ込み旅館）が常宿だ」と解説している＊7。

「旭町」は現在の新宿四丁目に相当するが、戦前から木賃宿《きちんやど》が密集していたスラム街で、戦後もドヤ（簡易宿泊所。「ドヤ」は「宿」の転倒語）や安価な連れ込み旅館が多く立地し、そうした施設を拠点にした街娼の活動エリアだった（コラム7参照）。非合法な売春地帯ではあるが「青線」とは営業形態が異なっている。したがって「赤線・青線分布図」も「青線」とは認識していない。

⑩その他

「新宿の赤線・青線」の地図［図5－6］で、もう2箇所、青く（［図5－6］では灰色）塗られている小さなエリアがある。

その一つは、新宿二丁目の「新宿通り」に面したブロックで、現在の新宿二丁目7番地。神崎清が前掲の「赤線区域・青線区域――集団売春街の諸形態」で「柳小路（太宗寺裏）」としている「青線」エリアに相当すると思われる。1962年（昭和37）の住宅地図では裏路地に沿って小規模な酒場が3軒ほど並んでいる［図5－15］。現在、この付近にはゲイ風俗店（売り専＝男性による売春）があるようで、性的な場が引き継がれている可能性がある。

もう一つは、新宿駅南口（甲州街道口）に近い、現在の新宿三丁目36番地の南部に相当する。ここは映画館「新宿国際劇場」があったブロックで比較的早くビル化していて、飲み屋街的な「青線」の立地する状況ではない。ただし、ビルの中の飲食店が「青線」営業をしていた可能性はある。この近辺では、新宿駅甲州街道口から階段を降りた所（現：新宿駅東南口広場）にあった「昭和天皇御大典記念塔」を囲むように並んでいた飲食店街「桜新道」の方が「青線」的な雰囲気を残していた。

以上、新宿の主な「青線」は、歌舞伎町エリアに6箇所（①～⑥）、新宿二丁目の「赤線」周辺に2箇所（⑦⑧）の計8箇所と考えられる。

「盛り場」新宿における「赤線」「青線」の位置

「盛り場」としての新宿における「赤線」と「青線」の位置は実に対照的である。

第1章で述べたように「赤線」は、江戸時代の甲州街道（現：新宿通り）の街道筋の娼家が1921年（大正10）3月に内藤新宿仲町の北の「牛屋ケ原」に集団移転した新宿遊廓に起源をもつ。遊廓は1945年（昭和20）5月の「東京山の手大空襲」でほとんど丸焼けになり、7月にわずかに焼け残った5軒の建物を使い、女性10人を集めて細々と営業を再開した。しかし、終戦直後から「赤線」初期にかけての状況はよくわからない。ただ、RAA（Recreation and Amusement Association：特殊慰安施設協会）の「慰安所」にはならなかったようだ。RAAの役員に新宿の業者代表は入っていない。1946年（昭和21）10月に警視庁が調査した「東京都の慰安婦数」というデータがあるが、やはり新宿は記載されていない＊21。街娼はたくさんいたが、まだ集娼地区は再建されていなかった。実際、1947年（昭和22）撮影の空中写真【図1－8下】を見ても、旧遊廓地区のほとんどは焼け跡のままで、建物の再建は進んでいなかった。これはどういう理由だろうか。考えられるのは旧遊廓地区を貫く形で計画された「都電道路」との関係だ。その路線が決定するまで再建に手が着けられなかった可能性がある。

「赤線」移行の際には、旧遊廓業者系の「花園喫茶店組合」（12軒）と新興業者の第二組合「新厚会」（52軒）が分立したが、所管の四谷警察署の指導（仲介）で合同し、業者64軒、女給約200人の「新宿カフェー協同組合」としてようやく再出発する。ちなみにその際、組合長になったのが、第2章で国会証言を紹介した野本与喜雄である。

結局、旧遊廓地区の内の「都電通り」（現：御苑大通り）東側だけが「赤線」指定地になった。つまり、宿場町「内藤新宿」（現在の新宿一丁目・二丁目と三丁目の一部）の「飯盛女《めしもりおんな》」以来の伝統を受け継ぐ正真正銘の新宿の色街が「赤線」だった。

それに対して、靖国通りの北に位置する「三光町・歌舞伎町」は、内藤新宿の宿場とは1キロメートル以上も離れている。現在の靖国通りは、1933年（昭和8）に一部が拡幅《かくふく》されるまでは内藤新宿のあたりでは「北裏通り」と呼ばれていて、内藤新宿の街並みの文字通り、北の裏通りだった。

盛り場としての新宿は、昭和戦前期に「追分《おいわけ》」（甲州街道と青梅街道の分岐点、現在、新宿通りと明治通りが交差する「伊勢丹」前の新宿三丁目交差点）より西へ、新宿駅方面に発展していったが、盛り場の範囲は、北裏通り（靖国通り）を越えることはなかった。

つまり、北裏通りの北側は明らかに場末であり、さらに言えば「新宿」ですらなかった。敗戦直後、昭和20年代戦後混乱期の新宿の医学生だった私の父に言わせると、「靖国通りの北側は新宿ではなく大久保さ」ということになる。実際、靖国通り北側の新宿五丁目は、元は「四谷番衆町《ばんしゅうちょう》」「四谷三光町」「東大久保一丁目」であり、戦後の区画整理事業によって新たに生まれた歌舞伎町（1948年〈昭和23〉4月1日町名変更）は、角筈一丁目と東大久保三丁目を中心に編成された街である。歌舞伎町の裏手（北側）に東京都の「大久保病院」があるのは、そこが新宿ではなく、本来、大久保であることを示している。「三光町・歌舞伎町」の「青線」が立地したのはそんな場所だった。

「赤線」の業者には、戦前の遊廓、さらに古くは街道の娼家以来の系譜を引く者がいて、地元の有力者であり、警察にも顔が利き、資本の蓄積もあり、遊廓時代に比べれば縮小したとはいえ、経営規模も大きかった（1929年〈昭和4〉の1軒当たりの従業婦10・2人*22、1956年〈昭和31〉には6・

図5－16　1951年（昭和26）の「火災保険特殊地図　新宿通方面１」（都市整図社、1999年）に見る新宿の「赤線」。新宿遊廓のうち、都電通り（現：御苑大通り、図中のA）の東側だけが「赤線」指定地になった。㊕の印が入った建物（図では　　部分）が特殊飲食店。

8人）。これに対して「青線」の業者は、戦後になって他所から流入してきた者や外地帰りの者が多く、露店商売からようやく定着したものの、経営規模はいたって零細で（1956年〈昭和31〉に2・2人）、警察に強いコネクションをもつ者は稀だったと思われる。

つまり、立地的にまったくの場末で伝統もない「三光町・歌舞伎町」の「青線」は、本来なら「赤線」に敵《かな》う術《すべ》がなかったはずなのだ。ところが、「青線」街の成立の直前に状況が大きく変化する。

１９４９年（昭和24）４月１日、これまで四谷大木戸《おおきど》（現：四谷四丁目交差点）から新宿通りを西進して国鉄新宿駅東口前に乗り入れていた都電11系統（新宿駅前～月島通八丁目）と12系統（新宿駅前～両国駅）は、新宿二丁目交差点で右折して新設された御苑大通りに入り、四谷三光町停留所の東（現：新宿五丁目東交差点）で左折して靖国通りに入るルートに変更された。そして終点の「新宿駅前」停留所は、靖国通りの歌舞伎町交差点付近に設定された（第６章参照）。


この路線の変更、終点の移動は、戦後、新たな盛り場として再開発されながら思うように人が集まらず苦戦していた歌舞伎町にとって大きな僥倖《ぎょうこう》だった。それまで新宿の人の流れは、新宿駅から新宿通りや中央通りを経て二丁目の「遊廓（赤線）」方面に至る東西方向の流れが圧倒的に主流だったが、新宿駅と都電終点を結ぶ南北方向の人の流れがはじめてできたのだ。

「三光町・歌舞伎町」は、それまで新宿駅東口から北に４００～５００メートルほども歩かなければならなかったが、まさに目の前に都電の終点がある交通至便の地となり、１９５０年代に入ると東京の新しい盛り場として発展していく。流れは変わったのだ。

ドキュメンタリー・フィルム「赤線」は、なぜか「赤線」ではなく、花園神社裏の「青線」の賑わいを写して終わる。ナレーションは「赤線よりも活気を呈しているのは、どうしたことか」と語っている。このように「赤線」末期の１９５７～58年（昭和32～33）頃、「三光町・歌舞伎町」の「青線」の繁栄は、本流であるはずの二丁目「赤線」を明らかに凌《しの》いでいた。


新宿駅東口から南口にかけて露店商売をしていた人たちが、立ち退きを迫られ、北裏通りのさらに北側の場末に新天地を求めた時、こうした新宿における盛り場の変化をしっかり見通していたとも思えないが、結果的には大当たりだった。

戦後、1950〜60年代、新宿の盛り場は北に発展して、現在の東洋最大と称される盛り場「新宿歌舞伎町」の繁栄に至るが、その北への拡大の「先兵」の役割を果したのが「三光町・歌舞伎町」の「青線」だったのだ。

「青」と「赤」のその後

1958年（昭和33）年4月1日、「売春防止法」が完全施行されて「赤線」の灯が消えた。女の性だけを売ってきた新宿二丁目「赤線」は、売るものを失い、仕方なく旅館やアパート、あるいはヌード・スタジオや「トルコ風呂」（今のソープランド）などに転業していった。しかし、「赤線」業者の中には、近い将来の「赤線復活」を期待して建物を温存している者もいた。そのため、東京オリンピック（1964年〈昭和39〉）前後の高度経済成長期になっても、旧「赤線」地区の再開発はなかなか進まず、街はどんどん寂《さび》れていった。

「赤線」廃止から10年経つ頃になると、旧「赤線」業者たちも「復活」を諦めて、建物を雑居ビル化していく。しかし、その頃には、新宿の盛り場の中心は歌舞伎町方面に移り、二丁目の旧「赤線」地区は、盛り場の中心からまったく外れてしまい、場末感すら漂っていた。

映画「赤線最後の日　昭和33年3月31日」（1974年〈昭和49〉）の冒頭に、1970年代の若者カップルが、二丁目の旧「赤線」地区を歩きながら語り合うシーンがある。

女「変な街ね、まるで死んでるみたい」

男「そうだよ、死んだんだよ。赤線だったのさ、このあたりは」

かつて、男たちの性的な視線と女たちの誘い声に満ちていた二丁目は、そんな寂しい街になってしまっていた。

そうした旧「赤線」地区の空洞化に乗じたのが、男性同性愛の人たちが集まるゲイバーだった。新宿のゲイバーは1950年代に新宿通り南側の「千鳥街」（新宿二丁目5番地、現在は御苑大通りの路面になっている。第7章参照）や御苑大通り西側の「要《かなめ》通り」周辺に数軒が立地していたが、1960年代になるとまず二丁目の旧「青線」地区に姿を現す。そして1960年代末頃から旧「赤線」地区に進出し、1970年代初頭にかけて急激にその数を増やしていった。意気上がる新興の歌舞伎町エリアに比べると、落ち目の二丁目は家賃も安かったのではないだろうか。旧「赤線」エリアとゲイタウンのゲイバー密集エリアが見事なまでに一致するのは、そうした事情からだろう。

こうして、新宿遊廓以来の長いヘテロセクシュアルの色街の伝統をもつ新宿二丁目「赤線」地区は、廃止からわずか10年後にはホモセクシュアルの街に転換しはじめ、きわめて短期間のうちに世界最大規模の「二丁目・ゲイタウン」に変貌を遂げる。

一方、「売春防止法」の完全施行によって「赤線もどき」の「三光町・歌舞伎町」の「青線」の灯も消えた。女の性と酒の両方を売ってきた「青線」は、女の性が売れなくなり、酒だけを売る「普通の飲み屋」に転業して生き延びる。1970〜80年代、「ゴールデン街・花園街」に映画・演劇関係者や作家、ジャーナリストなどが多く集まり、「飲み屋街」としての全盛期を迎える。

では、女の性を売る街はほんとうに消えてしまったのだろうか？　歌舞伎町の新宿区役所裏のエリアは、区役所通りを挟んで東側に「花園歓楽街」「花園小町」「歌舞伎新町」「新天地」、北側に「歌舞伎横丁」「新宿センター」が立地する「青線」街に囲まれた街だったが、「青線」街ではなかった。

1965年（昭和40）の住宅地図を見ると、区役所のすぐ北側の「金泉トルコ」など数軒の「トルコ風呂」ができている。「トルコ風呂」は売春防止法施行後に発生する「もぐり売春」業種の中心になるものだ。実は、このエリアは「青線」時代にすでにそのバックヤード的色彩をもっていた。その時代、この地域に住んだ都筑道夫は、「青線」の出店があったことを記している＊23。出店の客がセックスをしたがると、本店に連れて行く。逆に本店の部屋が泊まりの客で塞がっていると、出店に連れて来てセックスする。そんな形だったらしい。

こうした「青線」のバックヤード的なエリアが、売春防止法施行後、警察の監視の目がさらに厳しくなった旧「青線」街に代わって、密かに女の性を売る街、いわゆる「白線《パイセン》」（白い紙に白で線を引いたような不可視化された買売春地区）になっていったと思われる。それが歌舞伎町の性風俗街の原像となる。つまり、区役所通りを挟んで東側に酒を売るホステスクラブ街と「ゴールデン街・花園街」、西側に女の性を売る性風俗街（さくら通り、あずま通り）という歌舞伎町（東部エリア）の基本構図ができあがる。

ところで、女の性と酒を売る「青線」商売に比べ、酒しか売れない飲み屋はやはり利が薄い。「青線」時代からの業者の中には店を手放すものも出てくる。そうして売りに出された店の権利を買い取った人の中に、新宿西口や「基地の街」立川で女装男娼として稼ぎ、資金を貯めた人たちがいた。1960〜70年代にかけて開店する店主が女装者の酒場、旧「花園歓楽街」（現：ゴールデン街）の「ジョージ」「奈津芽」、旧「花園小町」（現：花園一・三・五番街）の「折鶴」「千賀」、旧「歌舞伎横丁」（現：新宿センター街）の「じゅん」などは、そうした成り立ちだった。

「赤線」の跡地の新宿二丁目は男性と男性が出会い愛し合う街「ゲイタウン」に、「青線」の跡地の

「ゴールデン街・花園街」の一角には女装者と（女装者好きの）男性が出会う店があるという住み分はこうしてできていった。

　たとえば1960年代の歌舞伎町で美貌の女装男娼として知られた田中千賀子は、男娼暮らしから足を洗い、1977年、旧「青線・花園小町」の花園五番街にバー「千賀」を開店する。「千賀」の隣には、1967年（昭和42）に加茂こずゑが新宿最初のアマチュア女装者が集まる店「ふき」（1969年〈昭和44〉に「梢」と改称）を開店していて、新宿女装コミュニティの原点が形成されていた＊24。その旧「千賀」を開店した田中千賀子は、そのわずか1年後にまだ30代の若さで急死してしまう。その旧「千賀」の場所に1978年に開店したのが「ジュネ」（中村薫ママ）だった。だから「ジュネ」のボトル棚には千賀子さんの写真が飾ってあった。そして「ジュネ」は退転した「梢」に代わって1980〜90年代に新宿女装コミュニティの中核店になっていく。「女」としての私が旧「青線」街育ちなのは、そうした流れがあってのことなのだ（「ジュネ」は2003年に閉店したが、その系譜は花園三番街の「JAN・JUNE」に引き継がれている）。

　売春防止法によってヘテロセクシュアルの色街であった新宿の「赤線」と「青線」は姿を消したが、その空洞化した場所から、同性愛者や女装者など性的マイノリティの人たちが集まる空間が生まれ、隣接した場所には歌舞伎町のヘテロセクシュアルな性風俗街が成長していった。こうして、「赤線」「青線」の遺跡の上に、ヘテロセクシュアル、ホモセクシュアル、そしてトランスジェンダーが織りなす現代の新宿の盛り場としての多様性が形成されたのだ。

◆新宿「赤線」の写真

現在、新宿二丁目の旧「赤線」エリアには、当時の建物は1軒も残っていない。建物の新陳代謝が早い大都会、「赤線」時代の建物はすべてビルに建て替えられたか、空き地（多くは駐車場）になってしまった。

となると、かつての様子を偲《しの》ぶことができるのは写真ということになるが、その写真も「赤線」が現役の時代のもの、さらに「営業中」のものとなると、いたって少ない。

「サロン　ひとみ」

【図1上】は、『内外タイムス』1953年（昭和28）10月9日号に掲載されたもので、新宿「赤線」の「営業中」の、しかも全盛期の写真として、かなり貴重だと思う。

建物はおそらく2階建て、1階と2階の間の壁面に「ひとみ」というネオン文字が掲げられ、1階には大きな円柱（半円柱かも）があり、その両側が入口になっている。そこに女給と思われる女性が3人立っている。左側の女性の背後には「サロンひ（とみ）」という看板が見える。店の前を背広姿の男たちが行きかい、山の手のサラリーマン客が多かった「赤線」新宿の様子がうかがえる。

1951年（昭和26）「火災保険特殊地図　新宿通方面1」【図5－16】を見ると、「都電通

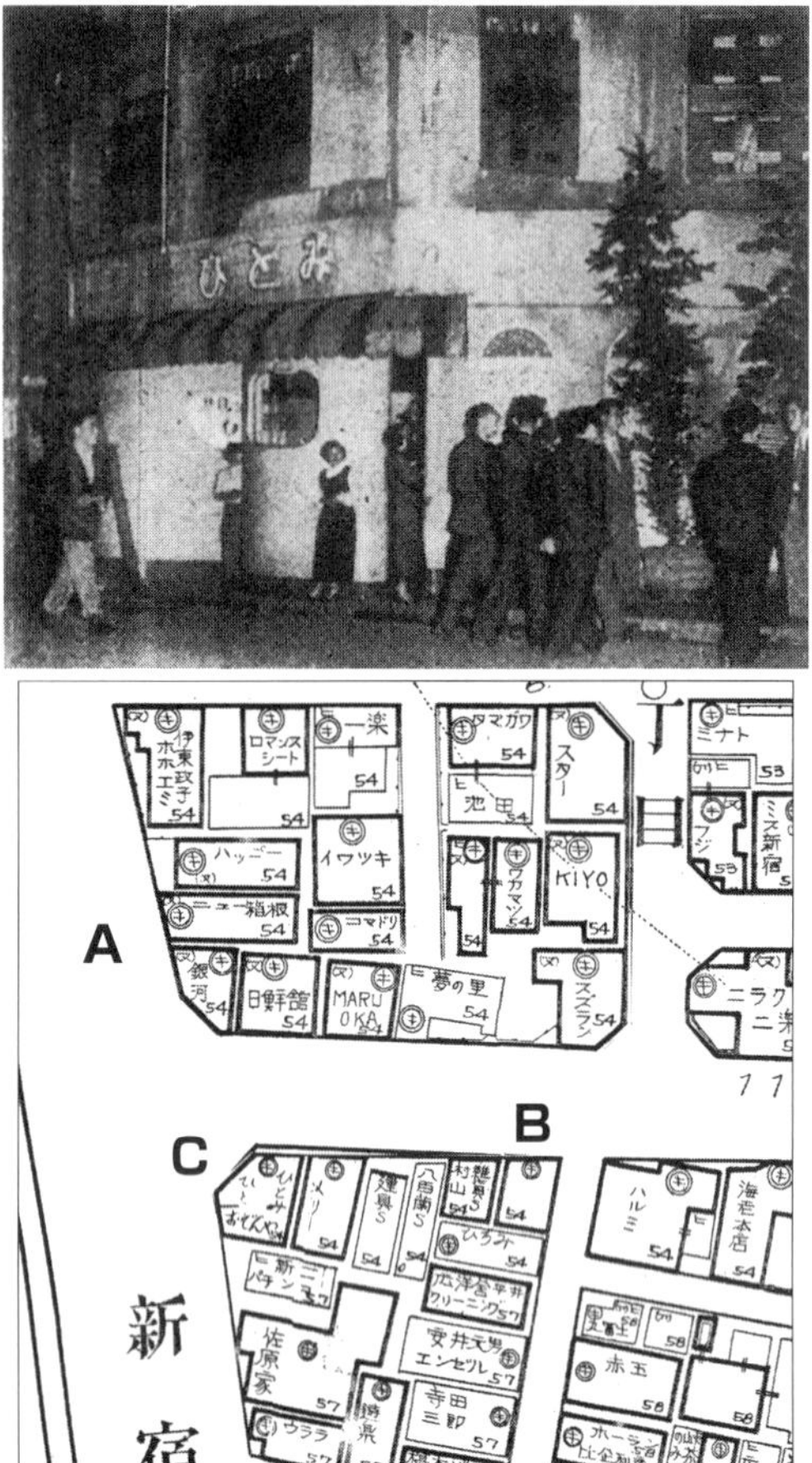

図1　［上］「営業中」の赤線（『内外タイムス』1953年〈昭和28〉10月９日号より）。［下］1951年（昭和26）の「火災保険特殊地図　新宿通方面１」（都市整図社、1999年）の、「ひとみ」周辺を拡大した。

り」（現：御苑《ぎょえん》大通り、図中のA）から仲通り（図中のB）方面に入る道（現：花園通り）の南側角に「ひとみ」がある（［図1下C］。［図1下］は［図5－16］の部分を拡大したもの）。現在の住所では新宿区新宿二丁目12番地8。「赤線」指定エリアの南西の隅だが、御苑大通りに面した角店《かどみせ》という立地上の有利があった。

この「サロンひとみ」のその後を住宅地図などで追跡すると、おもしろいことがわかった。「赤線」時代の「サロンひとみ」→赤線廃止後（1962年〈昭和37〉頃）「サロンひとみ」＋「寿司ひとみ」→（1965年〈昭和40〉頃）「天麩羅《てんぷら》ひとみ」＋「寿司ひとみ」→「割烹《かっぽう》居酒屋

図2　［上］「割烹居酒屋ひとみ」（2006年、館淳一氏提供）。［下］「赤線」時代「サロンひとみ」があった場所。2014年撮影。

ひとみ」（２００６年閉店）という形で、同一場所で業態を変えながらも「ひとみ」という屋号を使い続けたことが確認できる［図２上］。「赤線」時代の屋号が21世紀まで残っていた稀有《けう》な例だと思う。

このことをブログに書いたところ、読者から「漫画家の赤塚不二夫さんが中心になって、タモリさんや高平哲郎さん、松金よね子さんらが集まってどんちゃん騒ぎをしたという伝説の『ひとみ寿司』のことではないでしょうか？」という指摘をいただいた。調べてみると、赤塚氏の告別式（２００８年８月７日）の弔辞で、タモリ（森田一義）が「毎日、新宿の『ひとみ寿司』というところで夕方に集まっては、深夜までどんちゃん騒ぎをし、いろんなネタを作りながら、あなたに教えを受けました」と語っていた。

出版・芸能関係の人たちに愛された店だったようだ。残念ながら、私が遊んでいたシマは御苑大通り西側の三丁目「末廣亭《すえひろてい》ブロック」で、東側の二丁目「ゲイタウン」にはめったに足を運ぶことがなく、ちょっと場違いな居酒屋があったことをかすかに覚えているだけで、「居酒屋ひとみ」には入ったことがない。「赤線」の流れを引く店と知っていたら、飲みに行ったのにと思うと残念だが、その頃には無知だったのだから仕方がない。

２０１７年現在、「ひとみ」の跡地は「ＡＣＮ新宿ビル」になっていて、「a.flat」というアジアン家具のお店などが入っている［図２下］。

広岡敬一の写真

広岡敬一『昭和色街美人帖――私の〈赤線時代〉』（自由国民社、２００１年）に載っている写

図3　「赤線」時代の新宿。広岡敬一撮影。

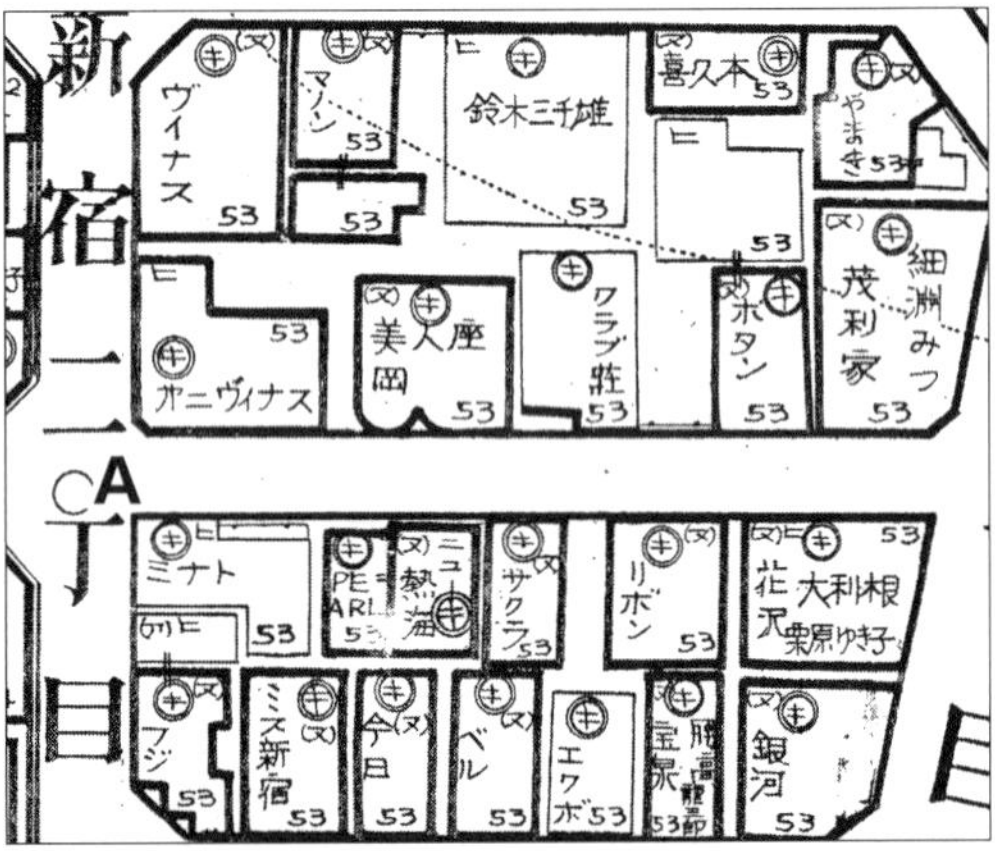

図4　［図3］で写された場所を、1951年（昭和26）の「火災保険特殊地図　新宿通方面1」（都市整図社、1999年）で見る。撮影地点は図中のAあたり。

真［図3］。広岡敬一（1921〜2004）は、新《しん》吉原《よしわら》で女給たちを撮るカメラマンをしていた方で、数多くの「赤線」関係の写真を残した。そのほとんどは本拠だった新吉原の写真だが、何かの事情で新宿二丁目を訪れた時の写真らしい。

左側の店の壁面に「（第）2VENUS」という文字がある。その奥の建物の看板は電柱に邪魔されて見えないが、店の前の小さな置き看板は「女（給カ？）求む　美人座」と読める。

1951年（昭和26）の「火災保険特殊地図」［図4］で確認すると、「第2VENUS」「美人座」の配置から「赤線」地域のほぼ中央Aの交差点から東方向を撮影したものであることがわかる。

広岡は撮影時期を「昭和24年（1949）頃」としているが、今回、掲載の許可をもらえなかった他の写真との対比検討から、もう少し後、1950年（昭和25）以降の撮影である可能性が高い。

広岡敬一『昭和色街美人帖』からもう1枚［図5上］。

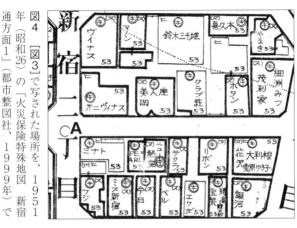

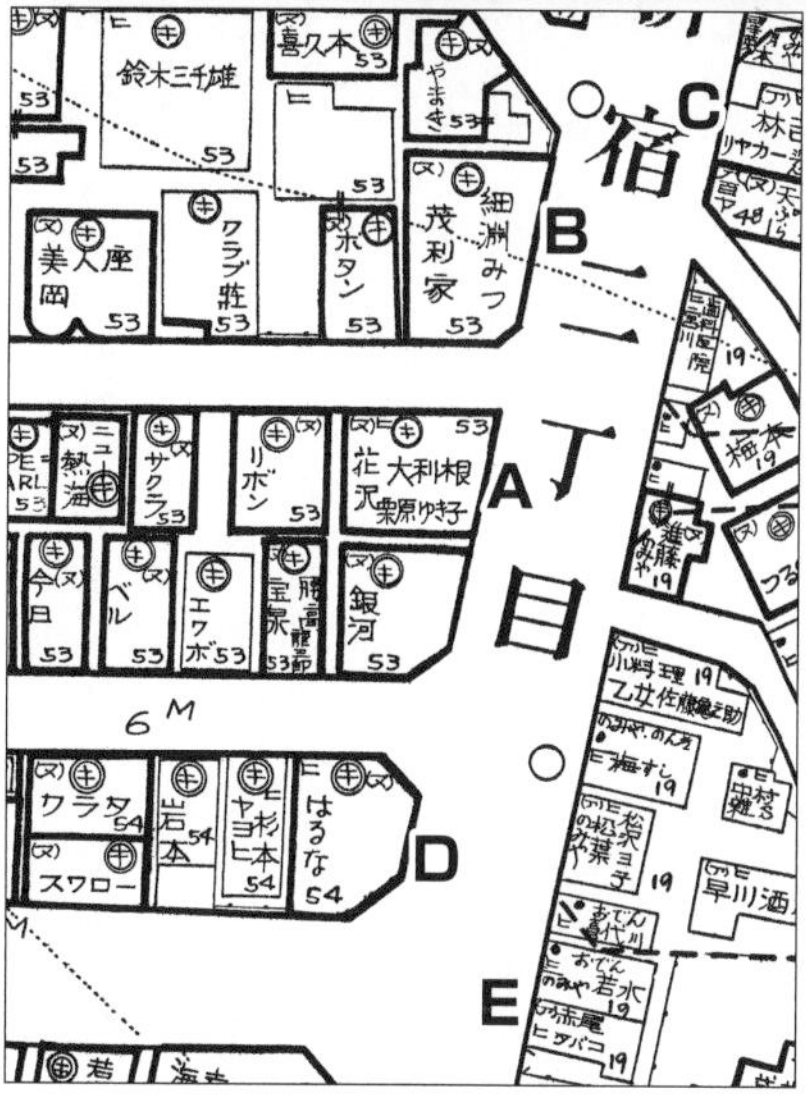

図5　［上］「赤線」時代の新宿。広岡敬一撮影。［下］写された場所を1951年（昭和26）の「火災保険特殊地図　新宿通方面1」で見る。手前（右側）の店は「茂利家」（図中のB）。おそらく撮影地点はCのあたりと思われる。

道路は道幅からして仲通り［図5―16B］で、遠景は新宿御苑の森。北から南に撮っている。「大利根」［図5下A］の看板が見え、おばさんが店の前を掃除している。とすると、細い路地を挟んだ手前（右側）の店は「茂利家《もりや》」［図5下B］ということになる。タイル貼りの疑似《ぎじ》円柱を多用し、出入口が2つある典型的な「赤線」カフェー様式だ。ちなみに、現在、この「茂利家」の場所には、有名なゲイショップ「ルミエール」がある。

池田信の写真

池田信《あきら》『1960年代の東京――路面電車が走る水の都の記憶』（毎日新聞社、2008年）に掲載されている、仲通りを撮影した写真［図6上］。何となく街が閑散としていることから推測できるが、撮影は「赤線」廃止（1958年〈昭和33〉3月）後の1962年（昭和37）。［図5上］とは逆に南から北方向を撮影している。

左手前の大きな建物には「和光園」という看板が見えるが、「赤線」時代は「はるな」［図5下D］という店名だった。その奥が「Ginga（ぎんが）」、さらに［図5上］にも写っていた「大利根」［図5下A］の看板が見える。

［図6下］はほぼ同じ地点からの現況（2015年）。建物はすべて建て替わっている。「和光園（はるな）」があった敷地は、大きな雑居ビル（第7天香ビル：1973年竣工）になっていて、たくさんのゲイバーが入っている。

この2枚の写真は、新宿二丁目のこのエリアが、男と女の「赤線」から、男と男の「ゲイタウン」へ大きく変貌したことを示している。「ゲイタウン」化は1960年代末から70年代初

図6　［上］「赤線」廃止後の仲通り。1962年（昭和37。池田信撮影、毎日新聞社提供）。撮影地点は［図5下E］あたり。［下］2015年の仲通り。［上］とほぼ同じところから撮影。

頭にかけて急速に進行した。

「伊吹」のあたり

朝山蜻一『女の埠頭――変貌する青線の女たち』（コラム5参照）に掲載されている写真［図7上］。撮影は朝山自身で、正確な撮影時期はわからないが、この本は「売春防止法」が完全施行された直後の1958年（昭和33）4月の刊行なので、それ以前ということになる。

不鮮明だが「伊吹」という店名が読める。「伊吹」は「赤線」地区の真ん中の路地の西寄りにあった店。この写真は御苑大通りの方から撮影している。

いくら昼間にしても人通りが少なく、どことなく寂れた感じがする。もしかすると、1958年（昭和33）1月末に新宿の「赤線」が営業を終了した直後（コラム4参照）に撮影された写真かもしれない。

「伊吹」があったあたりは、「赤線」地区の中でもいちばん早く建物が取り壊され、再開発に着手した区画で、「赤線」廃止4年後の1962年（昭和37）の住宅地図［図5－15］で、すでに広い空地になっている。しかし、再開発は容易に進まず、1967年（昭和42）の住宅地図では空地を利用したゴルフ練習場になっている。そして、1970年（昭和45）の住宅地図では、南側の区画もゴルフ練習場になり、［図7上］に写っている「伊吹」の前の路地も潰されてしまう。そして2つの区画を合わせた敷地に、1985年、巨大なオフィスビル「ビッグス新宿ビル」が建てられた。

図7　［上］「赤線」末期の新宿（朝山蜻一『女の埠頭――変貌する青線の女たち』同光社出版、1958年〈昭和33〉より）。［下］写された場所を、1951年（昭和26）の「火災保険特殊地図　新宿通方面1」（都市製図社、1999年）で見る。撮影地点は図中のAあたり。Bが「伊吹」。

「銀河」のあたり

朝日新聞社のデータベースに所蔵されている1949年（昭和24）撮影の写真［図8上］。店の前に立つ早出の女給さん、路地を歩く男女、仲通りを急ぎ足で御苑方向に歩く女性など、生きている「赤線」の街をとらえている。

右手前の建物に「Ginga（銀河）」の屋号が読みとれ、「赤線」地区のいちばん南側、花園通りの1本北の路地を、東の「仲通り」の路面から撮影した写真であることがわかる。

1951年（昭和26）の「火災保険特殊地図　新宿通方面1」［図9］によると、「銀河」の隣は「宝泉」「エクボ」と並び、向かい側は「はるな」（壁面に屋号が読める）、突き当りは「KIYO」のはずだが、この付近、店の移動があったようで、確定的ではない。

この路地を撮った写真は、前掲の朝山蜻一『女の埠頭――変貌する青線の女たち』にも掲載されている［図8下］。撮影時期は［図7上］と同じく、「赤線」最末期の1958年（昭和33）頃と思われる。

こちらの写真では「銀河」の円い看板（裏文字になっている）の向こうに「エクボ」、さらに「大黒（?）」の看板が見える。1951年（昭和26）の「火災保険特殊地図　新宿通方面1」［図9］を参照すると「銀河」の2軒隣は「エクボ」だが、その隣は「ベル」のはずだ。2つの写真が撮られた9年間に店舗の移動・改名があったようだ。

この路地、現在は「二丁目・ゲイタウン」のど真ん中で、「銀河」があった場所は「元祖札幌や」や、私がときどき遊びに行くゲイ・ブックカフェ「オカマルト」などが入っている「新千鳥街」（第7章参照）に、向かいの「はるな」があった場所は前出の第7天香ビルの1階で、

図8　［上］1949年（昭和24）、「赤線」時代の新宿（朝日新聞社）。［下］「赤線」末期の新宿（朝山蜻一『女の埠頭――変貌する青線の女たち』同光社出版、1958年〈昭和33〉より）。

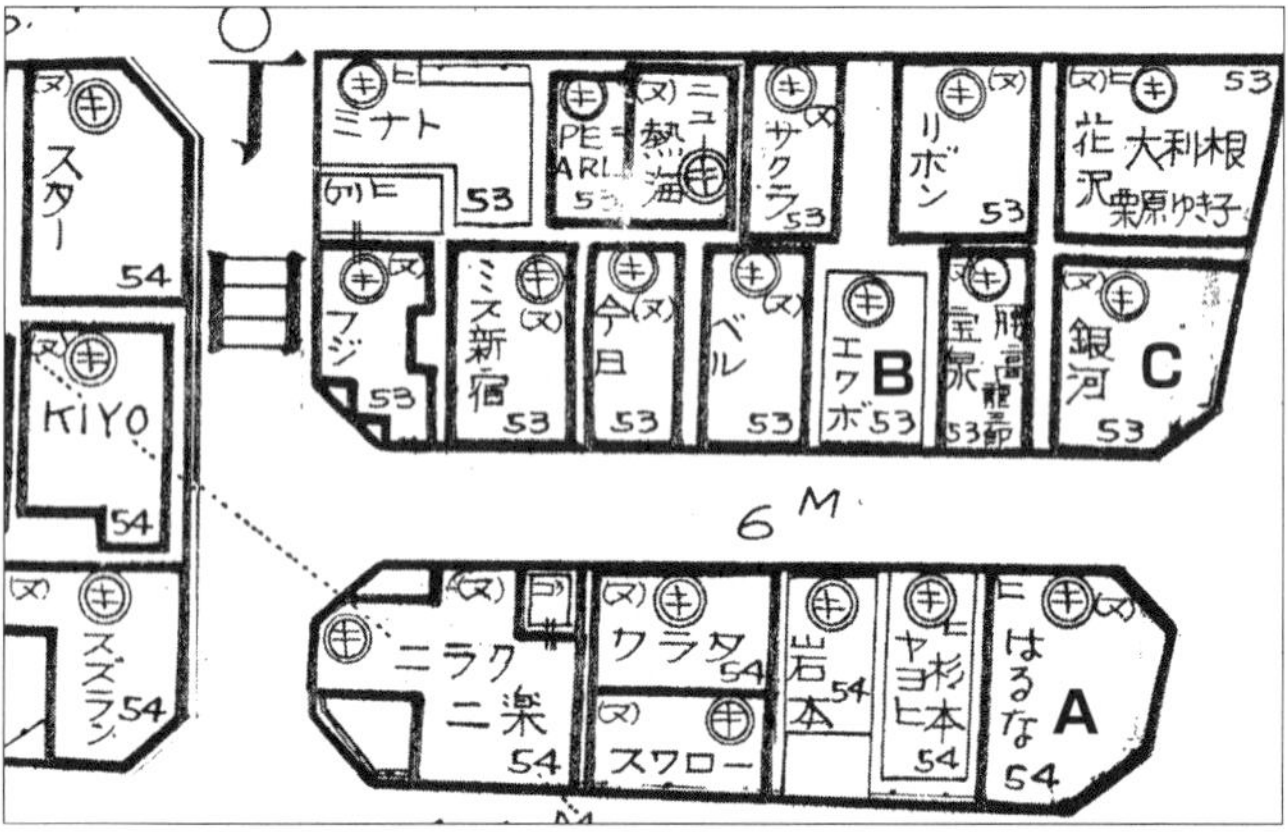

図9［上］［図8］で写された場所を、1951年（昭和26）の「火災保険特殊地図　新宿通方面1」（都市整図社、1999年）で見る。Aが「はるな」、Bが「エクボ」、Cが「銀河」。
図10［下］「赤線」時代「銀河」があった路地。［図8上］と同じ位置から。2018年。

赤い鳥居が目印の「AiiRO CAFÉ」というミックスバー（同性愛者中心だが異性愛者も入れる店）になっていて、ゲイの人や外国人観光客でにぎわっている［図10］。

朝山は、これらの「今はない遊廓」の写真に「この先どう変貌するのか見ものです」とキャプションをつけているが、まさか「ゲイタウン」になるとは夢にも思わなかっただろう。

コラム5　朝山蜻一『女の埠頭――変貌する青線の女たち』を読む

「青線」実録小説

第5章で少しだけ紹介した朝山蜻一《せいいち》『女の埠《ふ》頭《とう》――変貌する青線の女たち』は、1958年（昭和33）4月、同光社出版から刊行された実録的小説だが、資料が乏しくて不明な点の多い「ゴールデン街・花園街」の形成過程をかなり詳しくたどることができる。

書名の通り、新宿駅東口から南口に広がる闇《やみ》市《いち》「和田組マーケット」に生活する3人の女たち、赤江、渥子《あつこ》、トミーを主人公に、その10年間の変転を描く女性群像小説の形態をとっている。

水田赤江は「和田組マーケット」の飲み屋「百楽」のママだが、帝国大学教授の妻だったという過去をもつ。戦時中に夫が病死、高円寺の家に姉2人と住んでいる。赤江が経営する「百楽」は、GHQ（General Headquarters：連合国最高司令官総司令部）の露店整理指令（1949年〈昭和24〉8月4日）によって「マーケット」が立ち退いた後、「協栄社」跡地の露店を経て、「三光町」に移転する。前歴のイメージとは異なり、明るく世話好きな姐御《あねご》肌《はだ》の性格だが、男性関係はかなりルーズだ。

森戸渥子は、「和田組マーケット」の飲み屋「矢車」のママ。「百楽」の2軒隣で赤江とは友人同士。元は資産家の海軍将校の妻で有閑マダムだったが、夫の戦死後、婚家を出て「自称詩人」の森戸七介と再婚し、大久保の家に住んでいる。「矢車」は後に「三光町」の「百楽」の向かい側に移転する。頭の回転が速いだけでなく度胸もあり、作品の後半では探偵役をつとめる。

トミー（中枝とみ）は進駐軍の将校を相手にするパンパン（外国人相手の街娼《がいしょう》）。「和田組マーケット」の南部を占める「六十三軒」と呼ばれた一帯の「パンパン宿」を兼ねた安酒場「ふきや」の屋根裏を拠点にしている。1945年（昭和20）3月10日の「東京下町大空襲」で深川に住んでいた家族は全滅、学童疎開で難を逃れたが保護者を失い「浮浪児」の群れに入り、上野の地下道で男を知る。少年鑑別所さらに少年院を経て孤児院に収容されたが、脱走して16歳の夏に「和田組マーケット」に逃げ込んだ。作品の冒頭の1948年（昭和23）には17歳だが、すでに重度の「ポン中」（ヒロポン＝覚醒剤中毒者）になっている。背が高く大柄な美貌、簡単な英会話ができる。赤江の店で流産した後、進駐軍の将校スティーブが韓国から送ってきた金で「和田組マーケット」の飲み屋「ラルホ」を買い取る。「ラルホ」は「協栄社」跡の露店を経て「三光町」南側に移転する。トミーの「薬抜き」のシーンは生々しい。覚醒剤は、この当時、軍用に備蓄されていたものが民間に大量に流出し乱用され、中毒者が多かった。

男性陣は、ヒロポンの密売人でトミーに惚れていて、トミーが買い取った「ラルホ」のマスターになる大島豊雄。夫婦で焼鳥屋を経営し「三光町」では「矢車」の隣に移転し、渥子の相談相手になる上州屋。「和田組マーケット」で赤江の店の向かい側にあり、顔が広く土地の客を多くもち、赤江に親切で酒を卸《おろ》してくれる飲み屋「源兵衛」の店主（オヤジ）などで、要は「和田組マーケット」の人々だ。

作品の冒頭シーンは1948年（昭和23）、新宿駅周辺を占めた焼け跡闇市の末期、ラストシーンは1958年（昭和33）3月の「売春防止法」完全施行直前。新宿駅南口「和田組マーケット」の終末から三光町「花園小町」の創設とその「青線」街化、そして「売防法」完全施行による「青線」の終末という戦後混乱期の新宿の変遷を、そこに生きた3人の女たちを主人公にリアルに描いている。後半は、闇ブローカー関川の殺害事件をめぐって、渥子を探偵役にした探偵小説仕立てになる。

探偵小説としては二流としか言いようがない『女の埠頭』だが、ここで取り上げたのは小説の背景をなす闇市と青線地帯のリアリティの高さにある。このリアリティは、作者の朝山蜻一の自宅が「新宿花園街」の青線地帯の一角にあったことに由来する。序文を寄せている江戸川乱歩は「同君は長い間、新宿の青線区域のまん中の、ただ一軒のしもたやに住み、歓楽街の嬌声を耳にしながら筆を執っていた」と述べている。また朝山自身も、後年「花園」に住んでいた頃の思い出を記している＊1。著者が同時代人であるうえに花園青線街に居住しているという当事者性はとても重い。

また、小説であるにもかかわらず、四六判（天地約19センチメートル、幅約13センチメートル）285頁のうちに著者撮影の写真が16頁もあり、新宿の写真資料としても貴重だ。

「三光町」への移転

さて、「三光町」が新宿の盛り場の形成に大きな意味をもつことは第5章で述べたが、朝山はその地理的環境を次のように説明している。なお、町名としての三光町は、現在、新宿五丁目と歌舞伎町一丁目に分割されているが、ここでいう「三光町」はそのうちの歌舞伎町一丁目になった部分に相当する。

「終戦後、四五年までは、都電は、伊勢丹や日活館、三越、中村屋、タカノ、二幸、新宿駅東口などを左右にひかえた、新宿本通りをとおっていた。それが本通りを以上の建物などの関係で、拡張する事が不可能なため、線路を、道巾を広く改正した裏通りにうつすことになった。今では四谷からきた都電は、二丁目の遊郭を過ぎたところで、右にまがり、遊郭の西端を右に見て左に改正道路にはいる。この辺が、花園歓楽街の組合が、もとあった場所だった。改正道路は、三光町の交叉点を過ぎると、右に花園神社、左に今の丸物《まるぶつ》百貨店を見て、右側の都電の営業所と、東大久保の車庫に抜ける廻送線を過ぎて、終点に達する。
小町と歓楽街は、この花園神社と都電の廻送線の間に、はさまれてあるわけで、電車通りには表側だけ商店がならび、その裏側は、東京電力の広い材料置場である。その先が歓楽街、さらにその奥が小町である」

すでに触れた戦後の都電の路線変更について、地元の人ならではの簡潔ながら要を得た説明をしている。「改正道路」とは現在の靖国通り、「三光町の交差点」とは靖国通りと明治通りが交差する現在の新宿五丁目交差点、「丸物百貨店」は伊勢丹メンズ館になり、「都電の営業所」は区役所通りの入口北西角にあって現在は新宿区役所の第一分庁舎になっている。「東大久保の車庫に抜ける廻送線」は遊歩道「四季の道」になり、「東京電力の広い材料置場」には後に東京電力角筈《つのはず》変電所が建った。そして、「花園歓楽街」が現在の「ゴールデン街」（新宿ゴールデン街商業組合）、「（花園）小町」が「花園一・三・五番街」（新宿三光商店街振興組合）である。

また、朝山は三光町の店舗の成り立ちについて、次のように記している。

「三光町の店舗は、組合員で名前を考えてだしあったすえ、花園小町と名付けられた。その年の暮になると、間口一間半、奥行二間の棟割《むねわり》長屋が連続した花園小町にも八分通りは、人が住むようになった。というのは、アパートなどを間借りして、そこから協栄社の店へ通っていた豊雄のような連中は、みな間借りを引きはらって三光町へ越してきたし、露店で手いっぱいの者は、一年期限で人に借《（ママ）》したりしたので、店もぼつぼつ増え、街の半分位は店を開けるようになった。ただそれは、みな飲屋であって、隣りの組合のように女にかせがせる商売はしなかった。その他は、中華そばや、八百屋、乾物屋、炭屋などが、露店同様の小さな規模で、ほそぼそと、この街の住人を相手に開店した。そこへ行くと隣りの二丁目からきた方は、花園歓楽街と名付けられた。

堂々と、はじめからその街の商売のやり方を唄ったというわけであった」

新宿駅南口の「和田組マーケット」の人たちが移転してきた「花園小町」の店舗は飲み屋がほとんどで、そこに小規模な商店が混じり、「女にかせがせる商売はしなかった」。それに対して、二丁目の「赤線」周辺から移転してきた「隣の組合」（花園歓楽街）は「はじめからその街の商売のやり方」、具体的には「部屋に女を置き、店では酒を売るという兼営方針」だったことがわかる。

これ以外にも文中の記述から、「和田組マーケット」の人たちが三光町に移転する経緯をいろいろ知ることができる。ただ、『女の埠頭』は小説なので、具体的な年次が入っていない。そこで近年刊行された石榑督和《いしぐれまさかず》『戦後東京と闇市——新宿・池袋・渋谷の形成過程と都市組織』＊2を参照した。石榑は、土地関係書類などの詳細な検討から「和田組マーケット」の盛衰を論じているが、ここで注目したいのは、「一九五〇年九月一二日に新宿武蔵野商業組合の後継組織である新宿区事業協同組合は、約五〇三坪の民有地を買収し」ていることだ。この事実によって『女の埠頭』が記す移転の経緯に年次の目盛りをいれることができた。ちなみに「新宿武蔵野商業組合」→「新宿区事業協同組合」とは、1947年（昭和22）7月に和田組が解散した後、和田組の影響のもとに結成された業者組合である。

『女の埠頭』の記述をたどってみよう。

「また寒い冬がやってきた。三光町の替地は組合員の労力動員で整地された」のは1950年（昭和25）9月の土地取得の後の冬、つまり同年12月頃のことと思われる。「柱が建ち、二階の横木が渡され、屋根の形に梁《はり》が組まれたが、棟上式は行われなかった。というのも、それは一棟だけで、あとの五つのブロックは、柱が倒れない程度に横木が渡されただけで、三光町の替地の新築工事は、進行しなくなってしまった」。「工事は年を越しても、春になっても、そのままに打ち捨てられていた」のは１９５０年暮れから51年春のこと。資金難から工事が中断している間に「二丁目のグループが（和田組の建築地のすぐ隣の場所を買い取って）建築を強行中であった。彼等は和田組よりも半年もあとから着工して、今や外部のモルタルを塗装中だった。中にはすでに引越して来て住んでるものもあった。和田組は、後の雁に追越された形だった」。「和田組の建築がやっと完成したその年の七月頃には二丁目側の方は、とっくに全部が開店してい」た。「それに反し、和田組の方は、建物は出来ても、すぐ店を始めた者は、三軒しかない有様だった」。そして「その年の暮になると、間口一間半、奥行二間の棟割長屋が連続した花園小町にも八分通りは、人が住むようになった。（中略）アパートなどを間借りして、そこから協栄社（の跡地のマーケット）の店に通っていた（中略）連中は、みな間借りを引きはらって三光町に越してきた」ので「店もぼつぼつ増え、街の半分位は店を開けるようになった」。ここに見える「その年」は１９５１年（昭和26）。

　こうした経緯を略年表に整理すると、［表C5－1］のようになる。

　現在の「ゴールデン街・花園街」の形成過程については、従来、信頼できる資料に乏しく、細かな点になると今までほとんどわからなかった。それが石榑の研究と『女の埠頭』の記述を突き合わせることによって、かなり詳細に跡付けることができた。今まで未確定だった「和田組マーケット」の一部の人々（駅前組）の移転の時期が１９５０年（昭和25）９月に土地取得、１９５１年（昭和26）７月頃営業開始という流れでほぼ確定できる。それだけでなく、三光町の土地造成開始は駅前組が先だが、店舗の完成・営業開始は二丁目組が先という複雑な経緯だったこともわかった。移転時期について石榑

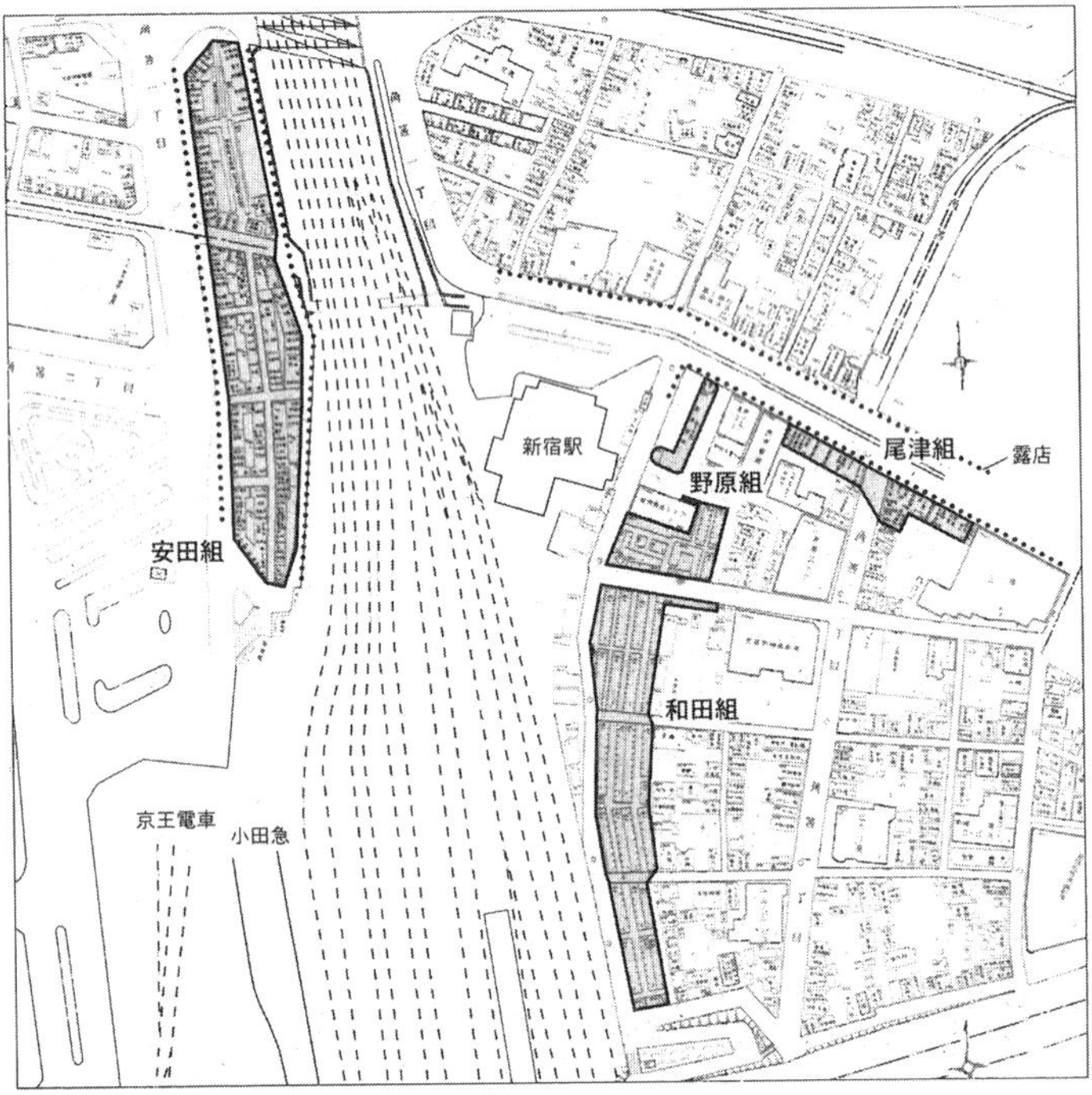

図C5－1　1949年（昭和24）の新宿駅周辺のマーケット（石榑督和『戦後東京と闇市——新宿・池袋・渋谷の形成過程と都市組織』＊2による）。

は「一九五〇年九月から翌五一年三月」としているが、『女の埠頭』の記述によると、実際の営業開始はそれより少しずれ込み7月頃だった。

通説の誤り

ところで、「花園小町」（現：新宿三光商店街振興組合）の起源が、新宿駅東口から南口の国鉄線路東側に細長く立地した「和田組マーケット」の人々であることは、この小説の記述で明白だ。その点について、石榑は三光町に移転して「花園小町」を作った人々を、3つの街区に分けられる

1949年（昭和24）	４月	戦時の酒類統制解除、自由販売に。
	５月１日	「料飲禁止令」失効、全国でビヤホールなど再開。
	８月４日	ＧＨＱの「露店整理指令」。
1950年（昭和25）	１月５日	新宿「和田組マーケット」の一部が隣接の「協(共)栄社」跡地（映画館「武蔵野館」の南側）の新築マーケットに移転。
	１月29日	新宿「和田組マーケット」強制撤去。
	３月末	露店撤去完了期日（業者の抵抗で１年延期）。
	９月12日	新宿区事業協同組合が三光町の土地を買収。
	12月頃	「和田組マーケット」の一部（駅前組）が三光町の替地の整地事業を開始。
1951年（昭和26）	１月〜３月	資金難で建築中断。
	３月末	「和田組マーケット」の撤去が完了。
	４〜５月頃	二丁目の露店商（河野組）、三光町の土地（南側）を取得、建築工事を開始。
	６月頃？	二丁目組、三光町で店舗を開店（現在の「新宿ゴールデン街商業組合」）。
	７月	駅前組、三光町の店舗を完成するも、移転開店進まず。
	12月	駅前組の三光町の店舗、８割方居住、５割方開店。

表C5−1 「和田組マーケット」の一部（駅前組）が三光町に移転する経緯。

「和田組マーケット」の中程に位置した「八十八軒部」と呼ばれたグループであることを明らかにしている＊2。

ただ、ここで困ったことがある。渡辺英綱『新宿ゴールデン街』には「いまゴールデン街にある店の八割以上が、じつは、関東尾津組仕切るところの『竜宮マート』で露店商を営んでいた人たちであった」と記されている＊3。著者の渡辺英綱（1947〜2003）は1971年（昭和46）から花園一番街で「ナベサン」を経営していた方で、同書は「ゴールデン街・花園街」を語る際には必読の書であり、今に至るまで大きな影響力をもっている。

実際、「新宿ゴールデン街」の公式サイト＊4は「竜宮マート」起源説をとっているし、電子フリー百科事典「Wikipedia」の「新宿ゴールデン街」の項目も同様である。そして、私自身、花園街の人たちからそう聞かされてきた。

「竜宮マート」は、新宿を仕切るテキヤ組織「関東尾津組」の親分、尾津喜之助（1897〜1977）が「光は新宿より」のスローガンを掲げて、敗戦のわずか5日後の1945年（昭和20）8月20日に新宿駅東口に開設した自由市場（闇市）「新宿マーケット」の後身である。

尾津の存在感と知名度は、新宿の、いや全国の闇市の歴史を語るうえで圧倒的である。正直に言えば、私も尾津の名前は知っていたが、「和田組マーケット」を仕切っていた和田組の親分（和田薫）のフルネームは知らなかった。

しかし、7万人を擁した東京露天商同業組合の理事長として君臨した尾津の全盛期は長くない。1947年（昭和22）に恐喝《きょうかつ》容疑で検挙され組を解散すると、その影響力は急激に衰退する。闇市時代（1945〜50〈昭和20〜25〉）後期の尾津組は新宿通り南側の露店を管理するのみで、東口から南口に連なる大マーケットを運営していた和田組に比べると、その勢力はまったく小さかった［図C5−1］。

「竜宮マート」起源説は、こうした尾津の知名度が圧倒的であることに影響されたもので、創成伝説によくある仮託だと思う。三光町に移転した人の中に尾津組露店商の人がいなかったとは言わないが、その主体が和田組露店商の人たちであったことは資料的に間違いなく、誤伝は訂正されるべきだろう。

「青線」化

当初は「女にかせがせる商売」をしなかった「花園小町」が、「青線」化していった事情についてもリアルに記されている。朝山は言う。

「はじめは(花園)歓楽街だけが、女に飢えた多くの男を吸収し栄えたが、(花園)小町は、わずかな利巾の酒を売る、ささやかな飲屋街でしかなかった」

「(花園)歓楽街はもともと売春宿であったし、(花園)小町は露店商だった。酒を売る事しか知らなかった小町が、売春街に変貌したのは実に、隣りに歓楽街があったからだ。というより、歓楽街に浸蝕されたのだと云ってよかった」

金銭のことだけを考えれば、店構えは似たようなもので、酒を売る事にも変わりはなく、だったら酒だけでなく、利益の大きい「パンパン屋」をやればいいだろうということになるが、「小市民らしい社会意識を持っている小町の人々」はなかなか踏み切れなかったようだ。

「あたしたちには、酒を売る商売は出来ても、女にからだを売らせて、その金で儲けるなんて、そんな事は出来ないわ」ということだ。

中には、その線を踏み越えて転向する者もあったが、大部分の「花園小町」の業者はそれができず、「花園歓楽街」に押しまくられ、後退するばかりだった。結果、店を歓楽街の業者に売るか、歓楽街で身体を売って小金を貯めた女に貸すかして、この街を出ていくことになり、「もとの組合員は、大半、表面から姿を消し」た。

小説の中でも、青線化が進んだ「花園小町」で「ただの飲屋」なのは、渥子の「矢車」と「上州屋」だけという状態になってしまう。

従来は、駅前から移転してきた飲食店業者たちが、二丁目の「赤線」地区の周辺から移転してきた業者（二丁目組）の商売を自主的にまねて、利益の大きい「青線」営業に転換したという語りが主流だった＊3。しかし、朝山によれば、実質、乗っ取りに近い形（浸蝕）での転換だったらしい。

このように『女の埠頭』には、通説を覆《くつがえ》すような興味深い記述がいくつもある。最後に、もう一つ紹介しよう。

「小町と歓楽街は、この花園神社と都電の廻送線の間に、はさまれてあるわけで、電車通りには表側だけ商店がならび、その裏側は、東京電力の広い材料置場である。その先が歓楽街、さらにその奥が小町である。したがって二つの歓楽街への入口は、花園神社の横通りに面したほうと（これがいわば表口である）廻送線を踏切ってはいる口との二つがある。だから街の通路も表口から裏口に抜けるように五本ある。それが二本の横道で連絡されている。

この五本の通りは、一番奥から勘定する。一番奥が、一の通り、次ぎが中の通り、三の通り、歓楽街の通り、東電の置場に面したのがはずれの通り、といったようにである。これはなんといっても、小町のほうが店の数もおおく、組合もまた、一時は、新宿の各方面にわたって勢力を占めていたからである」

「この五本の通りは、一番奥（北）から勘定する」。これは、私のように「ゴールデン街・花園街」に馴染《なじ》んだ者にとっては、まったく意外なことだった。なぜなら、現在、というよりかなり以前から、五本の通りはいちばん手前（靖国通りに近い南）から勘定しているからだ。

朝山が言う呼名と、現在の通りの名を対照すると、次のようになる。

（朝山）	**（現在）**
一の通り↓	花園五番街
中の通り↓	花園三番街
三の通り↓	花園一番街

歓楽街の通り→ゴールデン街（G2）
はずれの通り→ゴールデン街（G1）

表と「はずれ」がまったく逆なのだ。1990年代前半、私が通っていた「ジュネ」は花園五番街にあった。当時の感覚では「はずれ」とは思わなかったが、靖国通りから遠い「裏側」的な感覚はあった。しかし、もともとは「一の通り」だったのだ。薫ママや会員さんたちに教えてあげたい。

数え方の変換は、「花園小町」と「花園歓楽街」の勢力交代に伴ってなされたと推測されるが、その時期は明らかではない。少なくとも1960年代後半には今と同じ数え方になっていたと思われ、変更されたのは「青線」からの転換期（1958年〈昭和33〉以降、1960年代前半）かもしれない。

力を入れたほどには評価されなかったようで、その後は短編集『悪夢を追う女』（あまとりあ社、1958年〈昭和33〉）、『密売者』（同星出版、1958年〈昭和33〉）を刊行したが、1962年（昭和37）の『真夜中に唄う島』（雄山閣）が朝山蜻一名での最後の著書になったようだ。

晩年（1976年〈昭和51〉）、『幻影城』に「蜻斎志異《せいさいしい》」を連載したが、1979年（昭和54）２月15日、腸閉塞《ちょうへいそく》で死去した。

作品の多くは当時のジャンルでいう探偵小説で、師事した江戸川乱歩の亜流ということになる。今読んでみても、まずまず読ませるものの、構想力、文章力ともに今一つの感は免れないように思う。

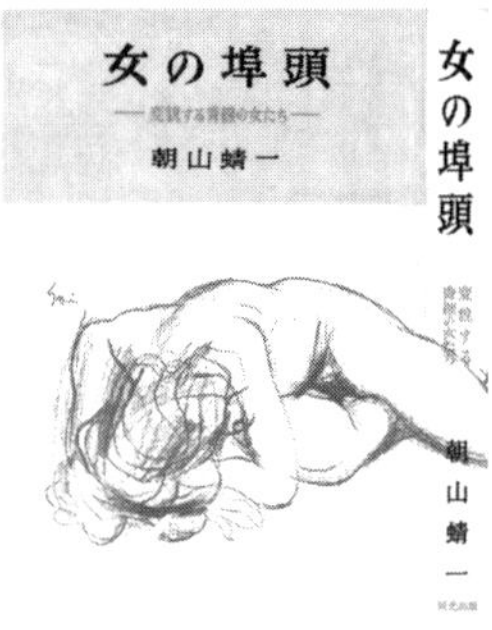

ただ、近年、サディズム＆マゾヒズム、あるいはフェティシズム系の小説の源流として一部で再評価されているらしい。そのせいか、『女の埠頭』も、古書市場では４万〜12万円ときわめて高額で、貧乏研究者にはとても手が出なかった。幸い国会図書館で電子資料化されているので、それを参照した。

（参照）

＊落合教幸「昭和二〇年代の探偵小説――『宝石』の作家たちと新宿」（井川充雄・石川巧・中村秀之 編『〈ヤミ市〉文化論』ひつじ書房、2017年）

＊はらぴょん「朝山蜻一書誌」
http://www.cna.ne.jp/~kuroneko/newpage479.html

＊『女の埠頭』カバーは、「荷風歡樂」の画像をお借りした。
http://rossana.cocolog-nifty.com/earima/2013/06/post-b10c.html

◆朝山蜻一略伝

『女の埠頭』の作者、朝山蜻一《あさやませいいち》は、今ではほぼ忘れ去られた作家で、作品のほとんどは現在では入手困難になっている。

本名を桑山善之助といい、1907年（明治40）７月18日、東京日本橋で生まれた。映画の助監督やレタリング業を経た後、小説を書き始める。

終戦を上海のフランス租界で迎え、翌1946年（昭和21）正月に佐世保に上陸した。

戦後、1949年（昭和24）に「百万円コンクールＣ級（＝短編）」に応募した小説「くびられた隠者」が『別冊宝石』1949年12月号に掲載されてデビュー。続いて1952年（昭和27）、「巫女」（『別冊宝石』1952年６月号掲載）が「新鋭コンクール」第１位となり、探偵作家クラブの『探偵小説年鑑』1953年版に収録された。ただ、その後は今一つで、1954年（昭和29）、「ひつじや物語」（『宝石』掲載）が「第７回探偵作家クラブ賞」候補に、続いて1955年（昭和30）、「僕はちんころ」（『宝石』掲載）が「第８回日本探偵作家クラブ賞」候補となった。何度も受賞を逃しているように一流とは言えないが、それでも、1956年（昭和31）に第一短編集『白昼艶夢』（久保書店）を、翌1957年（昭和32）には、『処女真珠』（榊原書店）を刊行しているので、作家としてそれなりの評価はされていたのだろう。

そして、1958年（昭和33）４月、初めての長編書き下ろし小説として出版したのが『女の埠頭――変貌する青線の女たち』（同光社出版）だった。デビュー作のコンクール審査員だった縁で江戸川乱歩に序文を書いてもらっている。しかし、

第6章　欲望は電車に乗って――都電と「赤線」

新宿と洲崎は「はしご」できた

1997年1月、松飾りが取れて間もない、新宿歌舞伎町区役所通りの女装スナック「ジュネ」。

「どうぞ」

水割りをコースターに載せる。

ドリンクを作っている時から視線は感じていた。

「いらっしゃいませ」

グラスを合わせるのを待っていたかのように、その年配の男性客は話しかけてきた。

「それ銘仙《めいせん》だね？」

その夜、私は群青《ぐんじょう》の地に赤と緑で大きな椿を織り出した足利銘仙を着ていた。

今どき、着物の種類に関心を示す男性客なんてめったにいない。まして30年も前に滅びた銘仙に気づくなんて……。気に入りの着物をわかってもらって、うれしい。

「はい、そうです。よくおわかりですね」

「懐かしいなぁ。いや、僕が早稲田の学生だった頃、新宿二丁目はまだ『赤線』でね。あなたみたいな派手な色柄の銘仙を着た女性が店の前に何人も立っていたのさ。魅力的だったけど、なにしろ学生でお金がなかったからね、呼び止められないよう急ぎ足で前を通り過ぎるだけだったな」

思いがけない話の流れになった。前述のように、「赤線」は戦後日本社会に存在した黙認買売春地区であり、警察の監督（地域限定・営業許可）のもとで「特殊飲食店（カフェー）」に勤務する「女給」が客と「自由恋愛」するという建前で成立した買売春システムだ。

「ほんとうに（店に）上がらなかったのですか？」

「うん、友達には上がる奴もいたけど、僕は貧乏学生だったからね……」

男性客は、半年に1度くらい顔を出す方で、前回も私がお相手した。60代半ばという感じで、もう会社はリタイアされて、悠々自適、今日も歌舞伎の新春公演を観ての帰りとのことだった。

2杯目の水割りを作って渡す時に、何かまだ話したいようだったので、水を向ける。

「就職してからも上がらなかったんですか？」

「僕は、就職して、すぐに仙台の支社だったから……」

「じゃあ、仙台で？」

「うん、先輩に連れて行かれた。それですっかりね」

「はまってしまった？」

「そうそう。2年で東京に戻ってきて、結婚するまでの3年ほどの間、ずいぶん『赤線』に通ったな」

「それ、いつ頃のお話ですか？」

「『赤線』がなくなる前の年の秋に結婚したんだ。『赤線』通いを止めるちょうどいい潮時だった」

「『赤線』がなくなるのが昭和33年（１９５８）ですから、東京で『赤線』に通われたのは29年から32年ということになりますね」

「そうなるね。でも、君、若いのにそんなことよく知ってるね」

「はい、ちょっと興味があって……」笑ってごまかす。

「じゃあ、こんな話は知ってる？　新宿から都電に乗って一度の乗り換えで洲崎《すさき》まで行けたんだ。だから、新宿と洲崎は『はしご』できたんだよ」

「新宿から洲崎ですか？　洲崎って東陽町（江東区）のあたりですよね。都心を横切ってすごく遠いじゃないですか」

「うん、でも行けたんだよ」

それは初耳だった。帰宅して調べてみると、たしかに東京都電車（都電）の新宿三丁目停留所（新宿二丁目「赤線」の最寄り駅）から11系統（新宿駅前～月島通八丁目）に乗ると、半蔵門→日比谷→数寄屋橋→銀座→築地を通って、勝鬨橋《かちどきばし》で隅田川を渡って終点の月島通八丁目に至る。そこで23系統（月島通八丁目～柳島）に乗り換えて門前仲町に出て、さらに28系統（都庁前～錦糸町駅、当時、都庁は今の「東京国際フォーラム」の場所にあった）か38系統（日本橋～錦糸堀車庫）に乗り換えて永代通りを東に走ると5つ目の停留所が洲崎なのだ。

あるいは、新宿の「赤線」を北側に出て、四谷三光町の停留所から13系統（新宿駅前～水天宮）に

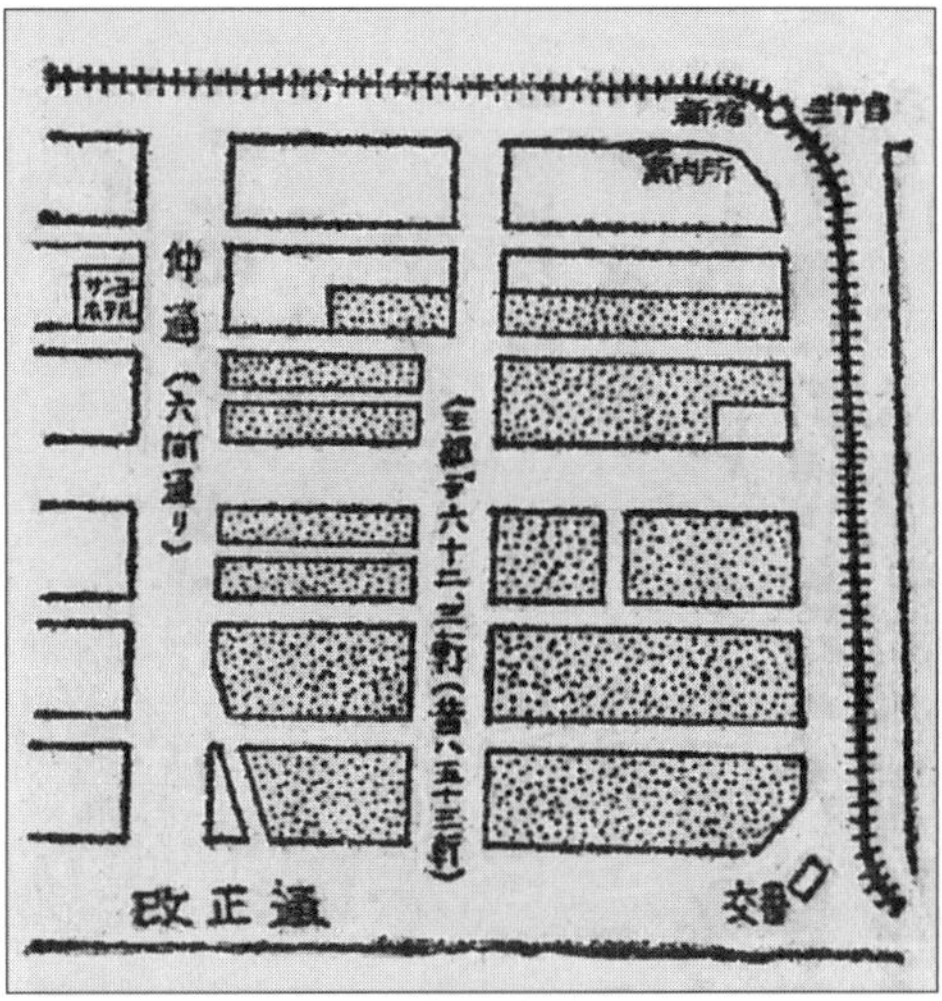

図6−1［上］「赤線」新宿二丁目の略地図（下が北）。∵∵∵の部分が「赤線」エリア。上の都電の線路が通っているのが新宿通り（旧・甲州街道）、線路が直角に曲がっていくのが御苑大通り、下の「改正通」とあるのが現在の靖国通り（「東京の性感帯──現代岡場所図譜」〈以下「岡場所図譜」と略称〉＊1 より）。
図6−2［下］「洲崎パラダイス」の大アーチ。1957年（昭和32。朝日新聞社）。

図6－3　東京湾の干潟の向こうに時計塔がある遊廓が見える。洲崎遊廓は海辺の廓だった（瀬川光行編『日本之名勝』1900年〈明治33〉国会図書館蔵、より）。

乗り、飯田橋で早稲田から来る15系統（高田馬場～深川不動尊前）に乗り換えて、小川町→大手町→日本橋→茅場町と進んで、永代橋で隅田川を渡って、門前仲町を経て終点の深川不動尊前まで乗り、そこで前述の28系統か38系統に乗り換えて洲崎へ、というルートもあった。15系統は、朝夕は洲崎まで乗り入れていたので、その時間帯なら、男性客が言うように新宿から洲崎まで一度の乗り換えで行けたのだ。

前者は皇居の南側を、後者は北側を、東京都心部を西から東に横断するルートで、ずいぶん距離がある。しかし、洲崎の停留所で電車を降りて南に向かって100メートルほど歩けば、「洲崎パラダイス」の大アーチ［図6－2］が迎えてくれる。

第2章で述べたように色街としての洲崎は、1888年（明治21）、「根津遊廓」（現：文京区根津）が東京湾岸の平井《ひらい》新田《しんでん》近くの埋め立て地（1887年〈明治20〉5月完成の東京市有地、深川

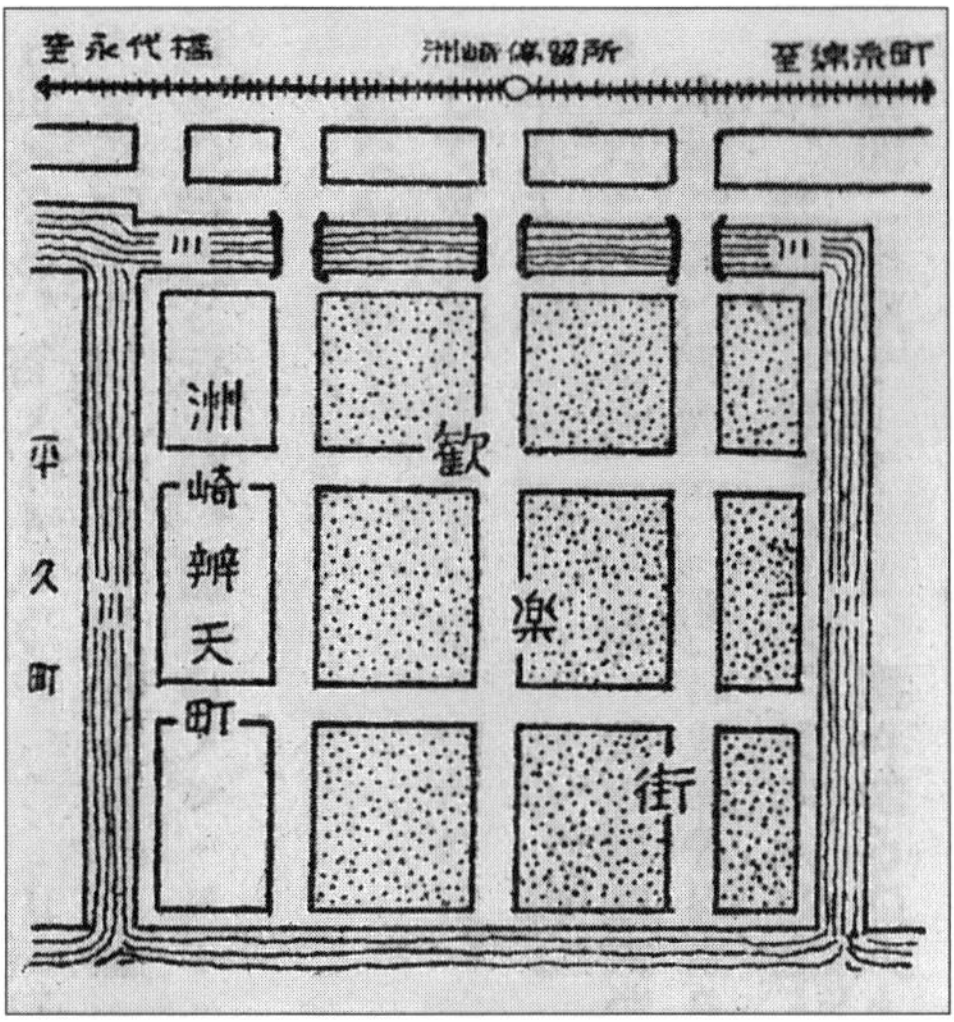

図6－4　「赤線」洲崎の略地図。四方を水に囲まれている。⋮⋮部分が「歓楽街」とされているが、「赤線」エリアは、洲崎停留所から南に延びる中央の大通りの東（右）側が中心だった（「岡場所図譜」*1より）。

区に編入）に集団移転してきたことに起源をもつ。

遊廓時代の洲崎（洲崎弁天町）は北、西、東を掘割、南は海（後に運河）に囲まれ、北の洲崎橋（大門）と西の西洲崎橋（裏門）以外は陸上の出入り口がない出島状の地形だった（［図6－4］。［図C1－8］も参照）。西隣には、江戸時代以来、行楽地として親しまれた洲崎神社（弁天社）があった。

大正から昭和初期が全盛期で、1929年（昭和4）の時点で貸座敷183軒、娼妓1937人を数え*2、「新吉原《しんよしわら》」と並び称される東京の代表的な遊廓だった。「吉原大名、洲崎半纏《はんてん》」と言われたように、客には北に接する木場の職人、船員、漁師、沖仲士、職工などが多く、格式ばった新吉原に対して気取りのない、潮の香も懐かしい庶民的な雰囲気で知られた。

しかし、太平洋戦争中に、軍需工場の寮などに接収され、業者の多くが立川（「錦町」「羽衣町」）や羽田の「穴守《あなもり》」に移転した（後に「武蔵新田《むさしにった》」

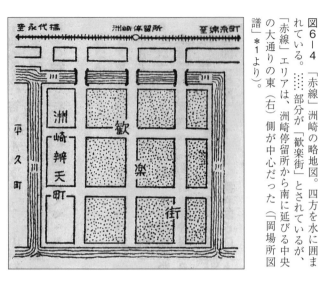

〈現：大田区矢口〉に再移転）。そして、1945年（昭和20）3月10日の「東京下町大空襲」で全焼し、多くの犠牲者を出して壊滅した。今も西洲崎橋の西詰に「戦災殉難者供養塔」がある。

戦後は、旧遊廓の東側の半分（江東区洲崎弁天町二丁目＝現：東陽一丁目の東側）を中心に「赤線」の指定地になった。

たしかに、あの年配の男性客の言う通り、都電を使えば、ほとんど歩くことなく、新宿と洲崎の2つの「赤線」を「はしご」することができたのだ。

現在なら、新宿三丁目駅から都営地下鉄新宿線に乗って、九段下駅で東京メトロ東西線に乗り換えれば、洲崎の最寄りの東陽町駅まで30分ほどで行ける。しかし、新宿と江東ではエリア感覚的にずいぶん遠い気がする。当時、都電でどれだけの時間がかかったのだろうか。

後日、またその男性客が来店した時に確認してみた。

「先日のお話ですけど、新宿と洲崎って、けっこう遠いし、ずいぶん時間がかかりますよね」

「そうだな。でも、女と一戦した後で身体がだるいから、電車の中で寝て行けばちょうどいいんだよ」

「洲崎に着いた頃には、元気回復ということですか」

「まあ、そういうことだね」

以下は、私の想像だが、朝、前夜泊まった新宿二丁目の「赤線」を馴染《なじ》みの女給さんに見送られて後にし、都電に乗ってゴトゴト心地よい揺れに身をゆだね、居眠りしながら都心を横切り、大川（隅田川）を渡るあたりで目を覚まし、乗り換えの仲町《なかちょう》（門前仲町）で腹ごしらえ（昼食）をして、元気回復して洲崎の「赤線」に繰り込み、早支度の働き者の女給さんと昼下がりの一戦、という感じだったのだろうか。

新宿と洲崎の2つの「赤線」は、都電によって結ばれていて「はしご」ができた。こうしたことは、都内をたくさんの都電が走っていた時代に生きていた人に聞かないと、なかなか思い至らない。

都電の盛衰

東京市電（1911年〈明治44〉設立）は、前身の東京市街鉄道（街鉄）が1903年（明治36）に数寄屋橋〜神田橋間を開業して以来、徐々に路線を延ばし、大正時代には、西は新宿、渋谷、北は池袋、王子、赤羽、千住、南は品川、東は柳島（現：江東区亀戸三丁目）と、ほぼ当時の市内全域をカバーする路線網を完成し、東京市民の日常の足としておおいに利用されるようになった。

アメリカ軍の空襲で大きな被害を受けた戦中・戦後混乱期を挟んで、昭和戦前期の1926〜36年（昭和元〜11）と、市電から都電になった戦後復興期の1950年代（昭和25〜34）が全盛期で、路線は41系統、総延長213キロメートルに及び、広い東京の路面をまさに縦横無尽《じゅうおうむじん》に電車が走っていた。

しかし、1960年代になると、東京オリンピック（1964年〈昭和39〉）開催のための道路整備や、モータリゼーションの急速な発達にともなう渋滞の常態化によって、運行環境が厳しさを増していく。東京都の深刻な財政難もあって、1967年（昭和42）12月から路線の撤去が始まり、1972年（昭和47）までのわずか5年間で27系統（三輪橋〜赤羽）、32系統（早稲田〜荒川車庫）だけを残してほぼ全線が廃止されてしまう。

北関東の田舎育ちの私が上京してきたのは1974年（昭和49）、すでにほとんどの都電が廃止されていて、現在も残る荒川線（27＋32系統）は別として、残念ながら都電に乗った記憶はない。もっと小さい頃に、両親に連れられて東京に出てきた時に、新宿や日本橋で都電を見た記憶はあるのだが、都電が走っていた東京の街の実感はやはりない。

東京育ちであったとしても、都電が縦横に走っていた頃に都電に乗った記憶がある人は、若くても1960年（昭和35）頃の生まれということになる。まして、大人として都電の複雑な路線網を乗りこなしていた人は、1965年（昭和40）に20歳以上として、1945年（昭和20）以前の生まれ、現在は73歳以上ということになる。都電全盛の記憶は遠いものになりつつある。

前述のように、「赤線」の存続期間は1946年（昭和21）12月から1958年（昭和33）3月末（都内では2月末）までだった。つまり、「赤線」の存続期間は、ぴったり戦後復興期の都電全盛時代と重なるのだ。

「赤線」だけでなく、大正～昭和戦後期の東京の社会風俗史を研究しているうちに、市電（都電）のことを頭に入れておかないと、当時の地理感覚がわからないことに気がついた。

たとえば、「赤線」の跡地を訪ねる時に、「どうしてこんな不便な所に……」と思うことが何度もあった。「赤線」に通う男の中には「女と寝るなら千里の道も遠しとせず」という心意気の人もいただろうが、買売春が経済行為である以上、やはり交通至便なことは重要な立地条件だったはずだ。だから「こんな不便な所に……」というのは、都電がなくなって久しい現代の交通・地理感覚であって、都電が走っていた当時の感覚ではないのだと思う。

そこで、東京のいくつかの「赤線」について、これまで述べてきた歴史を振り返りながら都電との関係を整理することによって、今は失われてしまった交通・地理感覚を蘇《よみがえ》らせてみよう。

「赤線」と都電

①鳩の街

1945年（昭和20）3月10日の「東京下町大空襲」で、墨東《ぼくとう》の私娼街《ししょうがい》「玉の井」は全焼してしまう。再建を急ぐ有力業者たちが移転先として目を付けたのが、奇跡的に焼け残った向島区寺島町《てらじま》一丁目界隈《かいわい》（現：墨田区東向島一丁目）だった。焼けた玉の井から南西に1キロばかりのところだ。早くも5月19日には「産業戦士の慰安」を看板に寺島で営業を始めている。

しかし、3カ月ほどで敗戦。できたばかりの色街は、一転して、RAA（Recreation and Amusement Association：特殊慰安施設協会）の施設として、占領軍の兵士を迎えることになり、平和のシンボル鳩にちなんで「Pigeon Street」と名乗ることになる。

しかし、1946年（昭和21）3月26日、GHQ（General Headquarters：連合国軍最高司令官総司令部）は性病の蔓延《まんえん》を理由に占領軍兵士の慰安施設への「Off Limits」（立ち入り禁止）措置をとる。仕方なく「Pigeon Street」は「鳩の街」として日本人向けの営業に転じて、墨東を代表する色街としておおいに賑わうことになる。

鳩の街は、西の新宿と並んで、東京の「赤線」の中では人気が高かったエリアだが、現在、その遺跡を訪ねようとすると、かなり不便な場所にある。東武鉄道伊勢崎線（もしくは亀戸線）の曳舟駅から10分ほども歩かなければならない。しかも、屈曲の多いわかりにくい道で、慣れないとしばしば迷う。

そもそも東武伊勢崎線に乗るのに、以前は東京メトロ銀座線か都営地下鉄浅草線で浅草まで行かなければならなかった。現在は、東京メトロ半蔵門線が押上から東武伊勢崎線に乗り入れるようになったので、やや便利になったが。今の交通体系で考えると、なんでこんな辺鄙《へんぴ》な場所が色街として栄えたのか不思議に思ってしまう。

ところで、この鳩の街を愛した小説家吉行淳之介の小説「原色の街」＊3は、1951年（昭和26）頃のこととして、こんな文章で始まっている。

「隅田川に架けられた長い橋を、市街電車がゆっくりした速度で東へ渡って行く。その電車の終点にちかい広いアスファルトの道の両側の町には、変った風物が見えているわけではない。ありふれた場末の町にすぎない」

当時の都電路線図を見れば、「原色の街」の主人公、そして著者の吉行が乗った「市街電車」が、10路線が交差する都電の要衝《ようしょう》だった神田須田町《すだちょう》を起点とし、上野と浅草を経由する30系統（神田須田町～寺島町二丁目）のことだとわかる。

「隅田川に架けられた長い橋」とは、浅草から本所へ隅田川を渡る吾妻橋《あづま》のことで、水戸街道を北東に進むと、浅草から5つ目が向島須崎町《すさきちょう》の停留所だった。1950年（昭和25）12月に向島須崎町から寺島町二丁目まで延伸されるまでは、終点だったので降りはぐれることはなかった。

「原色の街」が「酒場の横に、小路が口をひらいている。それは、極《ご》くありふれた露地の入口である。しかし、大通りからそこへ足を踏み入れたとき、人々はまるで異なった空気につつまれてしまう」と書いている通り、須崎町の停留所を降りてすぐの細い道（［図6－5下］の南商栄通、現：鳩の街商店街）を入って150メートルほど歩けば鳩の街の入口に着くことができた。都電を降りて歩くのはわずか数分、そこから「東通り」「銀座通り」「サクラ小路」とカフェー＝「特殊飲食店」街が続く。鳩の街は都心からいたって交通便利な地だったのだ。

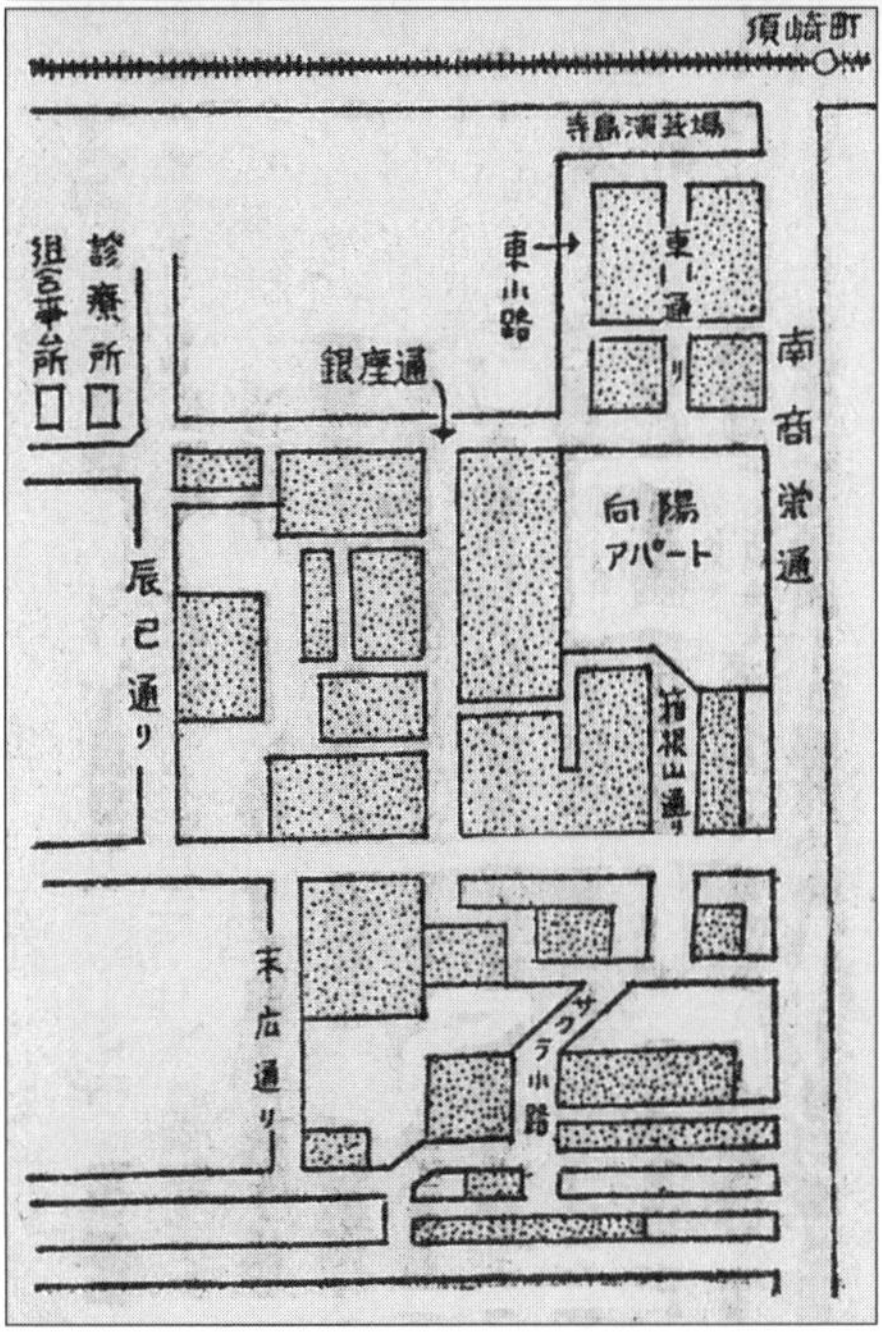

図6－5　［上］「赤線」時代の鳩の街。1952年（昭和27。朝日新聞社）。［下］「赤線」鳩の街の略地図（左下が北）。点描部分が「赤線」エリア。小さな路地やその名称まで記していて、資料的価値が高い（「岡場所図譜」＊1より）。

②玉の井

さて、鳩の街で気に入った女給さんが見つからなかったら、あるいは、もう1軒「はしご」をしたくなったら、向島須崎町の停留所から再び都電30系統に乗ればいい。終点の寺島町二丁目まで行き、ちょっと遠いが北へ800メートルほど歩けば、「玉の井」の「赤線」を訪ねることができる。

「赤線」玉の井は、向島区寺島町七丁目を横切る「いろは通り」（現：墨田区墨田三丁目と東向島五丁目の境）の南側一帯にあった戦前の私娼街が1945年（昭和20）3月10日の「東京下町大空襲」で壊滅した後、少し場所をずらし規模も縮小して「いろは通り」の北側（現：墨田三丁目）に再建された。

しかし、分家筋の鳩の街に比べると、地味な色街になってしまったのは、やはり都電が到達していない交通の不便さもあったのだろう。

戦前の私娼街時代の玉の井へは、京成電気軌道（現：京成電鉄）押上線の向島駅（現在の曳舟駅と八広《やひろ》駅の中間にあったが、1943年〈昭和18〉に休止）から分岐する白鬚《しらひげ》線（向島〜白鬚、1・4キロメートル）の京成玉ノ井駅が最寄りだった。

白鬚線は1928年（昭和3）、押上が終点だった京成電車が白鬚橋で隅田川を渡り、三ノ輪あたりを通って都心方面への延伸をもくろんで開通させた路線だ。この白鬚線に設置された玉ノ井駅は、東武鉄道伊勢崎線玉ノ井駅（現：東向島駅、1987年〈昭和62〉改称）の北東、「いろは通り」の入口のすぐ南側にあり（現：東向島五丁目10番地付近）、一見、便利そうだ。しかし、乗り継ぎの便が悪いため、あまり利用されず、都心方面への乗り入れが、向島より千葉県寄りの青砥《あおと》駅から分岐して上野方面に至る新路線の完成によって実現したこともあり、開通からわずか8年後の1936年（昭和

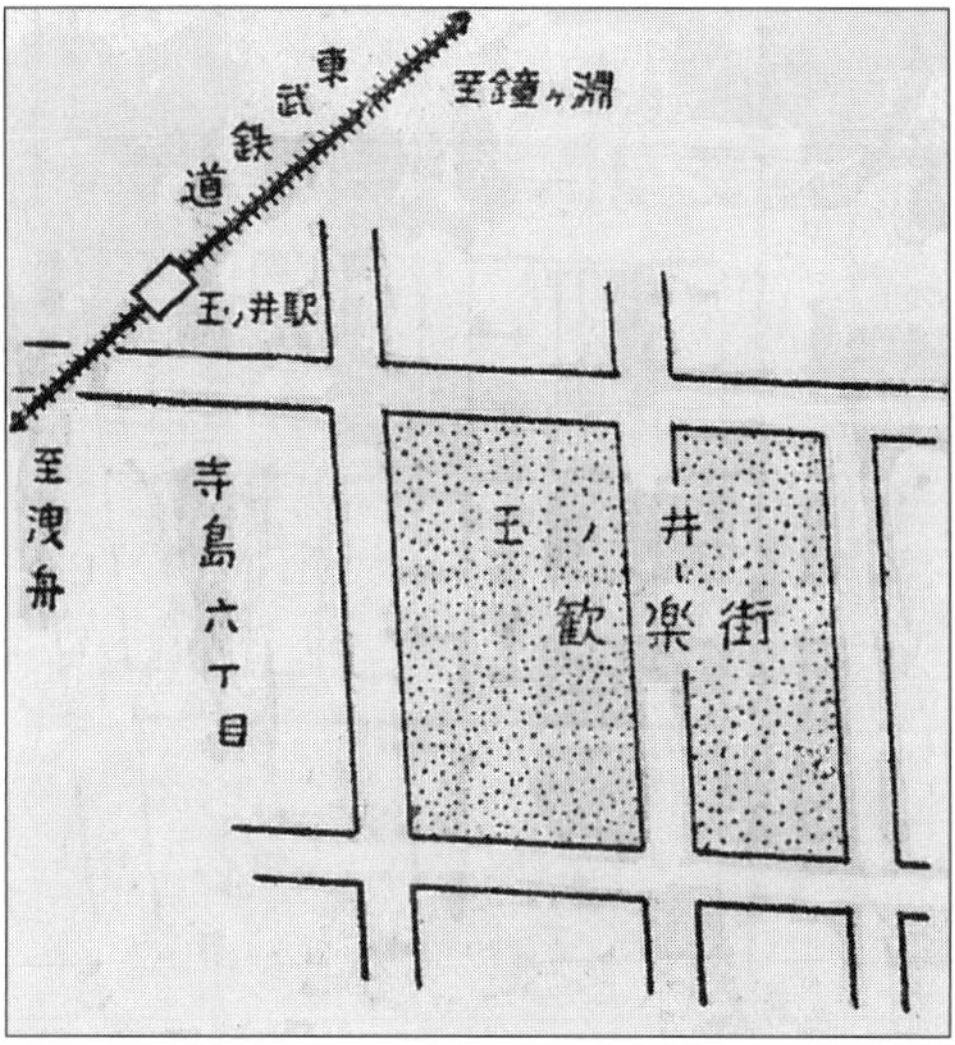

図6－6　「赤線」玉の井の略地図（右が北）。かなりいい加減な略地図だが、左の縦の道が「いろは通り」（「岡場所図譜」＊1より）。

11）に廃線になってしまった。
永井荷風は『濹東綺譚《ぼくとうきたん》』＊4の中で、廃止直後の京成玉ノ井駅を次のように描写している。

「線路に沿うて売貸地の札を立てた広い草原が鉄橋のかかった土手際に達している。去年頃まで京成電車の往復していた線路の跡で、崩れかかった石段の上には取払われた玉の井停車場の跡が雑草に蔽われて、此方から見ると城址《しろあと》のような趣をなしている」

したがって、「赤線」時代の玉の井の最寄り駅は東武鉄道の玉ノ井駅で、駅から「赤線」の入口までは350メートルほどだった。しかし、都心方面からの便や鳩の街との連絡は、450メートルほど長く歩くものの、都電30系統の方がずっと良かったはずだ。
③亀戸
戦前の「亀戸」は、知名度では玉の井に劣るものの、規模では東京第一の私娼街だった。1945年（昭和20）3月10日の「東京下町大空襲」で全

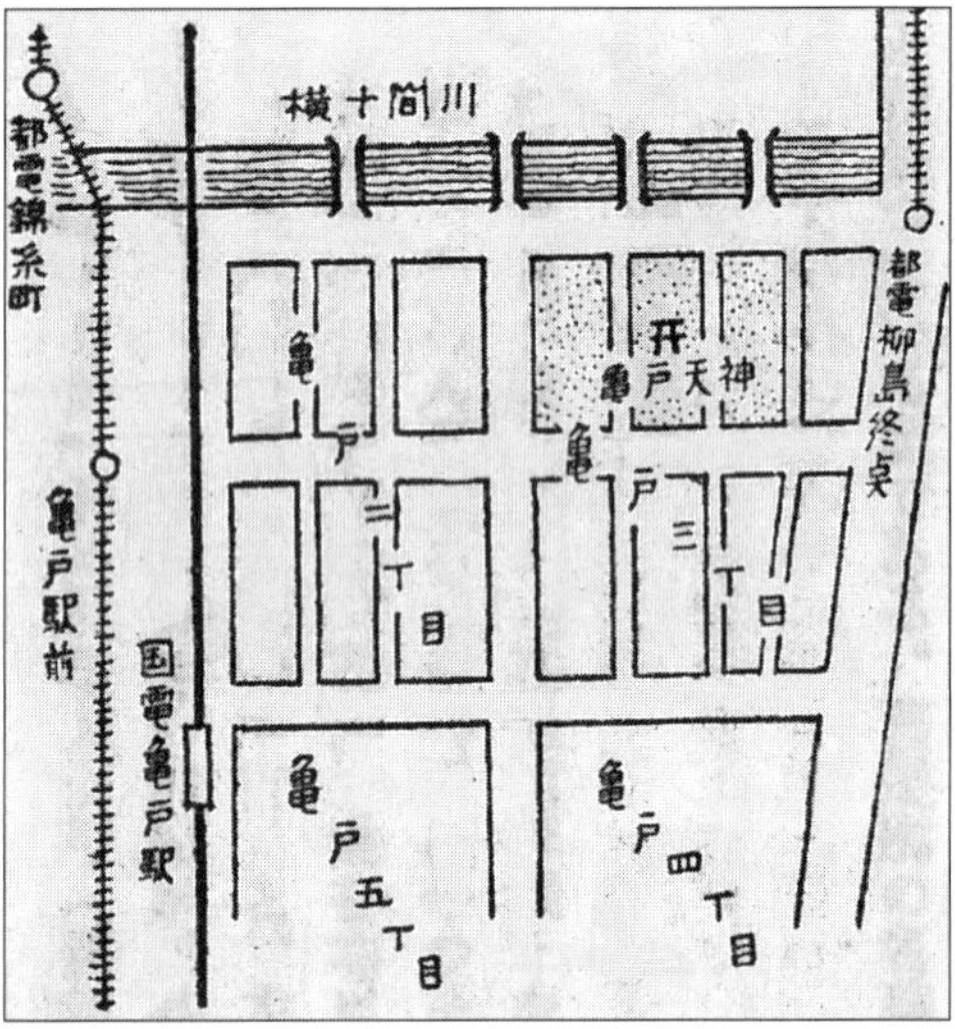

図6－7 「赤線」亀戸の略地図（右が北）。この図だと亀戸天神の周囲すべて（⁝⁝部分）が「赤線」指定地のようだが、実際はいちばん北（右）のブロックに集中している（『岡場所図譜』＊1より）。

焼した後、戦後は規模を縮小し、RAAの慰安施設（黒人兵専用）を経て「赤線」に移行した（コラム2参照）。

亀戸と言っても、JR総武線の亀戸駅から歩くとかなり遠い。駅から歩いて10分ほどの亀戸天神のさらに裏手、横十間川《よこじっけん》の東側が指定地（江東区亀戸町三丁目＝現：亀戸三丁目）で、駅からの距離は1キロメートルほどあり、現在の交通体系ではかなり不便な場所だ。

しかし、ここも都電24系統（神田須田町～上野～柳島、1958年〈昭和33年〉に柳島～福神橋を延伸）に乗って、吾妻橋で隅田川を渡り、浅草通りを北十間川《きたじっけん》に沿って走り、終点の柳島停留所で降りれば、300メートル足らずで「赤線」に入ることができ、ずっと近かった。これだけ歩く距離が違うと、少なくとも都心から「赤線」亀戸に行く人のほとんどは、国鉄亀戸駅ではなく都電柳島停留所を利用したと思われる。

そうなると、「赤線」の表側がどちらだったのかが、現在のイメージと違ってくる。亀戸の「赤線」は柳島から入る北側が表側だった可能性が高い。現在の感覚では亀戸天神の裏手だが、かつてはむしろ手前にあったのだ。

あるいは、北十間川の南に鎮座する天祖神社が目印で、その裏手と言ってもいい。そのせいか、現在でも天祖神社の玉垣には「亀戸遊園地」の刻銘を見ることができる（コラム1参照）。

④新吉原

徳川時代、江戸唯一の公許の遊廓としての格式と繁栄を誇り、今も東京最大のソープランド街として色街の伝統を引き継ぐ新吉原（現：台東区千束《せんぞく》四丁目）は、現在の交通体系では意外に不便である。最寄り駅は東京メトロ日比谷線の三ノ輪駅だが、駅から大門《おおもん》跡まで800メートルほど、かなり歩かなければならない。ソープランドの客はJR山手線の鶯谷《うぐいすだに》駅北口で待っていると、送迎車が来てくれるが、それも鉄道の便が悪いからに他ならない。

都電が走り回っていた時代も、新吉原の表玄関に当たる大門に近い土手通り（日本堤《にほんづつみ》）には線路が通っていなかった。しかし、裏側に当たる国際通りには31系統（都庁前〜三輪橋）が走っていた。

31系統を竜泉寺町の停留所まで乗り、酉《とり》の市で有名な鷲《おおとり》神社［図6－8上A］の脇を抜け、樋口一葉の『たけくらべ』のエンディングで美登利《みどり》が渡っていく揚屋町《あげやまち》の跳橋《はねばし》（［図6－8上B］、江戸時代までは非常時以外閉ざされていた門）跡を通って、脇から廓内に入るルートだと、歩くのは300メートル足らずで、いちばん便利だった。

あるいは、一つ手前の千束町の停留所で降りて、吉原病院の前を通って廓内に裏（水道《すいど》尻《じり》、［図6－8上C］）から入るというルートもあった。これでも歩く距離は500メートル足らずだろう。

どうしても、由緒正しく大門（跡）［図6－8上D］から入りたい人は、吉野通りを走る22系統（新橋〜南千住）に乗って、山谷町《さんやちょう》の停留所で降りれば、大門までは西に500メートル足らずだった。22系統は新橋→銀座→日本橋→浅草という繁華街を経由するが、新吉原に至るルートとしては少し迂回している。

もっとも、猪牙《ちょき》舟《ぶね》で大川を遡《さかのぼ》り、今戸から日本堤を駕籠《かご》で急いで、五十間道《ごじっけんどう》を下って大門を潜《くぐ》る、というのは江戸時代の話で、明治以降は浅草公園から北へ1キロメートルほど歩いていくのが一般的

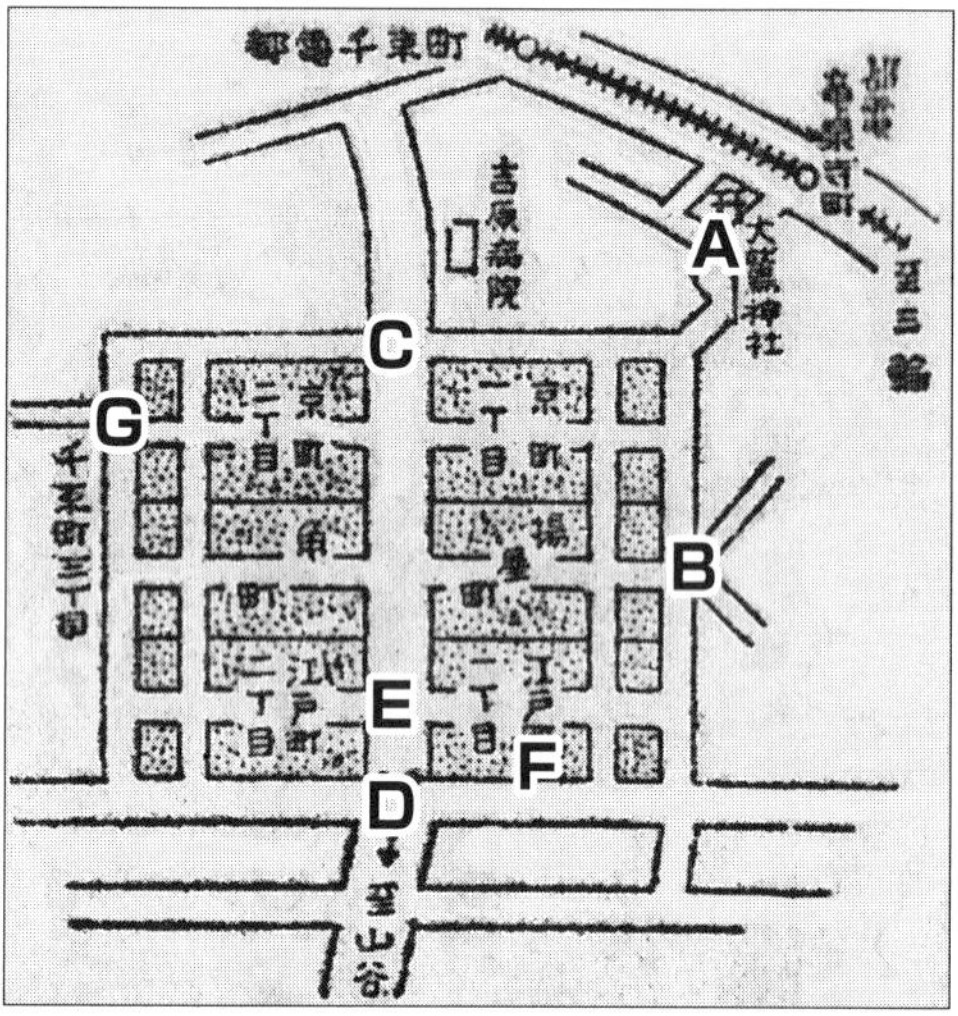

図6−8 ［上］「赤線」新吉原の略地図（右下が北。「岡場所図譜」＊1より）。［下］「赤線」新吉原京二通り入口（G）のアーケード。

な吉原通いの道だった。竜泉寺町や千束町の停留所からでも、脇からとか裏からとかいう感覚はもう薄かったと思う。

なお、日本堤通りは、東京都交通局の無軌条電車《むきじょう》（トロリーバス）の計画線だったが、この部分を含む池袋駅前〜浅草駅前間が開通したのは1958年（昭和33）8月18日で、「赤線」の灯が消えた後だった。

さて、こうした吉原通いの道筋の変化は、廓《くるわ》の表裏に影響を与えることになる。江戸時代、大門が（平時における）唯一の出入口であった時には、大門を潜って中軸を貫く仲之町《なかのちょう》の通りを少し進んだ「待合《まちあい》の辻」［図6－8上E］の両側、江戸町《えどちょう》の通りが一等地だった。その状況は、非常門（跳橋）が開放された明治になっても大きな変化はなかったと思う。しかし、1911年（明治44）4月16日、東京市電が三輪橋まで開通し、廓の裏側の国際通りを通るようになると、人の流れが次第に変わってくる。本来は「裏」だった水道尻や揚屋町通り、あるいは浅草からのルートに近い京町《きょうまち》二丁目通りから人が入ってくるようになる。こうなると、本来は「表」だったはずの江戸町通りのあたりは、だんだん「奥」になってしまう。

1914年（大正3）4月、新吉原では明治中期に途切れていた花魁《おいらん》道中を再現するイベントが行われた。1911年（明治44）4月9日の「吉原大火」で灰燼《かいじん》に帰した新吉原遊廓の復興がなった景気づけとして、大正天皇の即位を記念して開催された「東京大正博覧会」（大正3年3月20日開会、東京府主催、主会場は上野公園）に便乗して行われたものだった。その時、花魁道中を出したのは、京町一丁目の「角海老楼《かどえびろう》」、角町《すみちょう》の「稲本楼」、江戸町一丁目の「大文字楼」［図6－8上F］で、これが大正復興期の新吉原遊廓のビッグ3だった。

図6−9　ネオンきらめく「赤線」新吉原京二通りの夜景。遠景にアーケード［図6−8下］が見える（『りべらる増刊　漫画タイム』（白羊書房、1955年〈昭和30〉８月）。

しかし、「角海老」と「稲本」は関東大震災（1923年〈大正12〉9月1日）と「東京下町大空襲」（1945年〈昭和20〉3月10日）で被災しながらも、その度に再建され、「赤線」時代まで老舗《しにせ》として栄えたのに対し、「大文字」は昭和戦前期に廃業してしまい、しかもその跡地を引き継ぐ妓楼《ぎろう》経営者はいなかった。「赤線」時代には広い空地になっていて、それが現在「吉原公園」になっている。

経営者の事情もあったのだろうが、「大文字楼」の退転には、交通路の変化によって、かつて一等地だった江戸一通り界隈が、すっかり奥まって寂《さび》れてしまったことが影響しているように思う。

逆に、以前は、いちばん奥で立地が悪かった京町二丁目界隈は、人の流れを掴んで栄えるようになる。京二通りの入口［図6−8上G］には、明治時代の大門を真似たネオンのアーケードが立てられ［図6－8下］、その昔、「羅生門河岸《らしょうもんかし》」と言われた零細な切店《きりみせ》（いちばん格の低い女郎屋）が並んでいた廓内の場末は、一転して表玄関になった。「赤線」時代の吉原の写真に、京二通りを写したものが多いのは偶然ではないのだ［図6－9］。

⑤千住柳町

江戸から出る街道の最初の宿場「四宿《ししゅく》」の飯盛女《めしもりおんな》に起源をもつ千住の色街は、１９２１年（大正10）、日光街道沿いから北西の「柳新地」に移転させられる。「柳新地」は「東京下町大空襲」でも一部を除いて難を免れ、戦後そのまま「赤線」に移行した。都電で行ける最北の「赤線」千住柳町《やなぎちょう》（現：足立区千住柳町）である。

この色街に遊んだ五木寛之（１９３２年〈昭和７〉生）は、次のように記している。

「私の知っている北千住の店は、〈正直楼〉といった。女の子の名前が、マツという。それにくらべると、新宿にはアンヌとかエリカなどという女がいそうな気がした。視線が合うと、すっと伏目になって半身を扉の陰に引くようにする。新宿の客は知的なので、こんなソフィスティケイションが有効だったのかも知れない。私は新宿に感心したが、自転車からは降りなかった。私の行くのは、お化け煙突の街だった」＊5

「正直楼のマツ」……ずいぶん古風な「赤線」だったようだ。たびたび参照してきた「東京の性感帯――現代岡場所図譜」＊1にも「洋装よりは、和装が遥かに多く、気のせいか、顔までが日本的に見える」と記されている。

千住柳町は、現在の交通体系では、ＪＲ常磐線、東京メトロ日比谷線・千代田線・東武伊勢崎線の北千住駅が最寄りだが、駅から１キロメートル以上とけっこう距離があり、歩くと15分近くかかり

「不便だなぁ」と思ってしまう。

しかし、「赤線」時代には、鉄道線路の西側の日光街道を都電21系統（水天宮前〜千住四丁目［図6−10上］）が走っていて、その終点の千住四丁目で降りれば、「千住カフェー街」の大看板［図6−10下］が見え、柳町までは３００メートル足らずでずっと近い。

21系統は上野を経由しているので、都心からのアクセスも便利だったと思う。また、三輪橋で新吉原の裏手を通る31系統と接続していたので、「はしご」も可能だった。

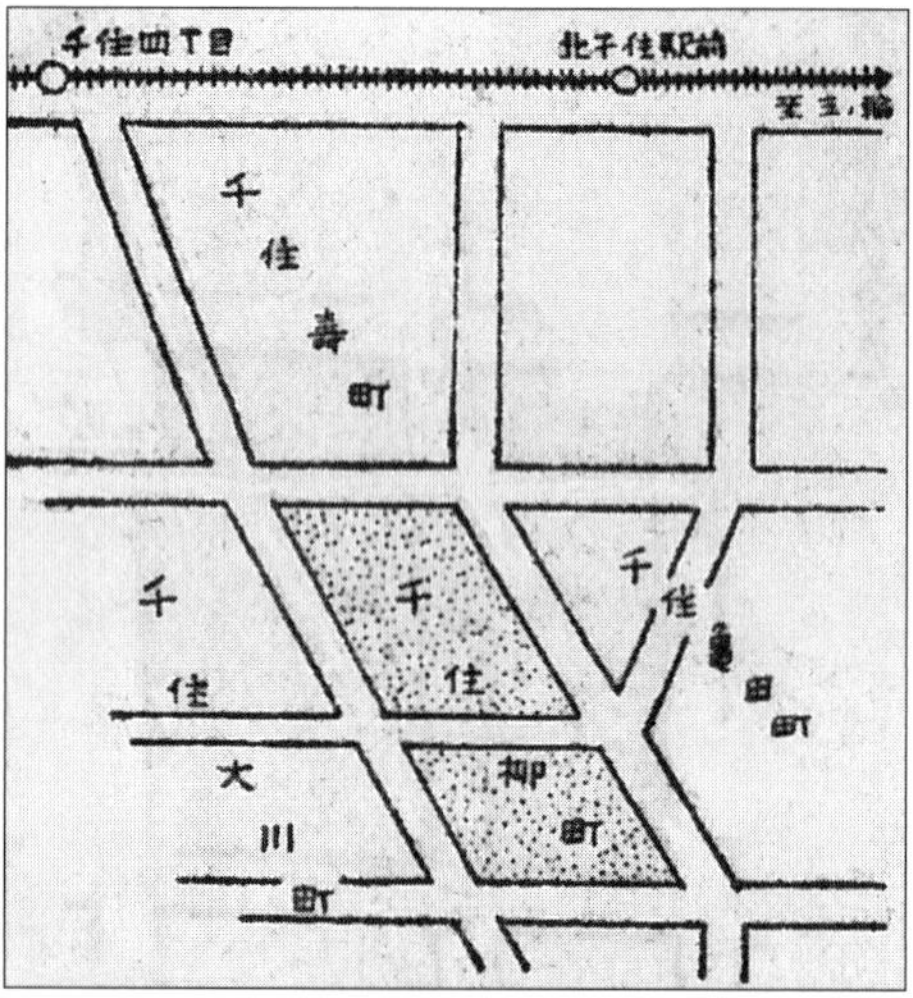

図6−10　［上］「赤線」千住柳町の略地図（左が北。「岡場所図譜」＊1 より）。［下］「千住カフェー街」の大看板（小野常徳『アングラ昭和史——世相裏の裏の秘事初公開』秀英書房、1981年、より）。

千住の遊廓を舞台にした月岡朝太郎『昭和史の花魁』＊6の主人公「しの」（廓《くるわ》での名は「忍」）は、越後（新潟県）の山村から女衒《ぜげん》に連れられ上野駅に着き、駅前を走る市電に乗って千住遊廓に売られた。落籍《ひか》される時も、水天宮行きの市電に乗り、三輪で「王子電車」（王子電気軌道。後に27系統、現在は荒川線の一部）に乗り換えている。

千住柳町もまた、市電（都電）あっての色街だった。

⑥その他の「赤線」

このように、現在の交通体系では不便に思えても、都電を利用すれば便利な「赤線」は、かなり多く、新宿、洲崎、鳩の街、玉の井、亀戸、新吉原、千住柳町と7箇所を数える。

その他の「赤線」は、いずれも都電の路線網の外側になる。そのうち、品川（現：品川区北品川一丁目）は品川駅で京浜急行に乗り換えて1つ目の北品川駅、武蔵新田《むさしにった》（現：大田区矢口一丁目）は蒲田駅で東急目蒲線（現在は多摩川線）に乗り換えて2つ目の武蔵新田駅が最寄りで、どちらも交通上の問題はない。「亀有」（現：葛飾区亀有三丁目）は上野駅からJR常磐線で6つ目の亀有駅で少し遠い。そのせいか、積極的に新聞広告を出している**［図6－11］**。ちょっとやっかいなのは「立石」（現：葛飾区立石四丁目）で、上野駅から京成電鉄に乗って8つ目の青砥《あおと》駅まで行き、そこで京成押上線に乗り換えて1つ目の京成立石駅が最寄り。あるいは都電23・24系統で押上駅停留所まで行き、そこで押上線に乗り換えて4つ目。どちらのルートも便利とは言いがたいが、「東京特飲街への道順案内」＊7は後者の都電利用ルートを勧めている。駅からはほんの1分足らずで指定地区なのだが。

東京区部に13箇所あった「赤線」のうち、残るは新小岩の「赤線」（現：江戸川区松島三丁目）と、小岩の「東京パレス」（現：江戸川区南小岩五丁目）だ。どちらも、都電が通っていないエリアなので、

図6－11　「赤線」亀有の新聞広告（『内外タイムス』1953年〈昭和28〉1月7日号より）。「亀有楽天地」を称し、赤い太鼓橋が目印だった。都心からの電車経路が示されている。

基本的に鉄道の駅から歩くしかない。

「赤線」新小岩はJR総武線新小岩駅が最寄りだが、駅から指定地区まで直線で1キロメートル近くあり、かなり不便だ。「女性街」探訪者として知られた渡辺寛（1913～97）も「徒歩十三分の長道」と言っている＊8。実際に歩いてみると、もう少し近いように思うが、それでも徒歩10分はかかり便利とは言えない。ただ、東京駅から国道14号を通る市川行きバス（東京駅北口～錦糸町～京葉交差点～小岩駅入口～市川駅）に乗り八蔵橋《やくらばし》（江戸川区中央四丁目）のバス停で降りるというルートがあった＊7。このルートだと指定地までは500メートルほどで、たしかに新小岩駅から歩くよりは近い。

「東京パレス」に至っては、総武線小岩駅南口から1・5キロメートルもあり、さらに不便だった。渡辺寛は「徒歩十五分」かかると言っている＊9。ただ、東京駅発市川行きと新橋駅発小岩行きの京成バスが千葉街道を走っていて、その二枚橋停留所で下車すると間近だった。渡辺もこれを勧めているが、どのくらいの本数が走っていたのかわからない。ちなみに、現在の二枚橋停留所は、都営バス錦27系

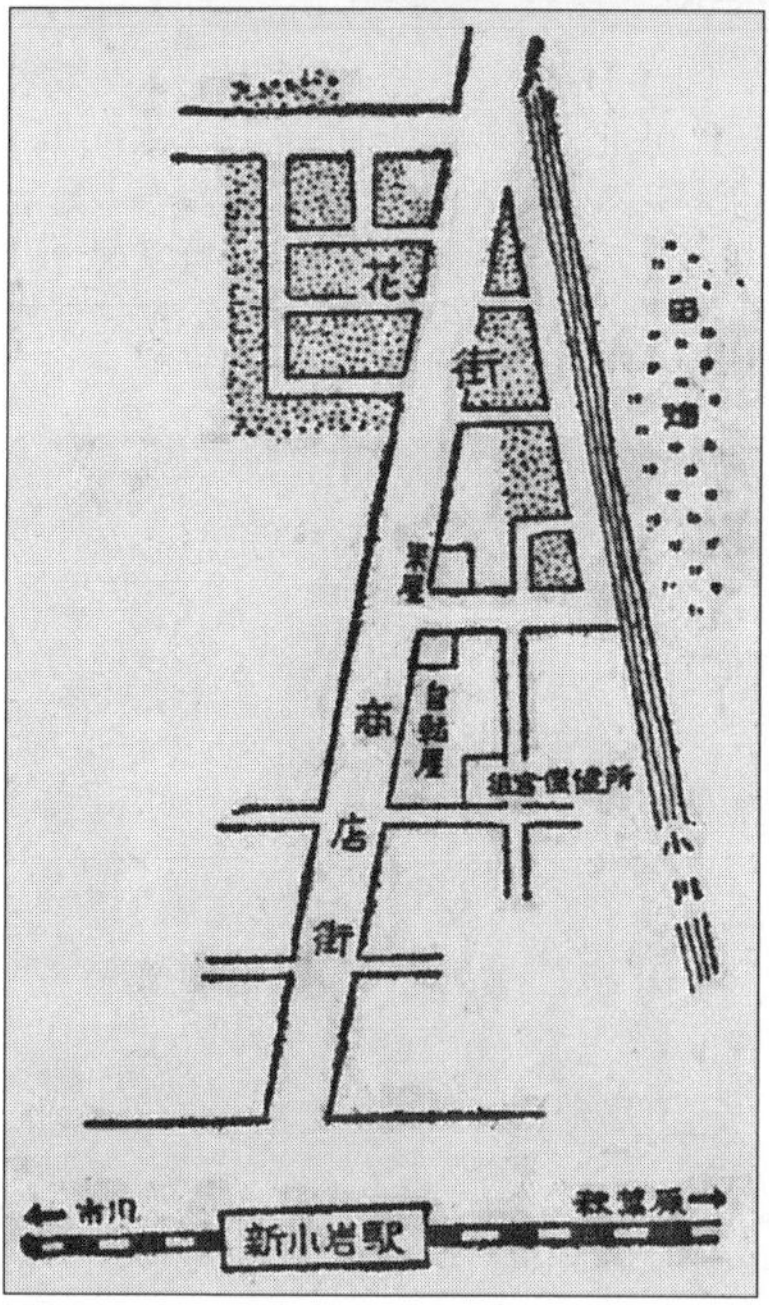

図6－12　［上］「丸健」（○の中に「健」のマーク）と呼ばれた「赤線」新小岩（『内外タイムス』1953年〈昭和28〉11月27日号より）。［下］「赤線」新小岩の略地図（左下が北、「岡場所図譜」＊1より）。

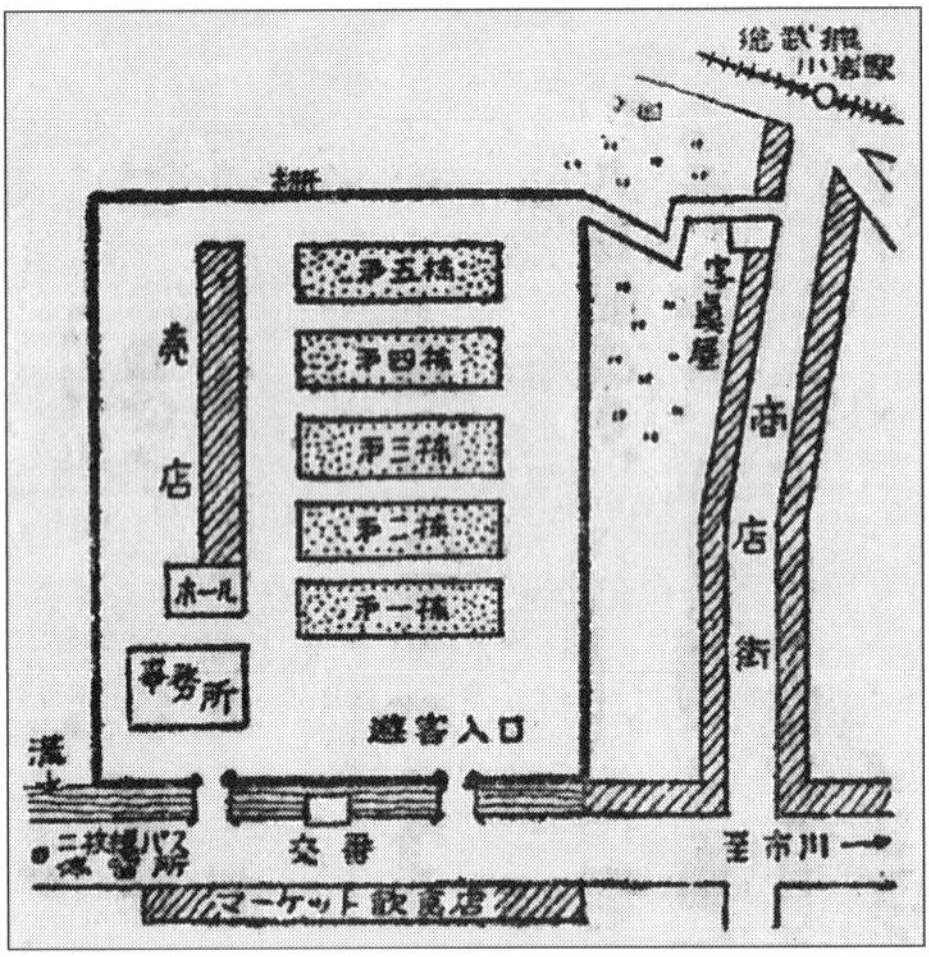

図6－13 ［上］「赤線」小岩「東京パレス」の略地図（右上が北、「岡場所図譜」＊1より）。［下］「東京パレス」の入口。門柱に「青春の殿堂 都下随一のダンスホール」とある（小野常徳『アングラ昭和史――世相裏の裏の秘事初公開』秀英書房、1981年、より）。

統（両国駅前～小岩駅前）で、1時間に2～3本の運行になっている。

ふたたび新宿

新宿の女装コミュニティがあった「ゴールデン街・花園街」は都電と縁が深い。歌舞伎町区役所通り沿いの「ジュネ」でお手伝いホステスを始めて間もない頃、お客さんを階下まで送っていった時、

図6－14　ゴールデン街裏の都電廻送線（跡）にたたずむ女装者・松葉ゆかりさん（1971年3月）。松葉さんは1960年代後半～70年代に新宿女装世界で活躍された方。

薫ママが店の裏手の遊歩道を指して「順ちゃん、ここは都電の線路だったのよ」と教えてくれた。

　後に、私がよく眠気覚ましに夜中の散歩をするその遊歩道は、靖国通りと区役所通りの交差点のすぐ東脇から、長く引き伸ばしたS字形を描いて「新田裏《しんでんうら》」（現：新宿六丁目交差点）に抜ける道で、現在は遊歩道「四季の道」と名付けられている。

　もともとは都電13系統（新宿駅前～水天宮）の専用軌道だったが、戦後は、ルートの変更で、歌舞伎町の新宿駅前終点まで来た車両の留置線、そして大久保車庫への廻送線になった。区役所通りからゴールデン街に行こうとすると、この都電の線路を渡らなければならず、踏切の位置は、「ジュネ」があった「丸源54ビル」

（現：「三経55ビル」）の裏口を出てすぐのところで、ママと私がゴールデン街に「はしご」する客を見送っていたのが、その踏切跡だった。

たびたび述べたように都心から新宿を目指す都電11系統と12系統は、四谷大木戸《おおきど》（四谷四丁目交差点）から新宿通りを直進して国鉄新宿駅東口まで乗り入れ、そこに「新宿駅前」停留所があった。

ところが、戦後の復興計画で拡幅《かくふく》困難な新宿通りを電車が通ることが問題視されるようになり、新宿通りと靖国通りを連結する道路「都電通り」（現：御苑《ぎょえん》大通り）が、１９４５年（昭和20）５月25日の「東京山の手大空襲」で全焼した新宿遊廓があった場所を分断する形で新設された。

そして、１９４９年（昭和24）４月１日、都電11・12系統は、新宿二丁目交差点で右折して新設の「都電通り」に入り、四谷三光町停留所の東（現：新宿五丁目東交差点）で左折して靖国通りに入るルートに変更された。終点の「新宿駅前」停留所は、靖国通りの歌舞伎町交差点付近に設定された。

少し遅れて１９５３年（昭和28）には、それまで新田裏から専用軌道を通り、靖国通りを横切って紀伊國屋書店西側の路地を抜けて、新宿通りの角筈停留所に至っていた13系統も、新田裏から明治通りを経て三光町交差点を右折して靖国通りに入り、歌舞伎町の南側の新しい「新宿駅前」停留所に至るルートに変更された。そして旧線となった専用軌道の一部は廻送線・留置線として利用されるようになった。

この路線の変更、終点の移動は、戦後、新たな盛り場として再開発されながら思うように人が集まらず苦しんでいた歌舞伎町にとって、大きな幸いだった。それまで新宿駅東口から北へ３００メートルほど歩かなければならなかったのが、すぐ前に都電の終点が移転してきたことで格段に交通の便がよくなった。１９５０〜60年代の歌舞伎町の急速な発展は、この都電の路線変更が大きく寄与してい

図6−15　［上］靖国通り歌舞伎町交差点前の都電「新宿駅前」停留所（終点）。右から11系統、12系統、13系統が勢揃い。［下］廻送線から靖国通りに出てくる都電12系統。左端、タクシーが入っていくのが区役所通り。２点とも撮影は1967年３月14日（林順信『都電が走った街　今昔』JTB パブリッシング、1996年、より）。

図6－16　ゴールデン街裏の都電専用軌道（廻送線）。北側からの撮影、右側が区役所通り方面、ほとんど写っていないが左側がゴールデン街。正面の高い建物が、［図6－15下］に看板が見える「同栄信用金庫」が入っている靖国通り北側のビル（「同栄新宿ビル」）。［図6－14］とほぼ同じアングル。渡辺克巳撮影（佐藤洋一・ぶよう堂編集部『あの日の新宿――昭和25年から30年代の思い出と出会う』〈ぶよう堂、2008年〉に掲載されている）。

ると思う。

第5章とコラム5で詳しく述べたように、1950年（昭和25）冬から1951年（昭和26）夏にかけて、歌舞伎町前の終点の一つ手前、やはり新宿通りから靖国通りに移転してきた角筈の停留所の北側に、新たな飲食店街が形成される。南を靖国通り北側にあった東京電力の資材置き場（後に東京電力角筈変電所）、東を花園神社の裏通り、西と北を都電の廻送線に囲まれた南北に細長いエリアに、新宿駅東口から南口にかけての国鉄線路東側に細長く立地していた「和田組マーケット」の露店商の一部が、GHQの露店整理指令（1949年〈昭和24〉8月4日）で立ち退きになり集団移転してくる。さらにその南側（靖国通り寄り）に

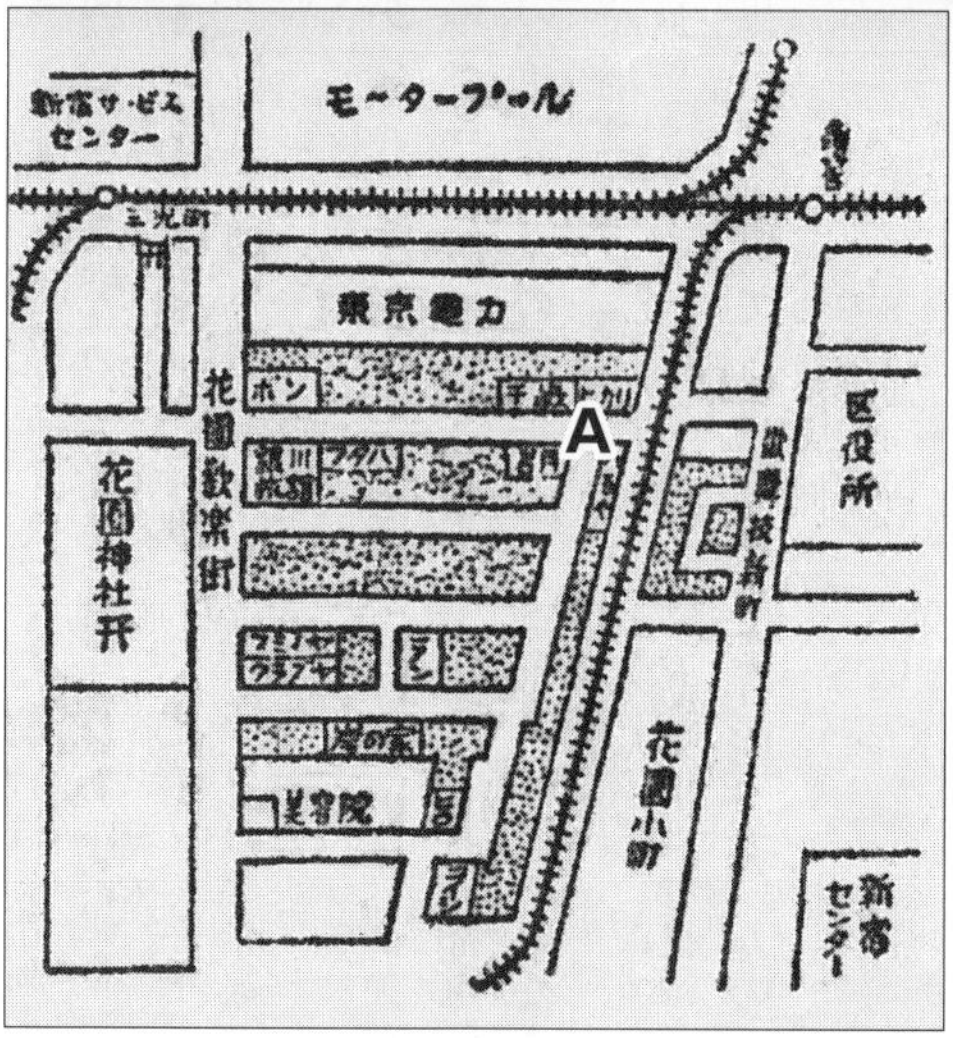

図6－17 ［上］都電廻送線（留置線）を挟んで成立した「青線」街。手前が「花園歓楽街」、電車の向こうが「歌舞伎新町」。撮影場所はAのあたり（朝山蜻一『女の埠頭——変貌する青線の女たち』同光社出版、1958年〈昭和33〉より）。［下］「青線」新宿花園街の略地図（下が北。「岡場所図譜」＊1 より）。

新宿二丁目「赤線」の周囲にいた業者たち（河野組）が引っ越してくる。前者は「花園小町」（現在の「新宿三光商店街振興組合」）、後者は「花園歓楽街」（現在の「新宿ゴールデン街商業組合」）と称し、さらに、都電廻送線の西側にも「歌舞伎新町」が形成された。それらは、しだいに「青線」（非公認買売春地区）化していき、1950年代半ばには「花園青線街」として、二丁目の「赤線」を凌《しの》ぐほどの賑わいを見せることになる［図6－17］。

この花園街は、もともとは新宿駅東口から500メートルほど歩かなければならず、盛り場としての立地には恵まれていない、まったくの場末だった。1949年（昭和24）4月の都電の靖国通りへの路線変更がなかったら、この地が駅前の露店商たちの移転先として選ばれることはなかったと思う。「ゴールデン街・花園街」の成立と繁栄も、都電と深い関係があったのだ。

都電は、まじめな勤め人や学生、デパートに買い物に行く主婦だけでなく、「今夜は赤線《シマ》に繰り込んで女を抱くぞ！」という性欲あふれる男たちも乗せて、東京の街を走り回っていたのだ。

コラム6 「原色の街」の原色の女

吉行淳之介（1924〜94）の初期の作品に「原色の街」という短編小説がある。『世代』14号（1951年〈昭和26〉12月）に発表され、1951年（昭和26）下半期（第26回）の芥川賞候補になった。「ある脱出」と組み合わせて加筆し『原色の街』（新潮社、1956年〈昭和31〉）として刊行され、現在は新潮文庫の『原色の街・驟雨《しゅうう》』で読むことができる。

この作品の舞台は東京都墨田区寺島《てらじま》町一丁目（現：墨田区東向島一丁目）の「赤線」地帯・鳩の街であり、「原色の街」という作品名は鳩の街のイメージから名付けられた。では、なぜ「赤線」鳩の街が「原色の街」なのだろうか？

吉行はこのように描写している。

「細い路《みち》は枝をはやしたり先が岐《わか》れたりしながら続いていて、その両側には、どぎつい色あくどい色が氾濫《はんらん》している。ハート型にまげられたネオン管のなかでは、赤いネオンがふるえている。洋風の家の入口には、ピンク色の布が垂れていて、その前に唇と爪の真赤な女が幾人も佇《たたず》んでいる。人目を惹《ひ》くようにそれぞれの思案を凝《こ》らせた衣裳にくるまって、道行く人に、よく光る練り上げた視線を投げている」

鳩の街のような「赤線」は、どぎつい色、あくどい色が溢れた街に、人目を惹くような鮮やかな衣裳の女たちが立っている街だったのだ。

しかし、「赤線」が「原色の街」だったことは、「赤線」の廃止（1958年〈昭和33〉3月31日）以降、時とともに忘れられていく。それには、当時の写真が、色のないモノクロであったことがかなり作用しているように思う。まさに「モノクロームの昭和」のイメージである。

【図C6―1左】は、1953年（昭和28）、鳩の街のカフェー（実態的には娼館）の前に立って客を待つ着物姿の女給さん（実態的には娼婦）の姿をとらえたものだが、この写真から豊かな色彩をイメージすることは難しいだろう。

ところが、木村聡『赤線跡を歩く――消えゆく夢の街を訪ねて』（自由国民社、1998年）の刊行をきっかけに、2000年代に入り、「赤線」遺跡の探訪がブームになると、「赤線」のカフェー建築がブルー、ピンク、グリーンなど色鮮やかな豆タイルによって装飾されていたことが知られるようになった。

私も、洲崎《すさき》、鳩の街、玉の井など東京都内の「赤線」、あるいは横須賀（神奈川県）の安浦、京都の五条楽園や伏見の中書島《ちゅうしょじま》（いずれも京都府）などに残る当時の建物を撮影して歩き、「赤線」が色彩豊かな「原色の街」であったことを実感した。そして、この「原色の街」に人目を惹くように装いを凝らして立っていた女たちは、いったいどんなものを着ていたのだろうと考えるようになった。

たとえば、【図C6―1左】の色彩を想像してみよう。女給さんが着ているのは、黒もしくは濃紺の地に鮮やかなクロムイエローで大輪の花を織り出した銘仙《めいせん》のように思われる。背後の疑似《ぎじ》円柱を使った壁は、おそらく下部が濃緑、上部はピンクの濃淡の市松模様ではないだろうか。こうして意識の中でモノクロ写真に色を塗ってみると、まさに「原色の街」がよみがえってくる。

ところで、私は、かつて「銘仙の里」と呼ばれた埼玉県秩父に生まれた。銘仙は工場生産による大衆絹織物であり、昭和戦前期に女性衣料として大流行し、さらに戦後復興期にも広く用いられた。化学染料を用いた多彩な色柄に加え、堅牢《けんろう》で安価なことから、とりわけ働く女性たち、女教師から女給にまで広く愛好された。出身地の縁もあって、私は色鮮やかでデザイン性に富

図C6−1　［左］「赤線」鳩の街の女給（『日本観光新聞』1953年4月24日号より）。［右］「赤線」女給の再現実験（2011年）。モデル、衣裳、コーディネート：YUKO　撮影：三橋順子

んだ銘仙の魅力の虜《とりこ》となり、銘仙の古着を集めるようになった。

　ちょうどその頃、着物サークルで親しくなったＹＵＫＯも銘仙の愛用者でありコレクターだった。お互いのコレクションの中には、「こんな派手な色柄の銘仙、いったい誰が着たのだろう?」と不思議に思うようなものが何点かあった。二人でいろいろ考えるうちに、こうした派手な銘仙は、自らを客の目を惹き付ける広告塔にするような職業の女性、すなわち娼婦が身に着けたら効果絶大なのではないかと思い至った。

　その前から、今に残され

ている「赤線」女給の写真に、モノクロではあるが明らかに銘仙と思われる大柄の着物が見られることには気づいていた。「赤線」の存続時期と戦後における銘仙の流行期はほぼ重なるのだから、彼女たちが銘仙を愛用したのは当然なのだ。[図C6－1左]の女給さんの着物を銘仙と推測したのも、そうした事情があるからだ。

決定的だったのは、群青《ぐんじょう》の地に赤と緑で大きな椿を織り出した足利銘仙を着ていた私に、ある年配男性が声を掛けた言葉だった。「懐かしいなぁ。いや、僕が早稲田の学生だった頃、新宿二丁目はまだ『赤線』でね。あなたみたいな派手な色柄の銘仙を着た女性が店の前に何人も立っていたのさ」。第6章でも紹介したエピソードだが、「赤線」時代を知る男性には、派手な色柄の銘仙は「赤線」の女を想起させることがわかった。

では、実際にどんな感じになるか、やってみようということになった。[図C6－1右]（帯裏にもカラーで掲載）がそれである。場所は鳩の街の旧「銀座通り」に残っていた、青を基調にピンクを交えたモザイクタイルで化粧した太い円柱と、ピンクとクリーム色の市松模様の豆タイルで壁面上部を、白が入った濃緑のタイルで腰壁を装飾した「赤線」時代のカフェー建築。そこに赤を基調に白・黒・金茶をパッチワーク風に織り出した銘仙を着たＹＵＫＯに立ってもらった。

いかがだろうか？　建物の派手な色調に遜《そん》色《しょく》ないどころか、そこから女が浮き上がるような効果がある。吉行が描写した原色の街に人目を惹くような色鮮やかな衣裳で立つ「赤線」の女の再現実験としては、まずまず成功だったのではないか、と思っている。

さて、こうした派手な色柄の銘仙を身にまとった女たちが、客の男を自室に誘い込む。女が帯を解き、着物が肩から滑り落ちる時、銘仙の幾何学的な色柄が緩《ゆる》み撓《たわ》んで、それまでとは違った艶《なま》かしい表情を見せる[図C6－2]。そんな「赤線」の女が着物を脱ぐ風情に性欲を掻き

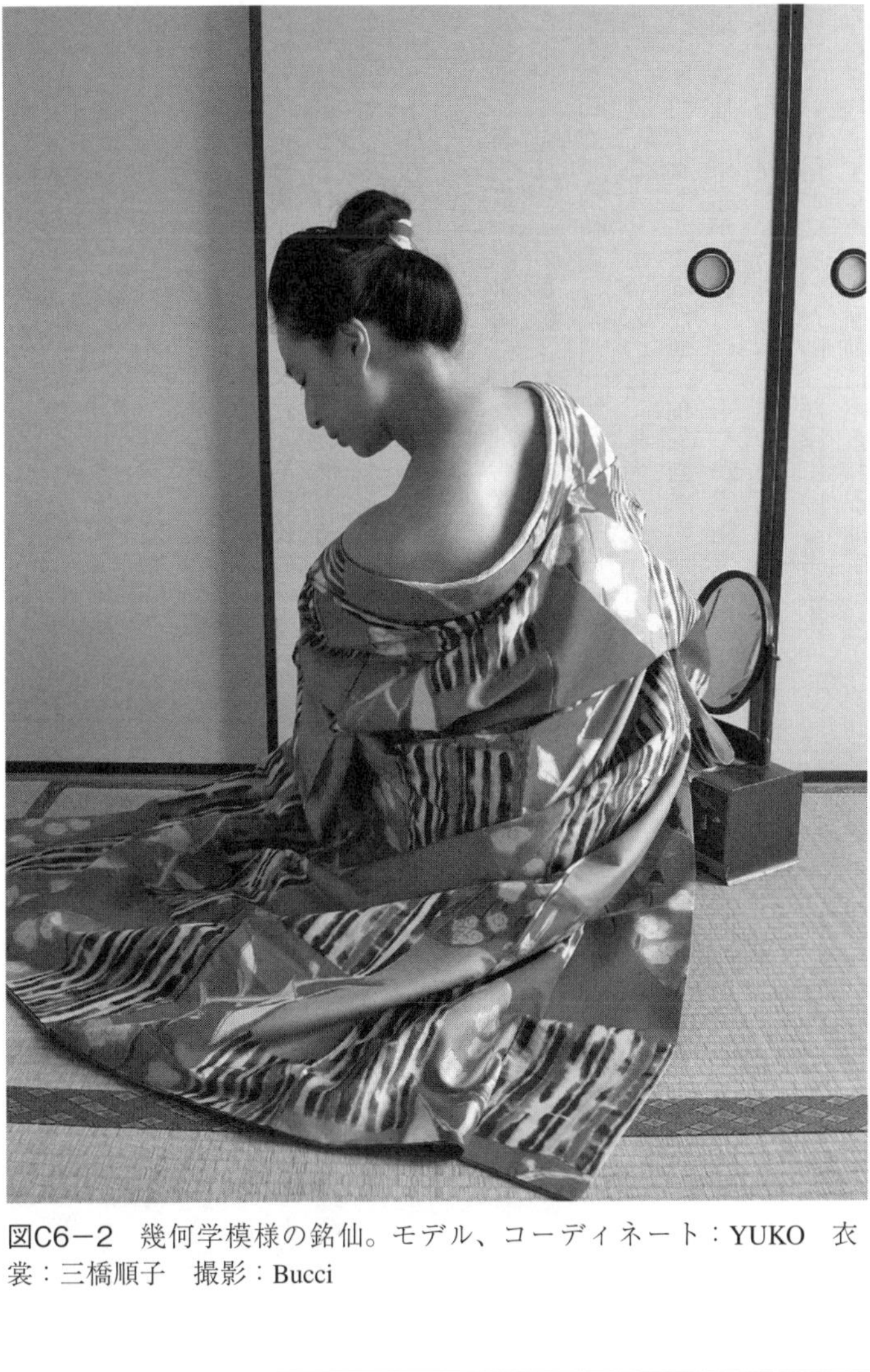

図C6−2　幾何学模様の銘仙。モデル、コーディネート：YUKO　衣裳：三橋順子　撮影：Bucci

立てられた男たちも、きっといたに違いない。

しかし、現代では、そうした着物がもってい た「色気」「艶《つや》」などの記号性を読み取れる男性はほとんど絶滅しつつある。日常に着物があった時代、男たちが胸をときめかせた女の仕種《しぐさ》や、着物という直線的な布が女の曲線的な身体に添う様を再現すべく撮影されたYUKOのセルフ・ポートレート作品＊1が一部の強い支持を受けているのもそうした希少性からだ。

カバー写真は、YUKOのセルフポートレートの新作。1952年（昭和27）頃、「赤線」全盛期の新吉原の高級店にいた、ちょっと古風だけど、売れっ子の女給さんのイメージで撮ってもらった。お値段は「泊り」2000円の最高ランク。まとっているのは、朱赤・鼠《ねずみ》・白をパッチワークしたような地に抽象画風の植物模様の銘仙。朱赤が効いていて華やかで艶やかな雰囲気だ。女が着物を脱いで、やわらかな背中のラインが露わになった時、部屋にいる男は後ろから抱きすくめたい衝動に駆られるはずだ。


昭和の女たち、とりわけ「赤線」の女たちは、けっしてモノクロームではなく、色鮮やかな「原色の女」だった。それでこそ「原色の街」で自己を主張できたのだ。そして、彼女たちは色鮮やかな銘仙のもつエロスを十分に意識し利用していた。

カバーと帯裏の写真を「性なる場」と銘仙着物との関係を再認識する実験として理解していただけたら幸いに思う。

第7章 「千鳥街」を探して――焼け跡・闇市系飲み屋街の記憶

世間ではあまり知られていないことだが、新宿の女装系のコミュニティとゲイ（男性同性愛）コミュニティとは、別の場所にある。私がお手伝いをしていた「ジュネ」は、花園神社裏の「ゴールデン街・花園街」（歌舞伎町一丁目）にあって、その後、同じ歌舞伎町一丁目の区役所通り沿いに移転した。駆け出しの女装者の頃にお世話になった「梨沙」や「びびあん」は、靖国通りを隔てた新宿三丁目の「末廣亭ブロック」にあった。それに対してゲイ・コミュニティは新宿二丁目の北寄りに広がっている。つまり、住み分けているのだ＊1。

コミュニティ（村）が違うから普段はほとんど用事がない。だから「村境」の御苑《ぎょえん》大通り（現在の新宿三丁目と二丁目の境界）を越えることは滅多になかった。今でも知り合った方から「今度、二丁目に連れて行ってください」と言われると、とても困ってしまう。

たしか1996年のことだったと思う。「ジュネ」の薫ママにこんなことを言われた。

「順ちゃん、先週、二丁目にできた『スワンの夢』っていう店、知ってる?」
「ああ、晴美さんの店ですね。話は聞いていています」
「悪いんだけど、未央(チーママ)といっしょに偵察に行ってきてくれない」
「ジュネ」の元会員の井上晴美さんが二丁目の「ゲイタウン」の外れに女装スナックを出店した。本来、店同士の付き合いはママの仕事のはずだが、何か事情があるらしく、自分は行かずにチーママの麻生未央さんを名代に、私を介添えに行かせたいらしい。

断る理由もないので引き受けたが、ママが教えてくれた店の場所がどうもはっきりしない。夜、うろうろするのも嫌なので、昼間、下見のつもりで、珍しく「二丁目」に足を運んだ。

目当ての店を見つけた帰り道、「ゲイタウン」の真ん中に妙な建物があることに気づいた。それが、私と「(新)千鳥街」との最初の出会いだった。

新宿二丁目の「新千鳥街」

新宿二丁目「ゲイタウン」のど真ん中、仲通りと花園通りの交差点を靖国通り方向(北)に少し行った一つ目の路地の北西の角(住所は新宿区新宿二丁目18番地、[図7-2A])にちょっと不思議な建物がある。

かなり古い2階建ての建物で、仲通りに面した一部分だけが3階建てになっているようだ[図7-1上左]。仲通りに面して、何の仕切りもないトンネルのような入口が開いていて、建物の中に通路があることがわかる[図7-1下左]。

建物の軒先には「新千鳥街」という看板が出ている[図7-1上右]。「街」って言われても、どこが「街」？　って思ってしまう。

恐る恐る中に入ってみると、T字形の通路があり、その両側に小さな飲み屋さんが何軒も並んでいる【図7－1下右】。Tの横棒の両端は路地に開口していて通り抜けられる。

つまり、この建物そのものが「新千鳥街」という飲み屋街なのだ。

さらに不思議なのは、外から見ると間違いなく2階にも店があるのだが、1階から2階に上がる階段が（もちろんエレベーターも）見当たらない。これはどういうことだろう？　と悩んでいたら、ドアの一つが開いた。ちらっと内部を見ると、ドアの内側にあるのは急な階段だけだった。ああ、そうか、2階の店は共通の階段ではなく、1軒1軒個別の階段で上がる仕組みなのだ。2階には内廊下もないのだろう。そう気づくと、1階にドアが多すぎるわけもわかった。ドアの半分は1階の店のドアだが、半分は2階の店に上がる階段のドアなのだ。

「ゴールデン街・花園街」は棟割《むねわり》長屋構造（棟を壁で仕切り、背中合わせに店舗を設けて、路地に面した両側を入口にする）だが、2階の店への階段は一つ一つ別についている。2階の隣の店に行こうと思ったら階段を地上に降りて、隣の階段をまた上がるしかない。中央に通路のある「新千鳥街」は棟割長屋ではないが、基本的には同じ仕組みなのだ。

後で調べたところでは、「新千鳥街」には1階2階合わせて30軒ほどの店があり、そのほとんどがバーのようだ。以前は「ゲイタウン」の真ん中でヘテロセクシュアルの飲み屋街として頑張っていたが、近年はゲイ系のお店の進出が著しいとのこと。

さて、「新千鳥街」自体もとても興味深いのだが、この章のテーマはそこではない。「新千鳥街」と言うからには、オリジナルの「千鳥街」、元「千鳥街」もしくは旧「千鳥街」が必ずあったはずだ。

図7−1　「新千鳥街」外観、看板と内部（2013年）。

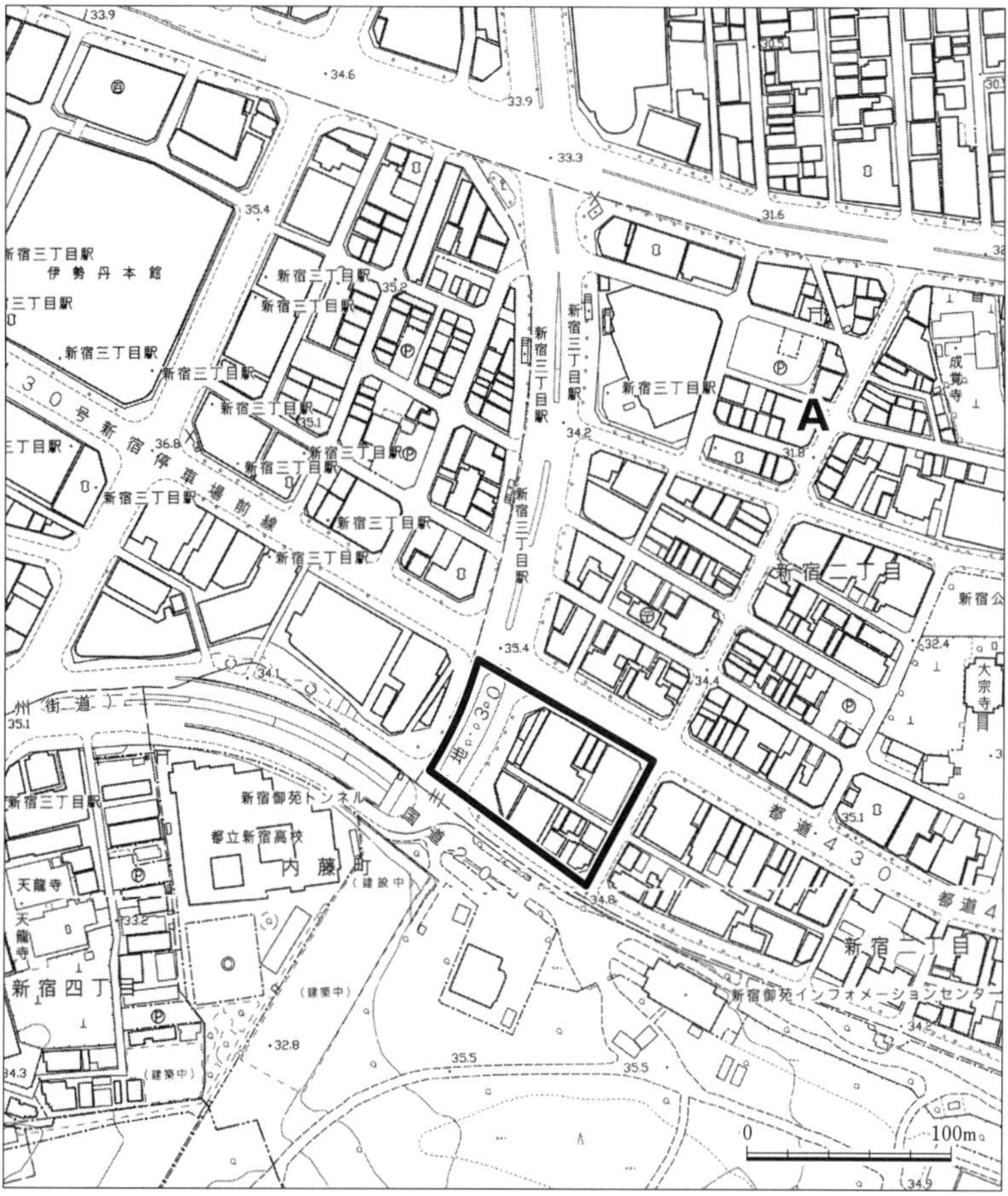

図7−2　線で囲んだ範囲が新宿２丁目５番地。中央やや右上のＡが「新千鳥街」（「東京都縮尺2500分の１地形図　平成27年度版　歌舞伎町・新宿御苑」）。

それはいったいどこにあったのだろう?

「千鳥街」を探す

その後、オリジナルの「千鳥街」が区画整理で立ち退きになり、一部の業者が二丁目の「赤線」跡地に移転して作ったのが「新千鳥街」であるということを、「ジュネ」の薫ママや古手のお客さんから聞くことができた。ただ、移転前の「千鳥街」の場所が正確にはわからない。

そんな時、昔の新宿に詳しいロマンスグレーのおじさま(第1章冒頭に登場した男性客)が来店した。席に呼ばれた後、うまく新宿の昔話に誘導して「千鳥街ってどこにあったのですか?」と聞いてみた。

「ああ、千鳥街な、あったな……え〜と、あれは新宿高校の近くだよ」

という返事。

「新宿高校の近くって、どこですか?」

もう少し詳しく聞きたかったが、銀座のホステスクラブでしこたま飲んだ後に寄ってくれたおじさまは、もう酔い呆《ほう》けていて答えは返ってこなかった。

都立新宿高校は、新宿御苑の新宿門のすぐ近く、「二丁目・ゲイタウン」の目と鼻の先だ。私がなぜ「千鳥街」の場所にこだわるかというと、「千鳥街」が新宿において「ゴールデン街・花園街」(歌舞伎町一丁目)と並んで、早い時期(1950年代)にゲイバーが立地した飲み屋街だからだ。もし本当に「新宿高校の近く」にあったのなら、「千鳥街」は「ゴールデン街・花園街」よりも、「二丁目・ゲイタウン」にずっと近く、1960年代末と推定される「二丁目・ゲイタウン」の形成と関係する可能性がある。

たとえば、後に新宿のゲイバー業界で老舗《しにせ》になる「蘭屋」（前田光安マスター）は、1954年（昭和29）に銀座から「千鳥街」に移転してきた。「蘭屋」はすぐに（1955年〈昭和30〉頃）要《かなめ》通り（現在は三丁目だが当時の地番は二丁目。第1章参照）に移転してしまうが。また、「千鳥街」には「ジミー」というゲイバーがあったが（後述）、店主のジミーさんの甥であるAlloraさんによると1960年代初頭に、やはり銀座から移転してきたそうだ＊2。銀座のゲイバーが新宿移転に際して選んだ場所がいずれも「千鳥街」だったことは興味深い。

1960～70年代に盛んに活動した女装秘密結社「富貴クラブ」の創立者・会長で女装者愛好男性（自分は女装しないが、女装者が大好きな男性）の代表的人物である西塔哲《さいとうてつ》に「新宿のメケメケ・バー」というルポがある＊3。「メケメケ・バー」とは、店主や従業員が女装しているバーのことだ。

西塔は1960年代初頭の新宿の女装系ゲイバーの立地について「これらの店が、南から、千鳥街、二丁目、歌舞伎町、花園街、区役所通りの限られた狭い地区に密集している」とし、「千鳥街」については6軒の女装バーの名をあげている。

この記事から「千鳥街」にある時期、女装系ゲイバーが数多く立地していたこと、「千鳥街」の場所は「二丁目」よりも南側であることがわかる。

この「二丁目」は行政区画としての新宿二丁目というより、南を新宿通り、西を御苑大通り、北を靖国通りに画されたエリアを指していると思われる。となると「千鳥街」の所在地としては新宿通り南側、新宿御苑との間の細長いエリア（現：新宿二丁目1～5番地）が有力になる。さらに「新宿高校の近く」という先述のおじさまの証言を踏まえると、西寄り（5番地）の可能性が高い。

そして、このエリアで区画整理により大規模な立ち退きが行われた可能性がある場所としては、現在の御苑大通りの新宿通り南側の路面しかない［図7－2］。

御苑大通りは、戦後復興期に、それまで新宿通りを西に直進して新宿駅前に至っていた都電の線路を靖国通りに引き込むための連絡道路として、新宿通り北側から靖国通り南側までの区間（現：新宿二丁目交差点～新宿五丁目東交差点）が建設された（［図6－1］参照）。

そのルートは、「東京山の手大空襲」（1945年〈昭和20〉5月25日）で焼失した戦前の新宿遊廓の跡地を真っ二つに分断しているが、1947年（昭和22）にアメリカ軍が撮影した空中写真（［図1－8下］）ではまだ形跡はなく、1949年（昭和24）4月には都電の路線変更が実施されているので、設置はその間ということになる。

その後、環状5号線の一部である明治通りのバイパスとしての機能が付加され、まず靖国通り北側から明治通りとの合流点（現：新宿五丁目東交差点～新宿六丁目交差点の南）が開通し、さらに新宿通り南側（現：新宿二丁目交差点～国道20号線＝甲州街道バイパスとの接続点）の建設が計画された。延伸計画の時期については「遅くとも、1961年（昭和36）には存在」していたという証言（当時、新宿高校に在学していた男性）がある。

しかし、前掲の西塔の文章から、少なくとも1963年（昭和38）には道路延長計画はまだ実現しておらず「千鳥街」は健在だった。

ここまでわかれば、あとは当時の地図を当たればいい。

1963年度版の新宿区の住宅地図の該当部分が［図7－3］である。

住宅地図に表現されているのは、調査・編集作業に時間がかかるので、だいたい発行年の2年～1年半前くらいの状況である。つまり1963（昭和38）11月発行のこの地図は1962年（昭和37）

図7－3　1962年頃の御苑大通り南側（『新宿区　1963年度版』住宅協会地図部、1963年〈昭和38〉）。下は部分を拡大したもの。

図7－4　［図7－3］とほぼ同じあたりの空中写真、1963年（昭和38。国土地理院提供）。下は部分を拡大したもの。

頃の現況図と思われるが、都電の線路が記されている御苑大通りを南に延長する形で新宿通りの南側の住宅密集地に道路計画線が引かれている。その路面予定地の西側（左寄り）に南北に延びる路地が2本あり、その両側に小さい店が密集している。

書き込まれた店の名があまりに小さく、拡大しても印刷がにじんでいてはっきり読めないが、かろうじて網かけ部分に「バー」という文字が読み取れるので、多くは飲み屋と思われる［図7―3下］。

ほぼ同じ時期の1963年（昭和38）の空中写真が［図7―4］。拡大写真では、2本の路地が新宿通りと新宿御苑北側の道路を結んでいることがわかる。

路地の間の建物は、屋根の形態からして、「ゴールデン街・花園街」（1951年〈昭和26〉の建築）と同じ棟割長屋と推測される。

以上のような状況から、私はこの2本の南北路地を「千鳥街」の候補と推定した。

「千鳥街」であることの検証

次に「千鳥街」の写真はないかと探してみた。

すると、池田信《あきら》『1960年代の東京――路面電車が走る水の都の記憶』＊4にあった［図7―5］。

1962年（昭和37）7月17日撮影で、キャプションには「新宿高校裏手の千鳥街。新宿2丁目。道路拡張に伴う区画整理で立ち退かされ消滅した。現在、同じ2丁目に新千鳥街がある」と記されている。

路地の奥には「千鳥街」と書かれたアーケードがあり、その向こうには都電が写っているので、南

図7−5　1962年（昭和37）の「千鳥街」、池田信撮影（毎日新聞社提供）。下は看板の文字が読めるよう、部分を拡大したもの。

から北へ新宿通り方向を撮った写真であることがわかる。

路地の右（東）側には「トリスバー　牧」「御茶漬　おでん　おにぎり　松葉」「雪」「バー　ケント」「五十円飯店黄河」「さくらん（ぼ）」など、左（西）側には「やなぎ」「久松」「きむら」（「き」は「七」を3つ組み合わせた字体）などの看板が見える。

1963年度版の新宿区住宅地図【図7－3】には、欄外に地図中の文字「A」の部分の拡大図がついていて、路地東側の「牧」「松葉」「雪」「さくらんぼ」が写真と一致する（「バー　ケント」と「五十円飯店黄河」は一致しない）。

さらに拡大図はないが、「やなぎ」「久松」「きむら」の所在も地図上で確認でき、この路地が「千鳥街」候補の2本の路地のうち、西側の路地を写したものであり、この路地が「千鳥街」であることが確定した。

2枚目は、新宿歴史博物館編『新宿区の民俗3　新宿地区篇』＊5に掲載されている、池田信撮影の写真【図7－6】。

路地の奥に「千鳥街」と記したアーケードがあり、右側に「ケート」「三壺」「もみぢ」「きむら」、左側に「船小屋」「さくらんぼ」「五十円飯店（黄河）」の看板が見える。

こちらの写真は、店の並びからして、先ほどの写真と同じ西側の路地を逆方向、北から南へ新宿御苑方向を撮った写真であることがわかる。路地の新宿御苑側の入口にも「千鳥街」と書かれたアーケードがあったことが確認できる。

以上の検討から、「千鳥街」は、新宿二丁目の新宿通り南側（現：御苑大通りの新宿通り南側の路面）にあった飲み屋街で、1962年（昭和37）7月までは存在したことが判明した。

図7−6　[図7−5] と同じ頃の「千鳥街」、池田信撮影（毎日新聞社提供）。

さらに5年後、1967年（昭和42）撮影の写真もあった。2016年春に新宿歴史博物館で開催された写真展「戦後昭和の新宿風景」に出ていたものだ【図7―7上】。「千鳥街」のアーケードと、右側に「Bar ロング」「瞳」「Bar 菊」「ひとみ」、左側に「Bar ツタヤ」の看板が見える。

先に掲げた1963年度版の新宿区住宅地図【図7―3】では、「Bar ロング」は確認できるが、左側は拡大図がないため、店名の読み取りが難しい。そこで1960年（昭和35）頃の現況と思われる1962年（昭和37）刊の『東京都全住宅案内図帳　新宿区東部』【図7―8】で調べてみた。この地図は、道路の細かい屈曲や建物の形などが規格化されていて不正確だが、店名は比較的読み取れる。

その結果、「ロング」と「ツタヤ」の一致から、「千鳥街」候補の路地のうち、西側の路地を新宿御苑側【図7―8A】から（南から）写したものであることがわかった。

しかし、他の店は一致せず、1960年（昭和35）頃から「千鳥街」末期の1967年（昭和42）頃までの間に、店舗の出入りがかなりあったことがうかがえる。

さらに写真展には出ていなかったが、新宿歴史博物館データベースに1967年（昭和42）10月18日の写真がもう1点あった【図7―7下】。

こちらは右側に「はつ（裏文字）」「潮」「ナイト」、左側に「Bar Sweet（壁面に直書き）」「アイコ」「Bar 水城　阿也」の看板が見える。

同じように1962年（昭和37）刊の『東京都全住宅案内図帳　新宿区東部』と比較すると、「はつ」と「ナイト」が一致し、「千鳥街」候補の路地のうち、東側の路地を新宿御苑側【図7―8B】から（南から）写したものであることがわかる。今のところ4点しか確認していない「千鳥街」候補の写真のうち、東側の路地を写しているのはこれだけだ。

図7−7　「千鳥街」［上］と東側の路地［下］。ともに1967年（昭和42）10月18日撮影（2点とも新宿歴史博物館提供）。

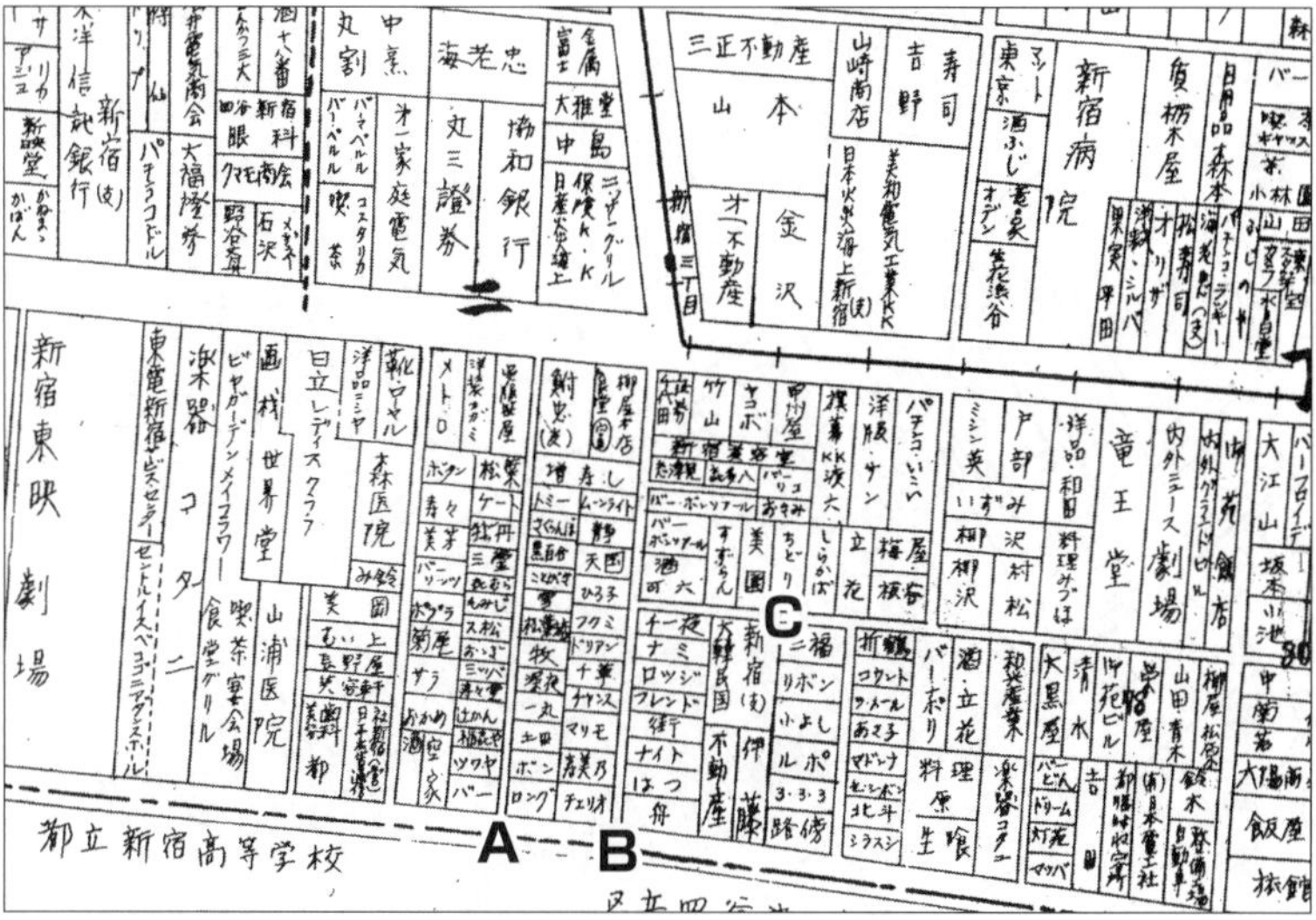

図7―8　1960年頃の「千鳥街」周辺。A・Bが「千鳥街」（『東京都全住宅案内図帳　新宿区東部』住宅協会、1962年〈昭和37〉）。

問題は、この東側の路地が何と呼ばれていたのかだ。西側の路地と同様に「千鳥街」と呼ばれていたのか、それとも別の名前だったのか。この点については、入校の段階では不明確だった。ところが、再校の段階で新宿歴史博物館から提供された精度の高い画像を見ると、路地の奥にアーケードが写っているではないか！　それを拡大すると「千鳥街」の文字がはっきり認められた。つまり、東側の路地も、西側の路地と同じく「千鳥街」であることが確定した。

それはともかく、新宿歴史博物館の写真[図7―7]で何より重要なことは、写真が撮影された1967年（昭和42）10月18日までは、「千鳥街」は間違いなく地上に存在していて、その後、道路計画の実施によって立ち退かされ、消滅したということだ。

図7—9　まだ健在の「千鳥街」（『新宿区　1967年度版』公共施設地図株式会社、1967年〈昭和42〉）。

「千鳥街」の立ち退き時期

次の検討課題は立ち退きの時期である。そこで住宅地図を経年的に追ってみた。

1967年度版の新宿区住宅地図［図7—9］では「千鳥街」はまだ健在だが、1970年度版の［図7—10］ではすでに中央に大きなグリーンベルトをもつ道路が施設され、「千鳥街」は消滅している。

そして、1970年度版では、現在の

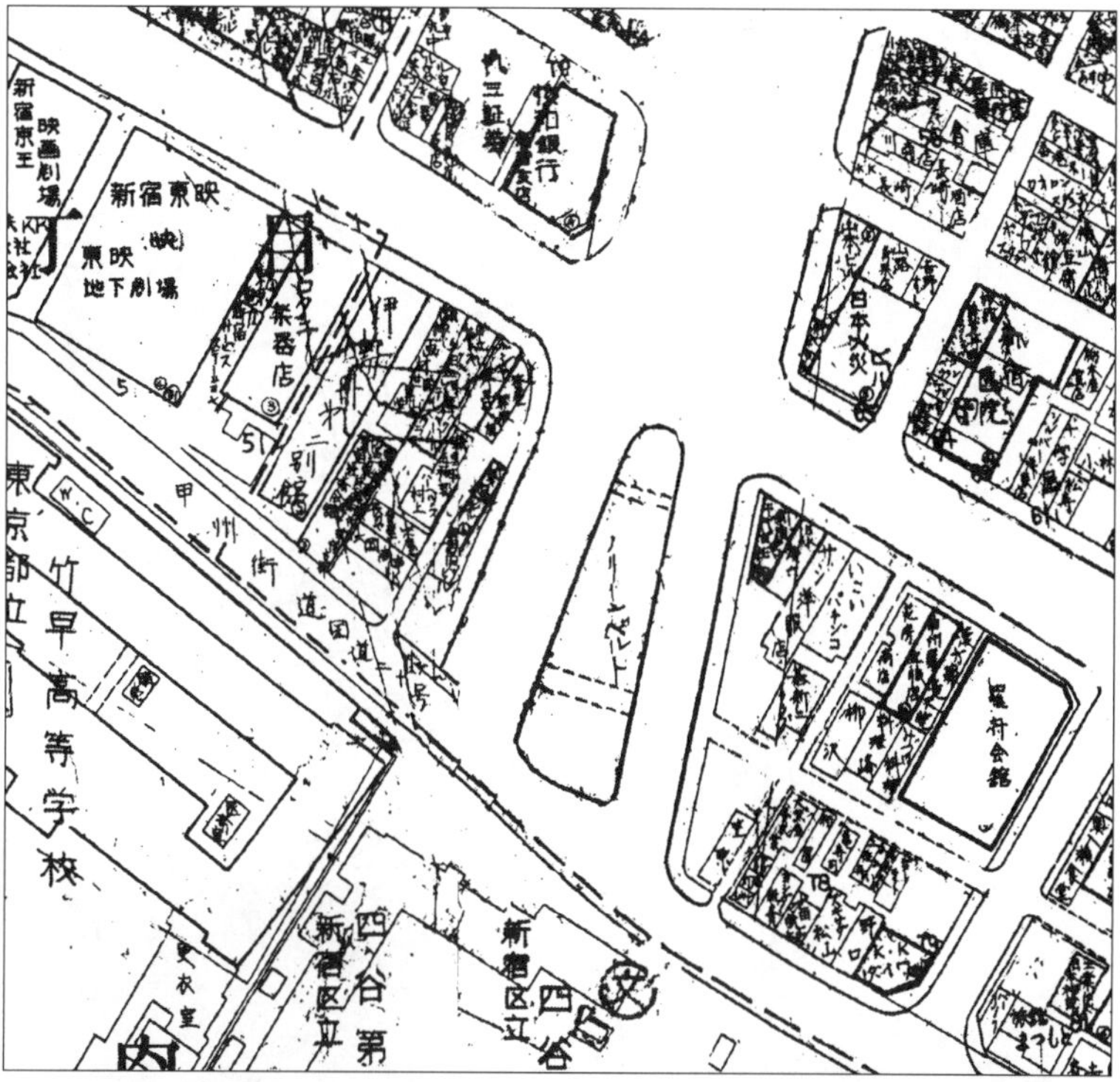

図7－10　道路の延長で「千鳥街」は消滅している（『新宿区　1970年度版』公共施設地図航空株式会社、1970年〈昭和45〉）。左下に「竹早高等学校」とあるのは、この時期、都立竹早高校が校舎の建て替えで新宿高校の空校舎に間借りしていたため。

「新千鳥街」の位置に「新千鳥街ビル」の記述が現れる［図7－11A］。仲通り側の敷地は「悪童(?)」という別の店になっているが［図7－11B］、これは現在、3階になっている部分に相当すると思われる。

　1970年（昭和45）10月発行の地図は、だいたい1968年（昭和43）末～69年（昭和44）前半くらいの現況だと思われる。その頃には「千鳥街」の立ち

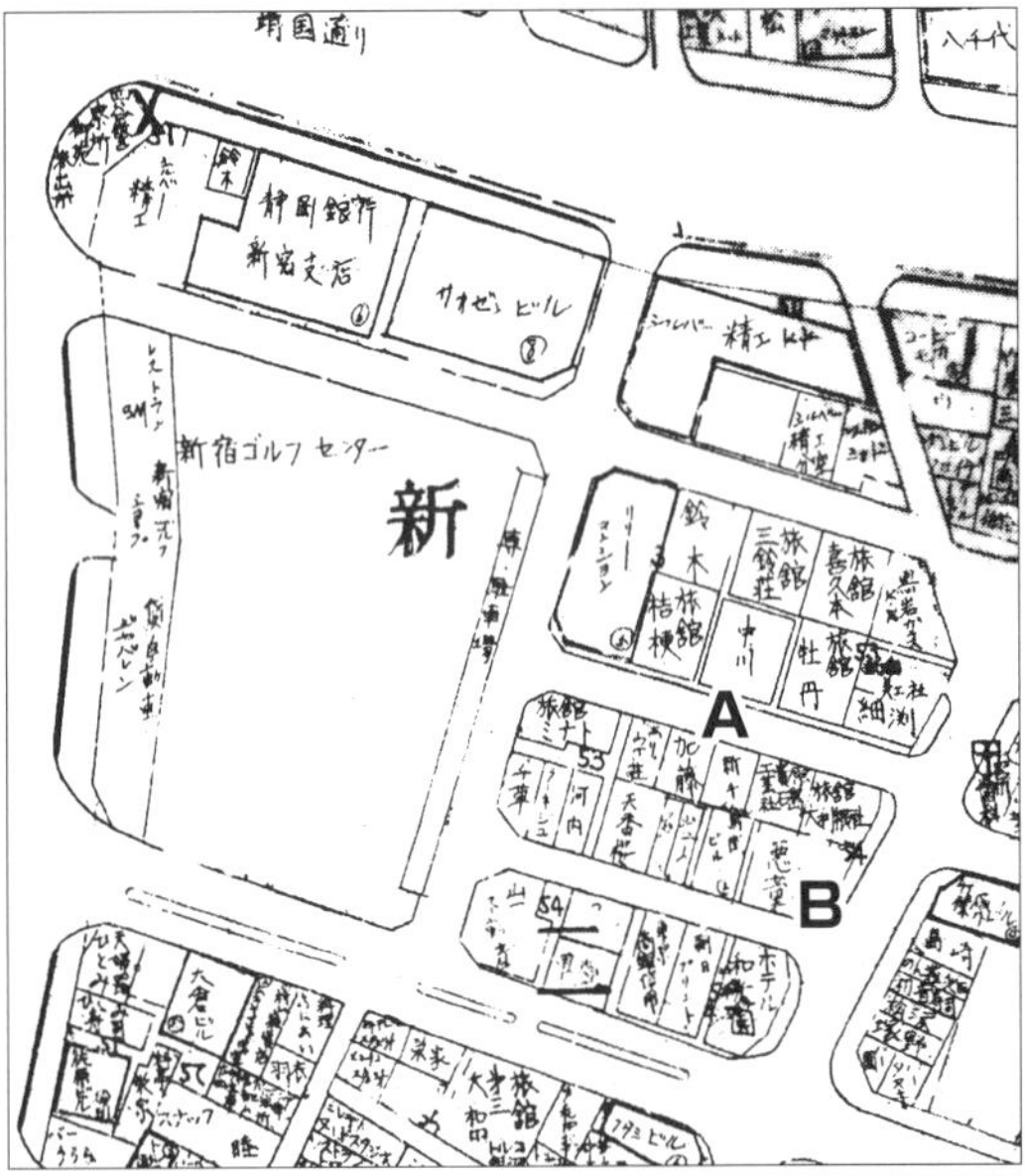

図7－11［上］「新千鳥街ビル」の文字が見える（図中のA。『新宿区　1970年度版』公共施設地図航空株式会社、1970年〈昭和45〉）。

図7－12［下］「千鳥街」跡地の現況（2013年）。

退きと「新千鳥街」への移転は完了していた。

一方、現存している写真から、「千鳥街」の立ち退き時期が1967年（昭和42）10月以降であることが確定している。

両者を勘案すると、「千鳥街」は、早ければ1967年（昭和42）末、遅くとも1968年（昭和43）中に解体されたのではないだろうか。

「千鳥街」の成り立ち

ようやく、「千鳥街」の場所と終焉《しゅうえん》の時期を明らかにすることができた。残る課題は、この小さな飲み屋街がどのようにしてできて、どんな場所だったのか、ということだ。ただ、それを物語る資料はあまりにも少ない。

1947年（昭和22）の空中写真（［図7－13］）を見ると「千鳥街」になる部分はほとんど焼け跡のままで、恒久的な家屋は建っていない。ただ、2本の南北路地のうち東側の路地とそれにT字形に接続する東西道路は存在している。

戦後混乱期～復興期の新宿を舞台にした小説、朝山蜻一《せいいち》『女の埠頭《ふとう》——変貌する青線の女たち』＊6（コラム5参照）に、こんな記述がある。

「この小町は、はじめは、和田組イコール小町だったのだが、今では組合は、追分《おいわけ》新地や千鳥街などを作って、いくつもの歓楽街を経営してる」

「小町」とは花園神社裏の青線街「花園小町」（現：「花園一・三・五番街」）のことで、「和田組」とは1940年代後半の戦後混乱期に新宿駅東口から南口にかけて連なる巨大な闇市《やみいち》「和田組マーケッ

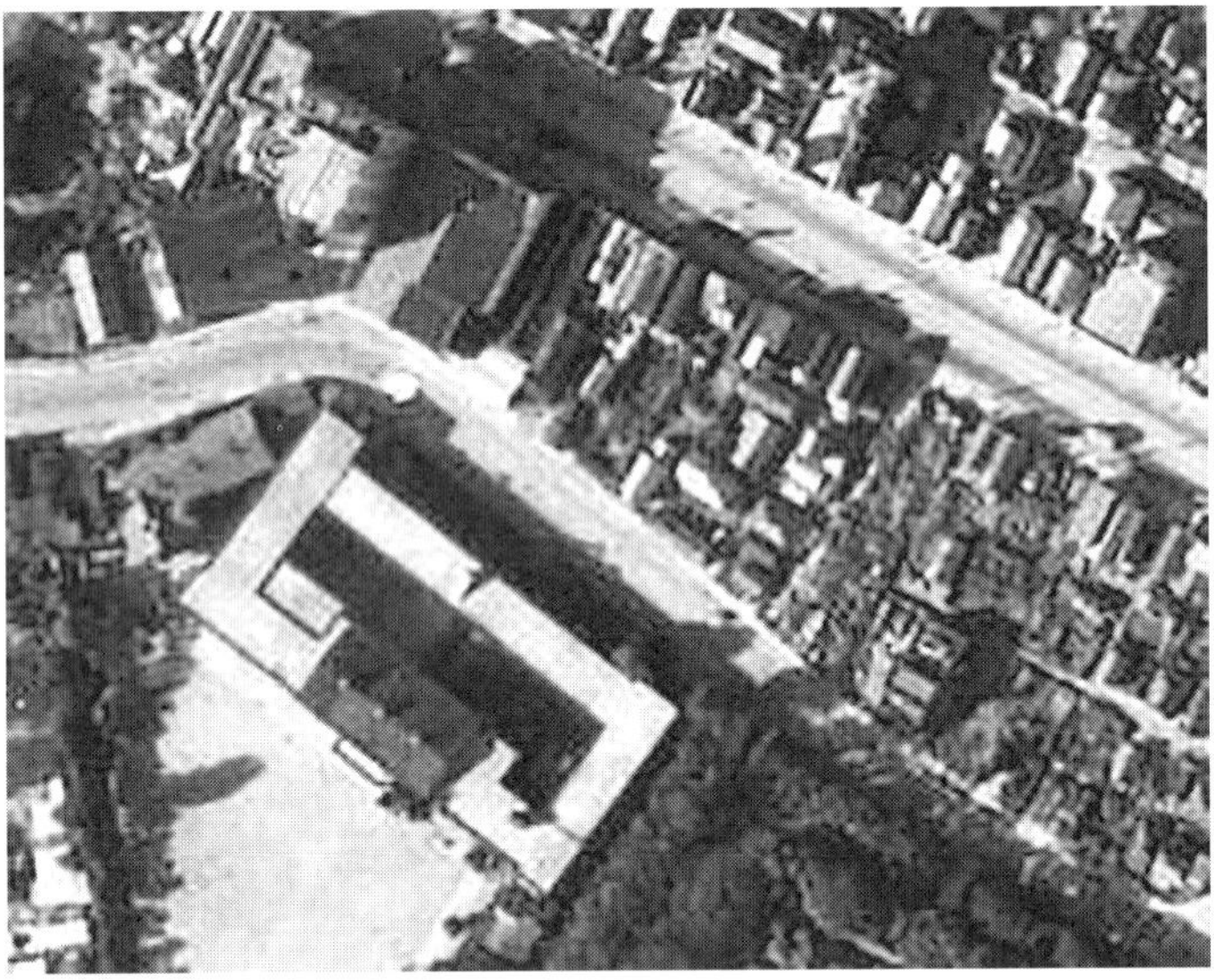

図7−13 1947年（昭和22）にアメリカ軍が撮影した空中写真（国土地理院提供）。下の黒っぽい部分が新宿御苑。その右上のブロックに後に「千鳥街」ができる。

ト」を仕切っていたテキヤ組織である。

ＧＨＱ（General Headquarters：連合国最高司令官総司令部）の露店整理指令によって「和田組マーケット」が解体された後（１９４９年〈昭和24〉８月４日）、和田組は一応「組合」組織になった。その傘下の主要部分は花園神社裏の空き地に移転して「花園小町」を形成し、さらに「追分新地」（後述）や「千鳥街」を形成したというのである。

「千鳥街」は「花園小町」や「追分新地」と同様に、巨大闇市「和田組マーケット」に起源をもつ、和田組傘下の飲み屋街だったことになる。

朝山蜻一という作家は、この時期、実際に「花園小町」に居住していて、そこらへんの事情に精通していた。『女の埠頭』は、舞台設定についてては

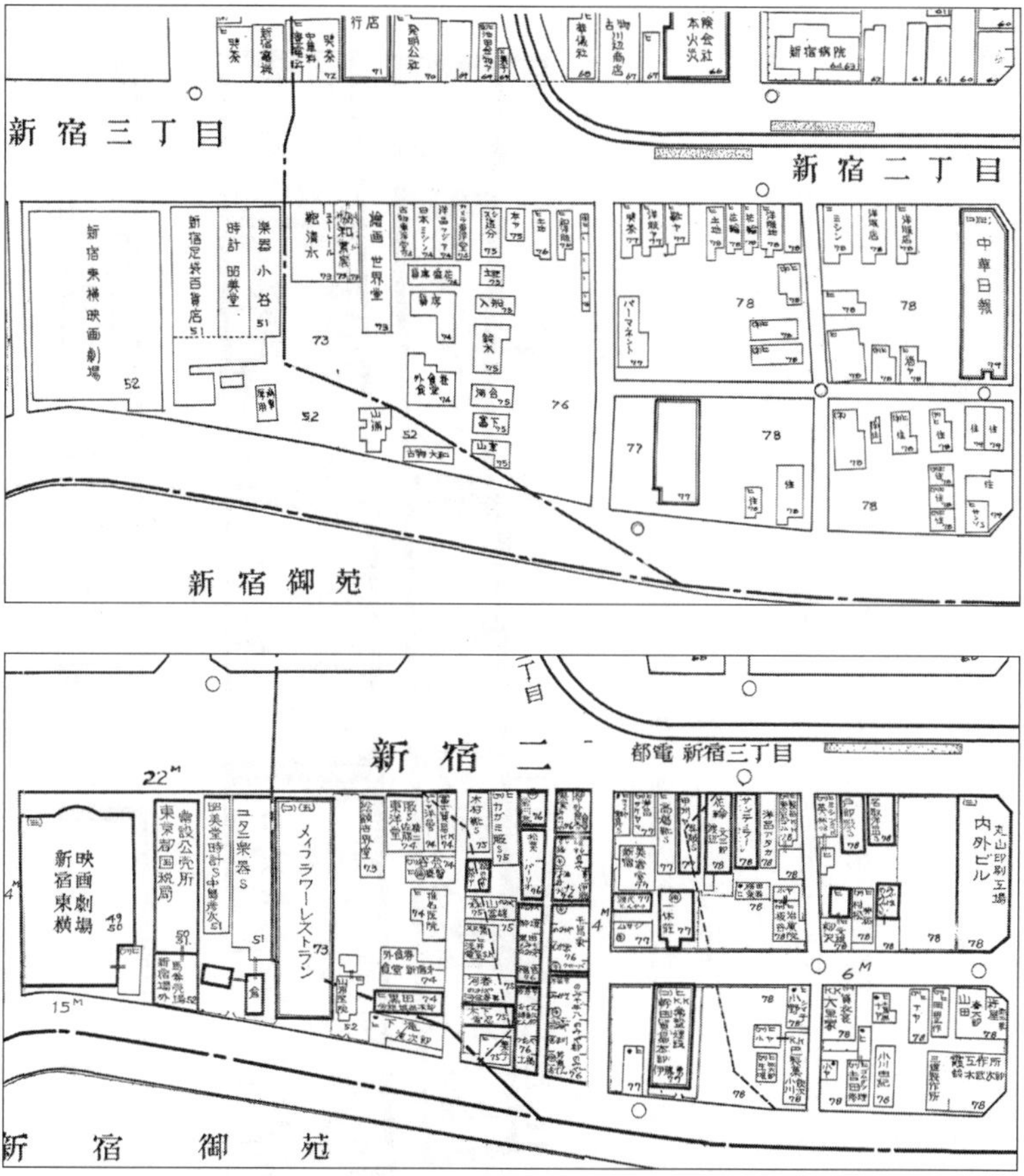

図7－14　上の1949年（昭和24）５月の「火災保険特殊地図　新宿駅附近」では、「千鳥街」に相当する部分は空き地である。下の1951年（昭和26）９月の「火災保険特殊地図　新宿通方面１」では、「千鳥街」の場所に飲み屋街が見て取れる（ともに都市整図社、1999年）。

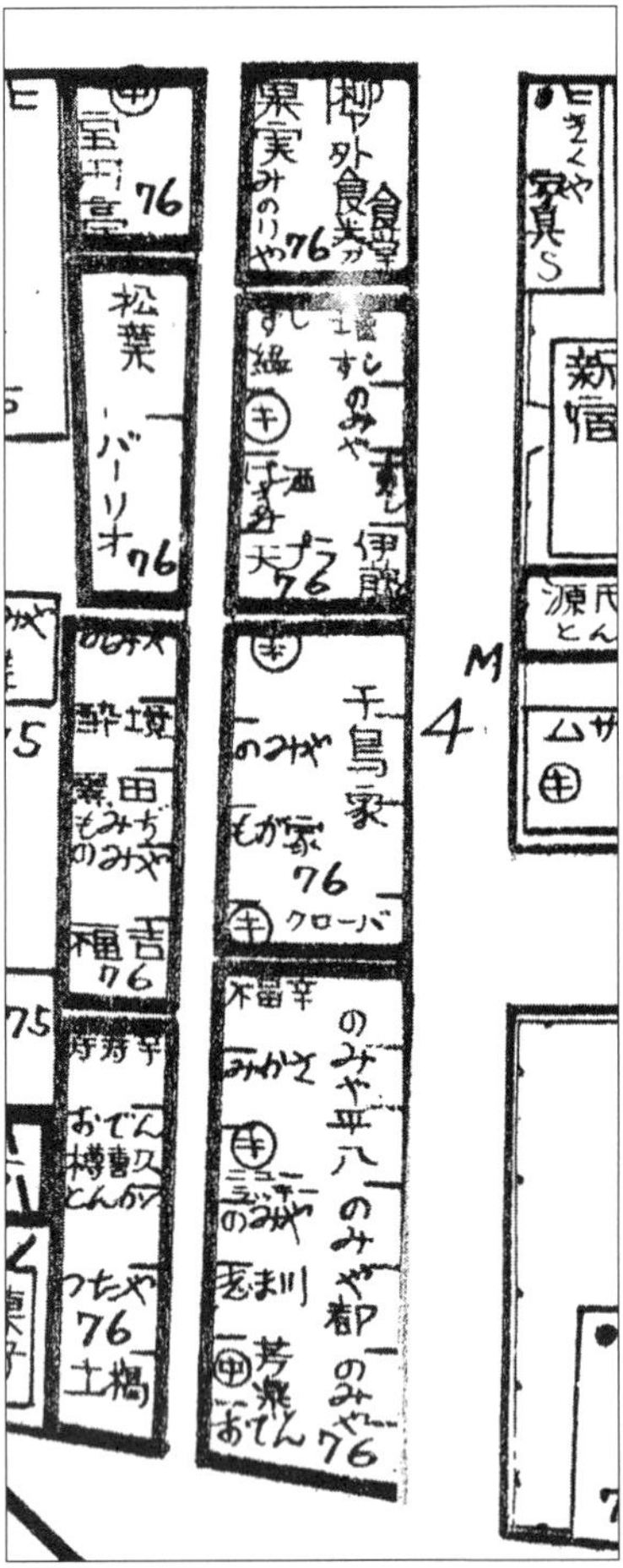

図7－15 ［図7－14］の「千鳥街」に相当するあたりを拡大すると、「のみや千鳥家」の文字が見える（1951年〈昭和26〉９月の「火災保険特殊地図 新宿通方面１」都市整図社、1999年）。

きわめてリアルな実録小説の要素が強いので、信じていいと思う。

「千鳥街」は闇市マーケットからまだ焼け跡が残る新宿の街に飛び散り、新しい土地に根を下ろした大小無数の飲み屋街の一つだったのだ。その形成は、１９５１年（昭和26）７月と推定される「花園小町」の成立から遠くない頃と思われる。

１９４９年（昭和24）の「火災保険特殊地図　新宿駅附近」［図7－14上］の「千鳥街」に相当する場所は、１９４７年（昭和22）の空中写真（［図7－13］。第1章［図1－8下］の一部を拡大）と同様に、ほとんど空地（焼け跡）になっている。しかし、１９５１年（昭和26）の「火災保険特殊地図　新宿通方面１」［図7－14下］を見ると、「千鳥街」の場所に小さな飲み屋街が形成されていて、１９５１

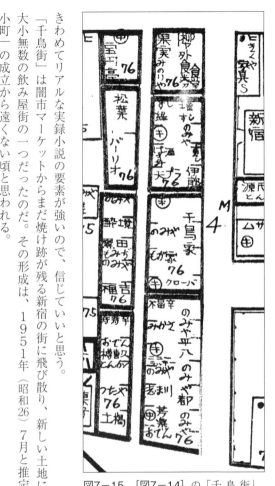

年（昭和26）頃の成立という上記の推定が裏付けられる。そして、「のみや千鳥家」という注記があることに注目したい［図7—15］。もしかすると「千鳥」はもともと店名で、それが街の名前になったのかもしれない。

「千鳥街」のセクシュアリティ

「千鳥街」はどんな場所だったのだろうか。

先に紹介した西塔哲「新宿のメケメケ・バー」＊3には、「千鳥街」に「ジミー」「ポケット」「みのる」「ジュリアン」「ひとみ」「黒い瞳」の6軒の女装系ゲイバーがあると記されている。

すでに見たように、1963年度版の住宅地図では「千鳥街」の部分は店名が判読不明な箇所が多い。1962年（昭和37）刊の『東京都全住宅案内図帳　新宿区東部』［図7—8］には、上記の女装系ゲイバーは1軒も見出せない。

これはどういうことだろうか？　西塔哲がまったく記憶違いをしているとは思えないが、あるいは記憶がやや古いのかもしれない。それとも判読不明の部分に隠れているのか？　さらには、この種の飲み屋街の店は、短期間で店舗を移動する場合もあるので、移転の可能性は多分にある。

という感じで、「千鳥街」と女装系ゲイバーの関係に暗雲が立ち始めた頃、「街の特集　新宿」＊7という記事の中の「字で書いた地図」というルポに出会った。

1958年（昭和33）3月31日の「赤線廃止」（「売春防止法」完全施行）直後の新宿の状況を語っている資料で、その中に「千鳥街」についての記述がある。

図7−16　千鳥街「ポケット」のしげみママ［左］と「ジミー」のジミーさん［右］（ともに西塔哲旧蔵アルバム・三橋所蔵）。千鳥街には、女装系と美青年系の両方のタイプのゲイバーがあった。

千鳥街

【方位】都電の線路をはさんで、赤線の反対側。夜間生気の方位。

【名物】ヤキ鳥の鮒忠の角を曲がると、ボンソワール、ボン、ボルガ、アランなどゲーバーが多い。

【特色】男は女より体力がある。女給がノビて店を閉める時間でもゲーバーのゲー者たちはビクともしない。新宿で一番夜のおそい一角となる。

1958年（昭和33）段階で、「千鳥街」はゲイバーが多い飲み屋街であると認識されていたことが確認できた。

念のため述べておくと、この時点で、現在の「二丁目・ゲイタウン」のエリアは廃止されたばかりの旧「赤線」街

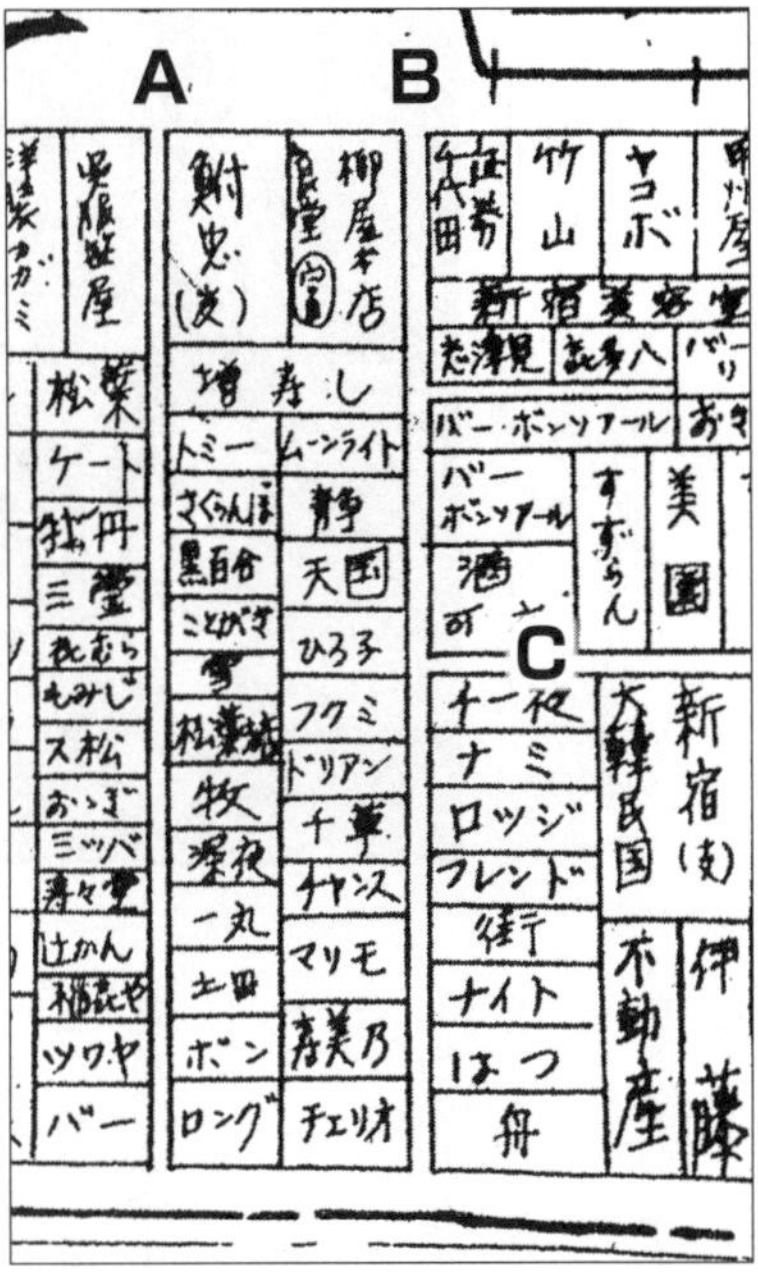

図7−17　1960年〈昭和35〉頃の「千鳥街」。［図7−8］の一部分を拡大したもの（『東京都全住宅案内図帳　新宿区東部』住宅協会、1962年〈昭和37〉）。

〈買売春黙認地区〉で、まったくヘテロセクシュアル〈異性愛〉の空間であり、ゲイバーは一軒もない。

さっそく、1960年〈昭和35〉頃現況の『東京都全住宅案内図帳　新宿区東部』に当たってみる［図7−17］。「ヤキ鳥の鮒忠」の角を曲がった「千鳥街」の2本の路地［図中のAとB］に、記事で列記されている4軒のゲイバーのうち2軒が見つかった。

「ボン」は「鮒忠」の角を曲がった「千鳥街」西側の路地をかなり奥〈新宿御苑の方向〉へ入った左側、1967年〈昭和42年〉の写真［図7−7上］に写っていた「Bar ロング」の隣にある。「ボンソワール」は東側の路地を入ってじきの左側にあり、隣り合った2軒を占めていて、なかなか盛業だったようだ。

図7－18　「千鳥街」のゲイボーイたちの写真（「街の特集　新宿」＊7より）。店名は不明だが「ボンソワール」の可能性がある。

「ボルガ」と「アラン」は残念ながら見つからない。記事と地図との数年のタイムラグの間に閉店（もしくは移転）してしまったのかもしれない。

地図には見えないが、「ジミー」について、店主だったジミーさんの甥のAlloraさんからブログにコメントをいただいた。この方は家庭の事情で小学1年から中学1年まで（1957～63年〈昭和32～38〉）、叔父であるジミーさんに預けられ育てられたこと、店は銀座から新宿、さらに六本木に移動したこと、「新宿のバーは『千鳥街』という所にあり」、アパートがあった「信濃町から都電で新宿方面、新宿御苑が終わった辺の少し先、都電に面した道から左に1本入った辺り」だったことなどを教えていただいた＊2。「ジミー」も間違いなく「千鳥街」にあったのだ。

「街の特集　新宿」＊7の別の記事「新宿二十四帖」には、「ボンソワールでは、毎晩、男性ストリップショウをやり、ボンは日舞」とあって、単なる飲み屋ではなく、芸能的要素もあったようだ。1960年代後半に盛んになるゲイバーのフロアー・ショーの原形と考えていいだろう。

ということで、1960年代末に推定される「二丁目・ゲイタウン」成立以前の新宿におけるゲイバーの集中地帯は、花園神社裏の「ゴールデン街・花園街」(歌舞伎町一丁目)と新宿御苑北側の「千鳥街」であるという私の推測を裏付けることができた。

「二丁目・ゲイタウン」の形成過程については、具体的にわからないことが多いが、次の時代の新宿のアンダーグラウンド・カルチャーの一つが1960年代の「千鳥街」で芽生えていたことは、間違いない。

さて、第5章で「焼け跡・闇市系飲み屋街→青線街化→売春防止法施行→寂《さび》れる→女装系バーが進出」という流れを提示した。「千鳥街」はこれに当てはまるだろうか?

実は「千鳥街」は青線(黙認されない非合法な買売春地区)だったという記述がある。たとえば、神崎清「赤線区域・青線区域――集団売春街の諸形態」＊8は、「千鳥街」を青線区域とし「業者25軒、女給62名(推定)」としている。しかし同じ頁で「この千鳥街と近くの追分小路約二〇軒だけが、簡易料理店として例外的に風俗営業の許可をうけている。警察が手入れしても店内での売春行為はほとんどみとめられない、ということである」と記している。

営業許可がちゃんとしていて、警察の臨検でも売春行為はほとんど認められないのなら、実態的に青線街とは言えないと思うのだが、神崎はなぜか青線区域にしたいようだ。

「売春防止法」の完全施行から7年程が経った1965年(昭和40)、学園祭の準備で帰りが夜になった新宿高校の1年生男子が「千鳥街」を通っていたら「お兄さん、学割あるわよ!」と声を掛けられたという話がある。この声掛けがどこまで本気だったのか? 学割が利くのは飲み代なのか、「遊び」（性的行為）代なのか、微妙だ。

この話を教えてくださったのは、少し前にちらっと登場した当時の新宿高校の生徒ご本人で、わざわざ私のブログのコメント欄に書き込んでくださった。

ちなみにこの方は、「千鳥街」のすぐ南（現在は四谷消防署の関連施設）にあった新宿区立四谷第二中学校（1976年に左門町に移転。現：四谷中学校）の卒業生で、「（中学の）指定通学路は千鳥街か緑《りょ》苑街《くえんがい》を通って」いたとのこと。

当時の小規模酒場の営業形態として、性的なことがまったくなかったとは言えないと思うが、たとえ1、2軒、「青線」営業的なことをしている店があったとしても、飲み屋街全体を青線区域とするのは無理だと思う。実際、管轄の東京都民生局は「千鳥街」を青線に数えていない＊9（第5章も参照）。

結論として、「千鳥街」には、青線的な営業をする店がないわけではなかったが、青線街と認定するまでの実態はなかったようだ。

「追分新地」と「緑苑街」

まず「追分新地」について。朝山蜻一『女の埠頭』＊6に出てくる「追分新地」と神崎清の文章に出てくる「追分小路」とは、おそらく同じ場所と思われるが、厳密にどこにあったのかはっきりしない。神崎は「千鳥街と近く」と言っているが、「追分」（「伊勢丹」前の十字路、新宿三丁目交差点）という名乗りからして「千鳥街」より西だと思う。

1951年（昭和26）の「火災保険特殊地図　新宿通方面1」を見ると、明治通りと新宿御苑前の道が作る三角形の区画の一部に飲み屋と飲食店が集まっている場所がある［図7－19Ｃ］。この場所は、1945年（昭和20）7月まで京王電気軌道（現：京王電鉄）の終点、京王新宿駅があった場所で、終点が新宿駅西口の現在地に移った後、線路の敷地が空き地になっていた（現在は「京王新宿追分ビルの敷地の一部」）。私はここが「追分新地」＝「追分小路」の有力候補地だと思っている。

次に「千鳥街」の近辺にあった「緑苑街」について。現在、甲州街道（新宿通り）に平行する宿場町の南側の裏通りの入口に小さなアーケードがあり、そこに「Green Garden Street」と通りの名前が入っている［図7－20］。「緑苑街」を格好つけて英語に訳せば「Green Garden Street」ではないか。この東西道路は、かつては「千鳥街」の東側の路地の途中にT字形に接続していた［図7－17Ｃ・図7－19Ｄ］。1962年（昭和37）刊の『東京都全住宅案内図帳　新宿区東部』を見ると、この東西道路の両側には「千鳥街」と同様の小さなバーがたくさんある［図7－8Ｃ］。この東西道路が「緑苑街」の最有力候補になる。

「千鳥街」が立ち退きになった道路建設で、「緑苑街」の西側のかなりの部分も削られてしまった。1970年代、削り残された部分の入口に「緑苑街」と記されたアーケードが立っていたことが、残されている写真から確認できた。これで東西道路［図7－17Ｃ・図7－19Ｄ］が「緑苑街」であることが確定した。現在の「Green Garden Street」のアーケードは、その場所に再建されたものと思われる。

ただ、まだ疑問が残る。先に触れた新宿高校の卒業生の男性は「千鳥街と平行したもう1本の路地が緑苑街です」と言っている。あるいは、新宿二丁目「ゲイタウン」の最長老である「洋チャンち」の店主（1937〈昭和12〉生）にお話をうかがった際に「緑苑街のボンソワール」という言葉が出てきた。1960年（昭和35）頃の住宅地図で確認すると「ボンソワール」は東側の路地［図7－19

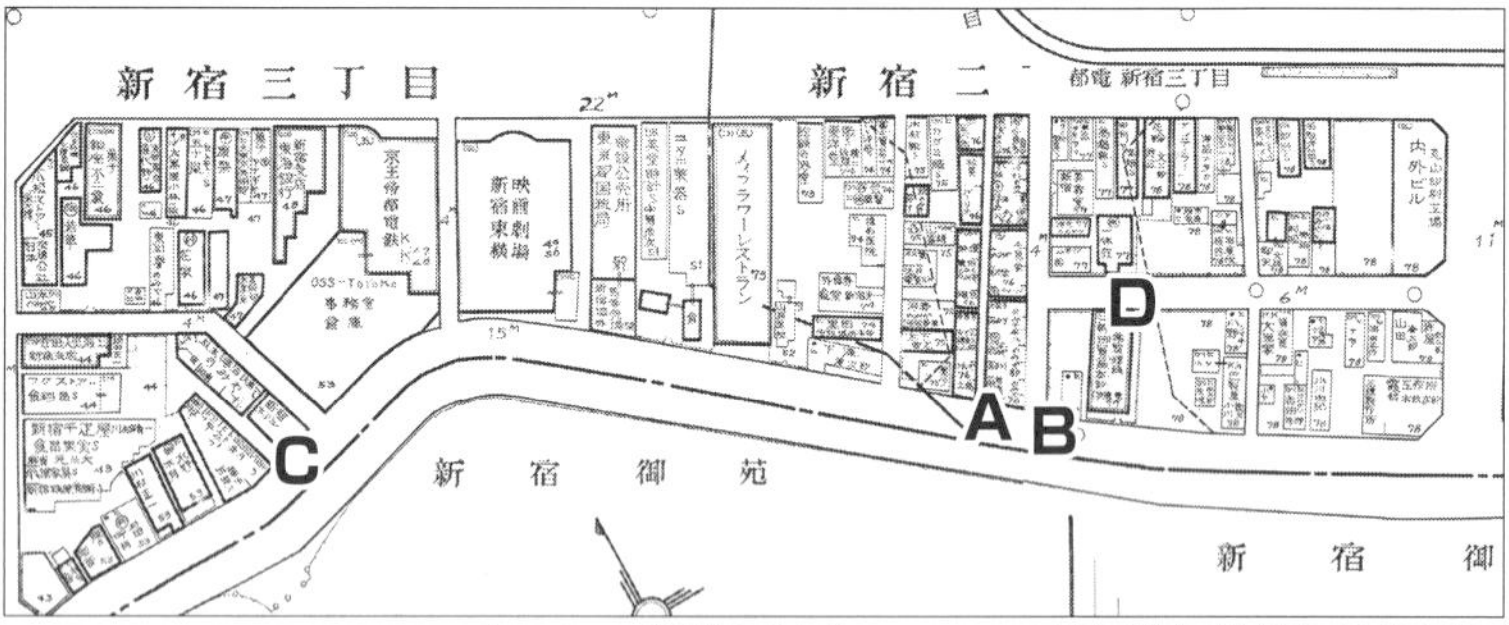

図7−19［上］図中のAとBが「千鳥街」、Cが「追分新地」の推定地、Dが「緑苑街」候補の道路（1951〈昭和26〉年の「火災保険特殊地図 新宿通方面1」都市整図社、1999年）。
図7−20［下］「緑苑街」候補の東西道路にあるアーケード（2009年）。

B」に沿っていて、東西道路［図7−19D］には接していない。

もしかすると、東側の路地の西側の店舗は「千鳥街」だが、東側の店舗は「緑苑街」だったのかもしれない。こうした現象は棟割長屋の構造（1棟の長屋が2つの道路に面する）から生じるもので、現在の「ゴールデン街・花園街」でも見られる。ゴールデン街の北側の路地（G1）は、路地としてはゴールデン街で、南側の列の店舗はゴールデン街の組合なのだが、北側の列の店舗は花園街の組合なのだ。

ところで、新宿駅東口から新宿通りを東に新宿二丁目方向に歩いていくと、「新宿二丁目交差点」の南西角にとても薄っぺらなビルがある（新宿ビル1・2・3号館、［図7−21上］）。正確に言うと南側がやや幅がある極端に細い不正四角形をしている。新宿通りから見て右（西）側は細い路地で、左（東）側はケヤキ並木の無駄に広い歩道と大きな中央分離帯をもつ御苑大通りの南延長部分、つまり「千鳥街」の跡地だ。

何度も前を通っているはずだが、ある日、今さらながらひらめいた。「そうか、これは道路が敷設《ふせつ》されたときの削り残りだ！」

さっそく、1970年度版の住宅地図［図7−21下］を調べると、まさにそうだった。正確には道路を設置した際に「千鳥街」の西側の路地の片（西）側の店舗列の一部がかろうじて残り（太線で囲んだ部分）、その土地に1974年（昭和49）に建ったビルなのだ。ビルの西側の路地は「千鳥街」があった頃からのものであることもわかった［図7−9］。

そのことをブログに書いたら、今は亡き新宿「千鳥街」の名残のこのビルにあった会員制バー「LE QUINE GUINE（キヌギヌ）」のオーナーさんからコメントをいただき、いろいろ情報交換をすることができた。

「千鳥街」なんて誰も興味をもっていないだろうと思い込んでいたので、同じ関心をもっている方がいることを知って、とてもうれしかったし、なにより勇気付けられた。

「LE QUINE GUINE」は２０１５年10月に新宿五丁目に移転したが、いつか2人でタイムマシンに乗って「千鳥街」でデートしたいと思っている。

図7−21　「千鳥街」の削り残りの敷地に建てられたビル（2016年、上）のあたりを、1970年頃の住宅地図（『新宿区　1970年度版』公共施設地図航空株式会社、1970年〈昭和45〉）で見る。写真は新宿通り方向（北）から撮影しているので、地図とは東西（左右）が逆になっている。

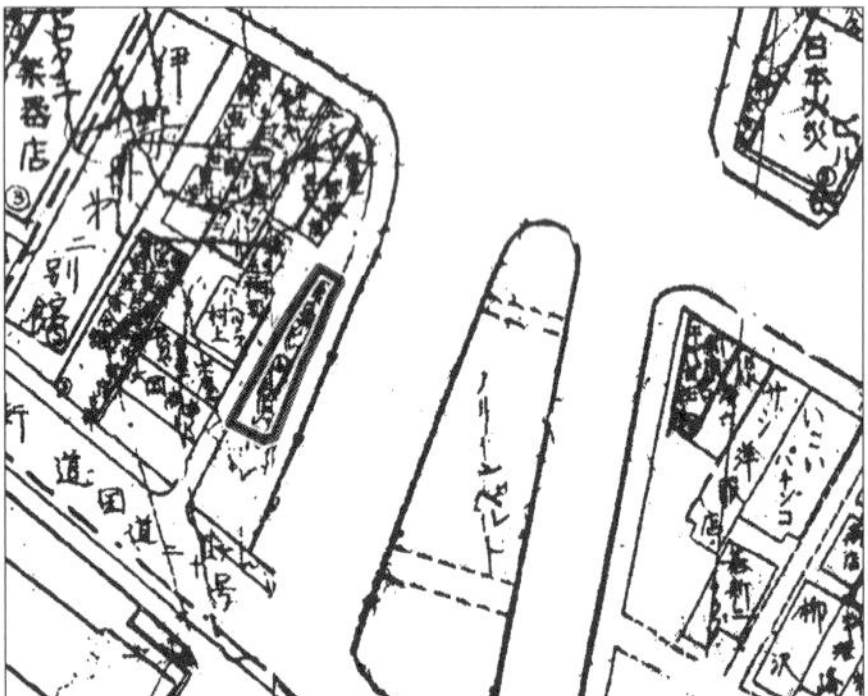

コラム7　「旭町ドヤ街」の今昔

木賃宿が並ぶ街

第7章で決め手になった写真を掲載していた池田信《あきら》『1960年代の東京──路面電車が走る水の都の記憶』＊1に、こんな写真が載っている［図C7－1］。

この写真はどこだろう？　キャプションに「木賃宿《きちんやど》が並ぶ旧旭町《あさひまち》旅館街」とあるから、新宿駅東南口を出て甲州街道のガードを潜《くぐ》った新宿四丁目の一角だろうか。

拡大すると、路地の左側中央に「旅館福助」の看板が見える。その手前の「ベットハウス」の看板には小さい文字だが「大和田旅館支店」と読める。さらに「旅館福助」の先には「第一相模屋」「第五相模屋」「よ志ふく」の看板が見える。路地の右側には「ケンシ　バーバーチェーン　アサヒ」という理髪店があり、その数軒先には繁った木立が路地にはみ出している。

さっそく、ほぼ同時代の住宅地図を調べてみた。

「福助旅館」は、すぐに見つかった［図C7－2A］。現在の地図と対照すると、その敷地は「雷電稲荷」の参道の向かって左側の駐車場になっている部分に相当する［図C7－3］。

その北側には「大和田旅館支店」も確認できる。現在は拡張された道路の路面になってしまった。路地の奥（南）には「第一相模屋」「第五相模屋」「よ志ふく」もある。また路地の西側（地図では左側）には「バーバー　アサヒ（?）」（上から2軒目。店名は不鮮明）という注記も読み取れる［図C7－4B］。［図C7－1］

図C7−1　「木賃宿が並ぶ旧旭町旅館街」、1962年（昭和37）、池田信撮影（毎日新聞社提供）。

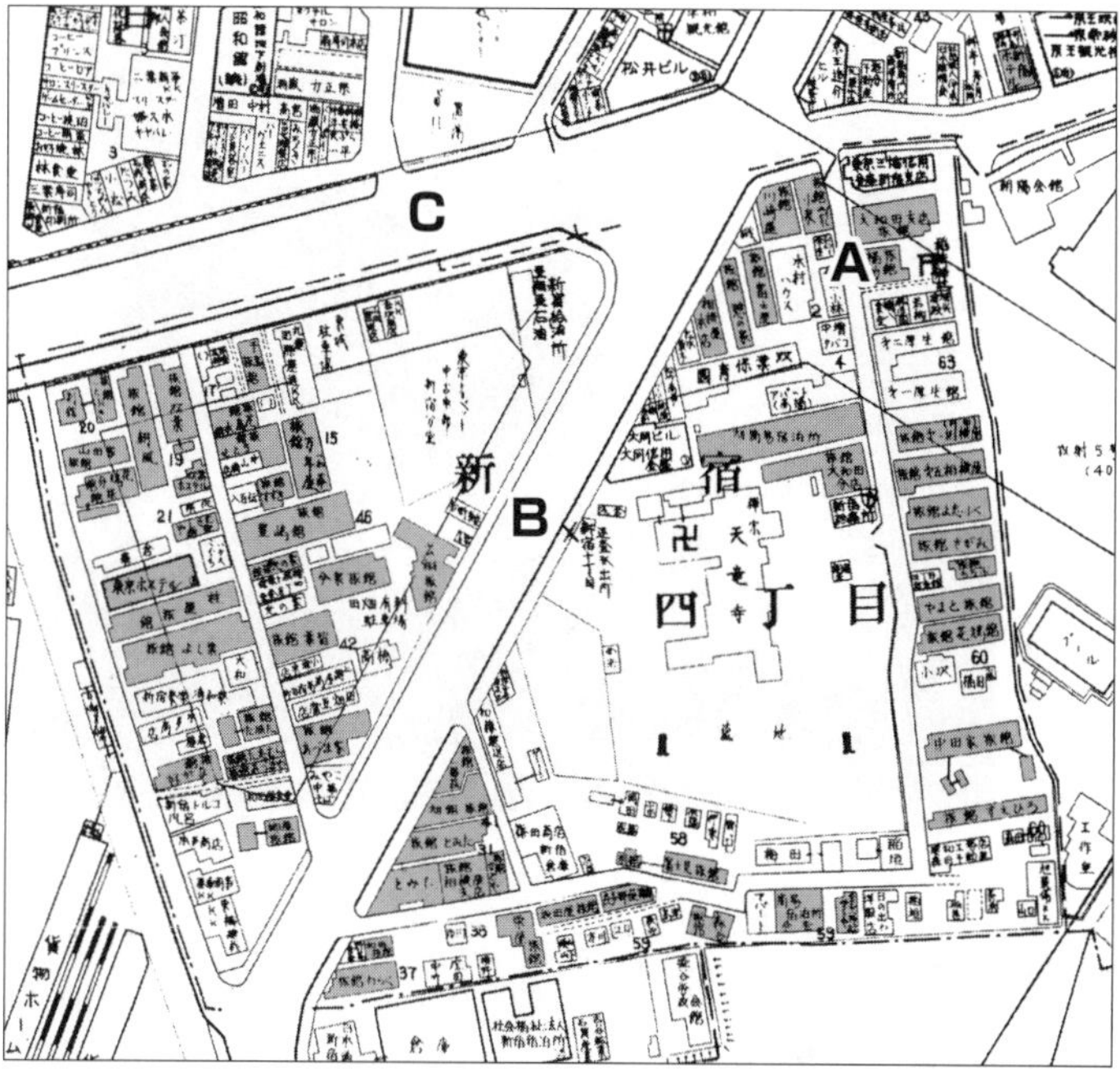

図C7－2　1963年度版の「住宅地図」で「福助旅館」を探すと、新宿4丁目の天龍寺近く、Aのあたりにあった。中央を斜めに横切るのが明治通り（B）、上方の広い道路は甲州街道（C。『新宿区　1963年度版』住宅協会地図部、1963年〈昭和38〉）。■部分は旅館、以下同。

の右手奥の繁った木立は天龍寺の墓地の樹木のようだ。

つまり、［図C7－1］は、天龍寺の東側の路地を北から南に撮ったものであることがわかる。撮影地点［図C7－4右A］は路地の入口で、中には入っていない。

できるだけ同じ視点で旅館街の路地を撮影してみた［図C7－4左］。

池田の撮影地点は、1991年に開通した国道20号線(甲州街道)のバイパスの新宿御苑トンネルに接続するた

図C7－3　「雷電稲荷」と隣接する駐車場（2018年）。

め道路が拡張された際に、路地の入口2軒分ほどが削られているので、現在は路面になっている。そこで、道路の中央分離帯に立って撮影してみた（[図C7－4左]。もう少し右側から撮るべきだったか）。

ところで、旭町についての記事をブログにアップしたら、「（福助旅館の斜め前の）『バーバーアサヒ』は私の生家です」というrikaさんからコメントをいただいた。「道路拡張で立退きを余儀無くされた1987年まで、私自身もこの家で育ちました」「現在は道路になってしまいましたが（FOREVER 21前の横断歩道の真ん中あたりですね）」とのことで、立ち退きの時期がはっきりし、道路拡幅《かくふく》がずいぶん大きかったこともわかった。

旭町の歴史

ということで、写真の場所がどこかという問題は、簡単に解決してしまったが、なぜこの路地には、こんなに旅館が並んでいるのだろう

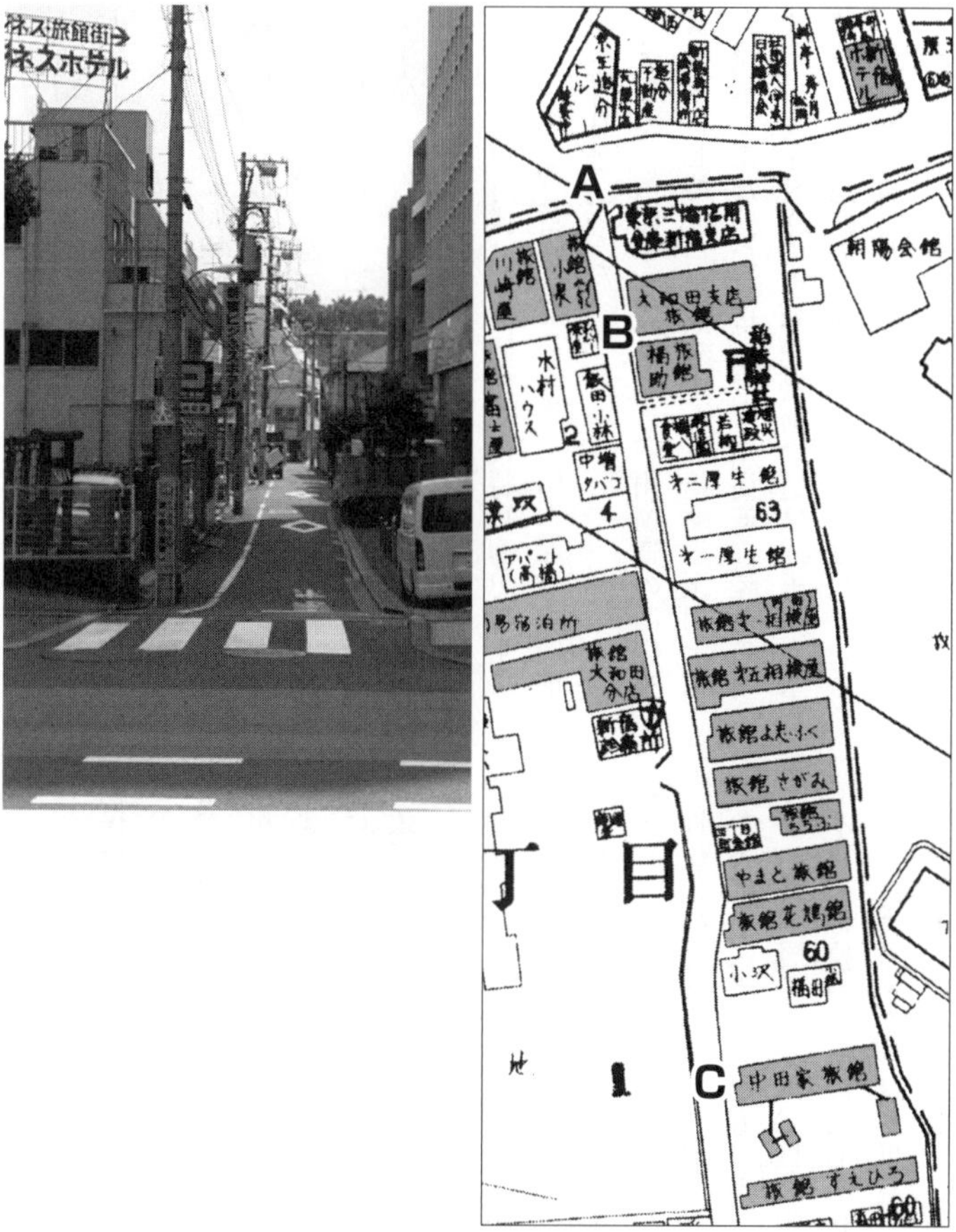

図C7－4　[右][図C7－2]の一部を拡大。「福助旅館」だけでなく、「大和田旅館支店」「第一相模屋」「第五相模屋」「よ志ふく」「バーバーアサヒ？」（B）などが見て取れる。[図C7－1]は中央の路地の北側（上）入口付近（A）から撮影したものであることがわかる（『新宿区1963年度版』住宅協会地図部、1963年〈昭和38〉）。[左][図C7－1]とできるだけ同じ位置から同じ場所を撮影（2013年）。

か？

新宿駅の東南口（ルミネ口）を出てエスカレーターで広場に降りて甲州街道の陸橋を潜ると、そこが新宿四丁目。1920年（大正9）から1947年（昭和22）までは「旭町」と呼ばれ、さらにその前は「南町《みなみちょう》」と呼ばれていた街だ。

この街は、内藤新宿の宿場町だった新宿一・二丁目や、宿場の外れ（追分《おいわけ》、現：新宿三丁目交差点）と角筈《つのはず》村（現在の新宿駅の東西に跨《また》った地域の旧称）が合わさった三丁目とは起源が異なる。江戸時代には、徳川二代将軍秀忠の生母（西郷局《さいごうのつぼね》）の菩《ぼ》提寺《だいじ》である護本山《ごほんざん》天龍寺の門前町（寺社地）だった。

そして、街のすぐ北を通る甲州街道の南側をほぼ平行して江戸に飲み水を供給する玉川上水が流れる街だった。現在、甲州街道の陸橋の南側に沿うJRAの馬券売場前の道は、玉川上水に蓋をした道路で「堀端《ほりばた》通り」と呼ばれている。

天龍寺の門前町だった内藤新宿南町は、1887年（明治20）の「宿屋営業取締規則」で「木賃宿営業許可地域」に指定される。これは、東京中心部に近い所にあった「目障《めざわ》りな」細民街（スラム）、芝新網町《しばしんあみちょう》（現：浜松町駅付近）、下谷万年町《したやまんねんちょう》（現：上野駅付近）、下谷山伏町《やまぶしちょう》（現：上野駅付近）、四谷鮫河橋《さめがはし》（現：四谷駅・信濃町駅付近）などを、より都市縁辺部に追い立てようとした明治政府の政策だった。南町の指定は徳川将軍家ゆかりの門前町に対する薩長藩閥政府の嫌がらせという側面もあったようだ。

木賃宿とは、自炊、もしくは宿泊客が米などの食材を持ち込み、薪《まき》代相当の金銭（木賃）を払って料理してもらうのが原則の最下層の旅籠《はたご》であり、明治以後は安価で粗末な安宿を意味するようになる。

近代化の進展の中で、農村から東京や大阪などの大都市に流入したものの、定まった家をもてない貧困層の人々は、日々の泊まり賃を払って木賃宿の狭い一室に長期滞在することになる。

こうした木賃宿を核に、低賃金工場労働者、日雇い労働者、廃品回収業者（古物商・屑《くず》拾い）、遊芸人、失業者、無職困窮者（病者・身体障害者）、彼らの家族、そして「密淫売《みついんばい》」の街娼《がいしょう》や女装男娼などが集積する形で、スラム街が形成された。

木賃宿営業許可地域にされた南町（旭町）は急速に貧民窟（スラム）化していった。林芙美子（1903〜51）のベストセラー小説『放浪記』（1930年〈昭和5〉）には、1923年（大正12）頃、同棲相手に捨てられた20歳の芙美子が旭町の木賃宿に泊まったことが記されている。

「夜。新宿の旭町の木賃宿へ泊った。石崖《いしがけ》の下の雪どけで、道が餡《あん》このようにこねこねしている通りの旅人宿に、一泊三十銭で私は泥のような体を横たえることが出来た。三畳の部屋に豆ランプのついた、まるで明治時代にだってありはしないような部屋の中に、明日の日の約束されていない私は、私を捨てた島の男へ、たよりにもならない長い手紙を書いてみた」＊2

「まるで明治時代にだってありはしないような部屋」の宿代は一泊30銭だった。当時の物価は、山手線の初乗りが5銭、ざるそばが8〜10銭、うな重が50銭だったから、だいたい5000倍すると現代の感覚に近くなる。30銭はおよそ1500円見当だろうか。やはり相当な安宿だ。

その晩、芙美子は「臨検」（警察による臨時の抜き打ち検査）に出会う。

「夜中になっても人が何時《いつ》までもそうぞうしく出はいりをしている。『済みませんが……』そういって、ガタガタの障子をあけて、不意に銀杏《いちょう》返《がえ》しに結った女が、乱暴に私の薄い蒲団にもぐり込んで来た。すぐそのあとから、大きい足音がすると、帽子もかぶらない薄汚れた男が、細めに障子をあけて声をかけた。『オイ！　お前、おきろ！』やがて、女が一言二言何かつぶやきながら、廊下へ出て行くと、パチンと頬《ほお》を殴《なぐ》る音が続けざまに聞えていたが、やがてまた外は無気味な、汚水のような寞々《ばくばく》とした静かさになった。女の乱して行った部屋の空気が、仲々しずまらない。『今まで何をしていたのだ！　原籍は、どこへ行く、年は、両親は……』薄汚れた男が、また私の部屋へ這入《はい》って来て、鉛筆を嘗《な》めながら、私の枕元《まくらもと》に立っているのだ。『お前はあの女と知合いか?』『いいえ、不意にはいって来たんですよ。』」

密淫売の取り締まりのため宿に立ち入ってきた刑事に危うく娼婦と間違われそうになるのだが、つまりは、そういう場所だということだ。

そして、1930年（昭和5）、明治通りの開通によって、街は真っ二つに引き裂かれてしまう［図C7－2］。

その頃（1935年の初頭）、ある記者が「北東京の持つ唯一の魔境旭町」に潜入する＊3。空き地の板囲いの中を覗《のぞ》くと、男女6人が花札賭博《とばく》をやっている。若い女性は寒い季節だというのに腰巻だけの半裸だ。賭ける金がなくなり着物まで賭けてしまったのだ。その勝負に負けたら身体を差し出すしかない。安焼酎《やすしょうちゅう》に酔って倒れている記者が股間《こかん》に気配を感じて目を覚ますと、「一六、七の女の子が着さうな振袖、そしてボロボロに破れた絵日傘を持った」40歳くらいの奇怪ないでたちの女が記者の股間を弄《もてあそ》んでいた。後でわかることだが、梅毒の最終期（「脳梅毒」＝進行麻痺）で精神に異常をきたした元娼妓《しょうぎ》だった。旭町はそういう人たちが集まり住む街だった。

戦後期の旭町

戦後の混乱期には、旭町のドヤ街（簡易宿泊所。ドヤは宿の転倒語）を寝ぐらとする街娼たちがたくさんいた。［図C7－5］は1952年（昭和27）の「東京街娼分布図」＊4だが、「青梅街道口」とあるのが現在の新宿駅南口で、「第一劇場」とあるのは、後に「新宿三越南館」が建ち、現在は「大塚家具」になっている場所。甲州街道の陸橋が終わるこのあたりから、明治通りとの交差点を挟んで新宿御苑の塀沿いの道にズラリと街娼たちが立ち並んでいた。

1947年（昭和22）には、旭町から新宿四丁目へ町名変更が行われたが、高度経済成長期になっても、旭町は、山谷と並ぶ東京のドヤ街

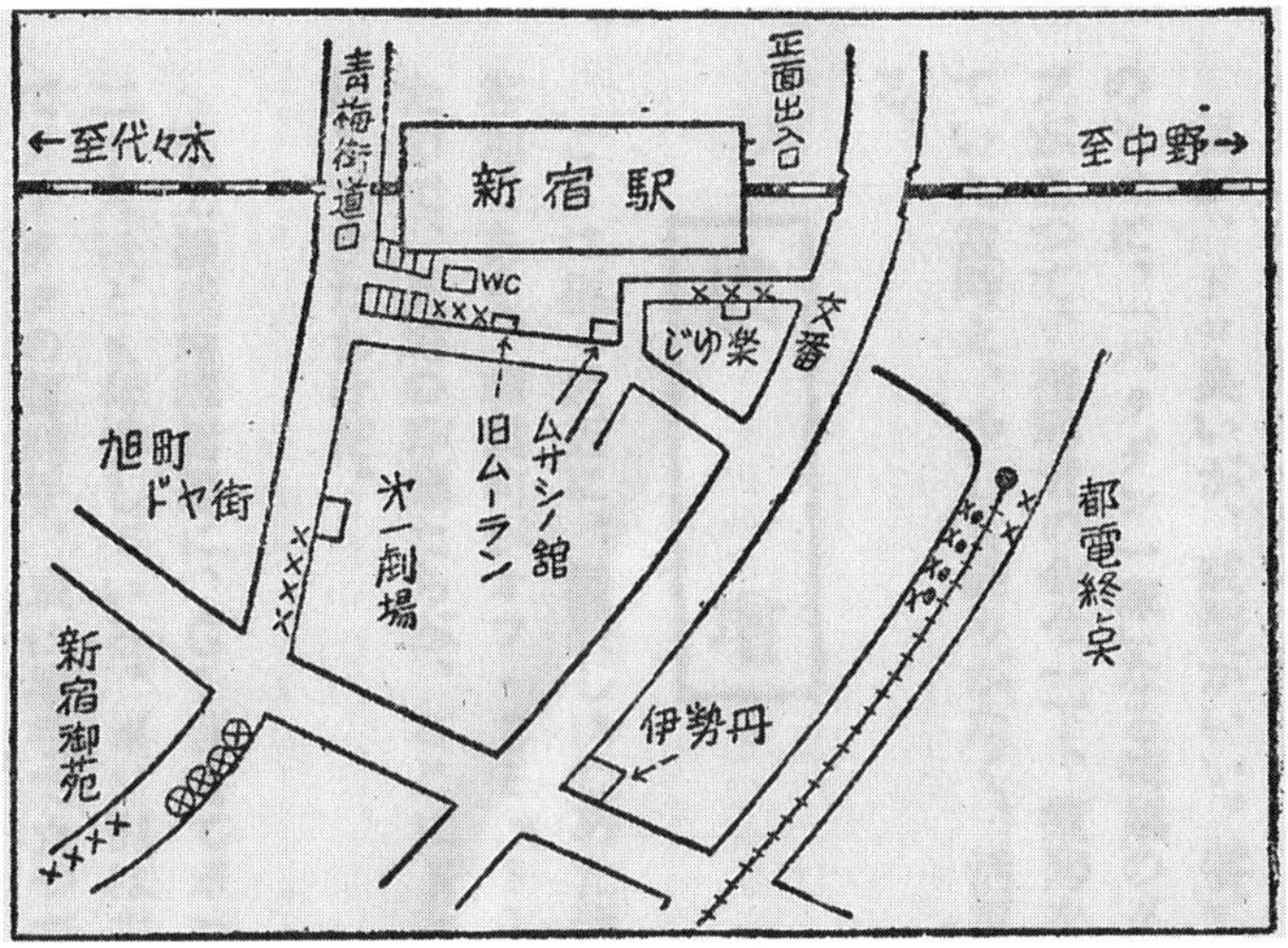

図C7−5　1952年（昭和27）頃の新宿の街娼分布図（「東京街娼分布図」＊4）。右が北。×は街娼、⊗は洋娼、●は男娼をあらわす。

として知られていた。

1958年（昭和33）4月の「売春防止法」完全施行直後の新宿の状況を紹介した「街の特集　新宿」＊5には、次のように記されている。

旭町

【方位】南口へ出る陸橋の下、左側のドヤ街。アベックで友引きの方位。

【名物】♨マーク、グレン隊、立ン坊。旅館でマトもなのは、国鉄指定の桂屋。

【特色】陸橋下のガード付近は、屋台の影に街娼がチラホラ。その後にグレン隊のヒモがウロウロ。

チヨいと足のすくむ光景だが、アベックともなると早くマークへ行きたい一心で、手と手

> をつなぎワキ目もふらず、真ッしぐら。恋は盲、（原文ママ）盲へビにおじず。女ひとりでこの辺を歩くと、縄張り荒しと間違えられるから要注意。行きも帰りも、男性はエスコートして、♨マークで待合わせなんかはしない方が身のため。

１９５８年（昭和33）段階で「旭町」は、ドヤ街であると同時に、「♨（温泉）マーク街」（連れ込み旅館街）として認識されていたことがわかる。また、ドヤを根城にする街娼の縄張りであり、夜間は女性が一人で歩ける場所ではなかった。

私が新宿の街を歩き始めた１９９０年代初め頃でも、冬の夜には労務者のオジさんがドラム缶たき火をしていたり、甲州街道のガード下にはあやしいお姐さんが立っていて、とても「女の子」が入り込める状況ではなかった。店のママにも「あそこはプロの縄張りだから、入ったら駄目よ」と注意された。そうした認識は、少なくとも１９５０年代から90年代までずっと続いてきたことがわかる。

１９９１年の「東京区分地図」（昭文社）を見ると、天龍寺の墓地の東側から南側の路地には、「芙蓉」「新宿ビジネスホテル」「新宿荘」「第五相模屋」「よ志ふく」「さがみ」「やまと」「花嶋館」「中田家」「すえひろ」「イマイ」「銀水」「光村」など小さな旅館が軒を並べている。このうち「第五相模屋」は１９３５年（昭和10）頃に作成された地図にも屋号が見え、木賃宿に起源を持っている。

前述のように、旭町から新宿四丁目への町名変更は１９４７年（昭和22）のことで、この記事の頃はすでに新宿四丁目だったはずだが、かなり後まで、少なくとも１９９０年代半ばくらいまでは、「旭町」の方が通りは良かったと思う。それだけ、特殊なエリアという意識が強かったのだろう。

先に掲げた１９６３年（昭和38）度版の住宅

地図【図C7-2】を見ると、街を斜めに分断している明治通りの東西で様相が少し違うことに気づく。

図が小さくて文字が読み取れないかもしれないが、東（右）側の旅館は「大和田」「第一相模屋」「第五相模屋」「中田家」などまったく風情が感じられない名前が目立つ。奥の方に行くと、「花鳩館」とか「すえひろ」とかまずまずの名前もあるが。

それに対して西（左）側には「朝風」「ちとせ」「千鳥」「花鳥」「よし葉」などなかなか風情を感じられる名の旅館が多い。おそらく、アベックを客とする連れ込み旅館は西側のエリアに多く、東側のエリアには簡易旅館（ドヤ）が多かったのだろう。

ちなみに明治通りを南に行くと、この時期、「連れ込み旅館」街として知られた千駄ヶ谷地区に至る。想像するに、あまりお金のないカップルは、新宿駅南口から徒歩で旭町の温泉マークを目指し、女連れの裕福な男性は南口からタクシーに乗って、千駄ヶ谷の高級「連れ込み旅館」へと走ったのではないだろうか。

先に紹介した記事に「マトも」な旅館として唯一、名が出てくる「桂屋」は、【図C7-6右上】の中央あたり（A）、国鉄の新宿貨物駅（現在、「高島屋」デパートがある場所）のすぐ北側にあった。「国鉄指定」というのは、そうした地縁からだろう。

「桂屋旅館」は、『加藤嶺夫写真全集　昭和の東京1　新宿区』＊6に1993年撮影の写真が載っている【図C7-6右下】。「日観連」の看板（日本観光旅館連盟の指定旅館の表示）は出ているが、入口はかなり「連れ込み」風だ。

南隣の旅館の屋号は、1963年（昭和38）の住宅地図【図C7-6右上】では「よし葉」だが、1993年の写真【図C7-6右下】では「千花《ちばな》」に変わっている。

なお、「桂屋旅館」については、作家の館淳一《たてじゅんいち》さんのブログに2003年4月撮影の写真【図C7-6左上】が掲載されている＊7。屋根

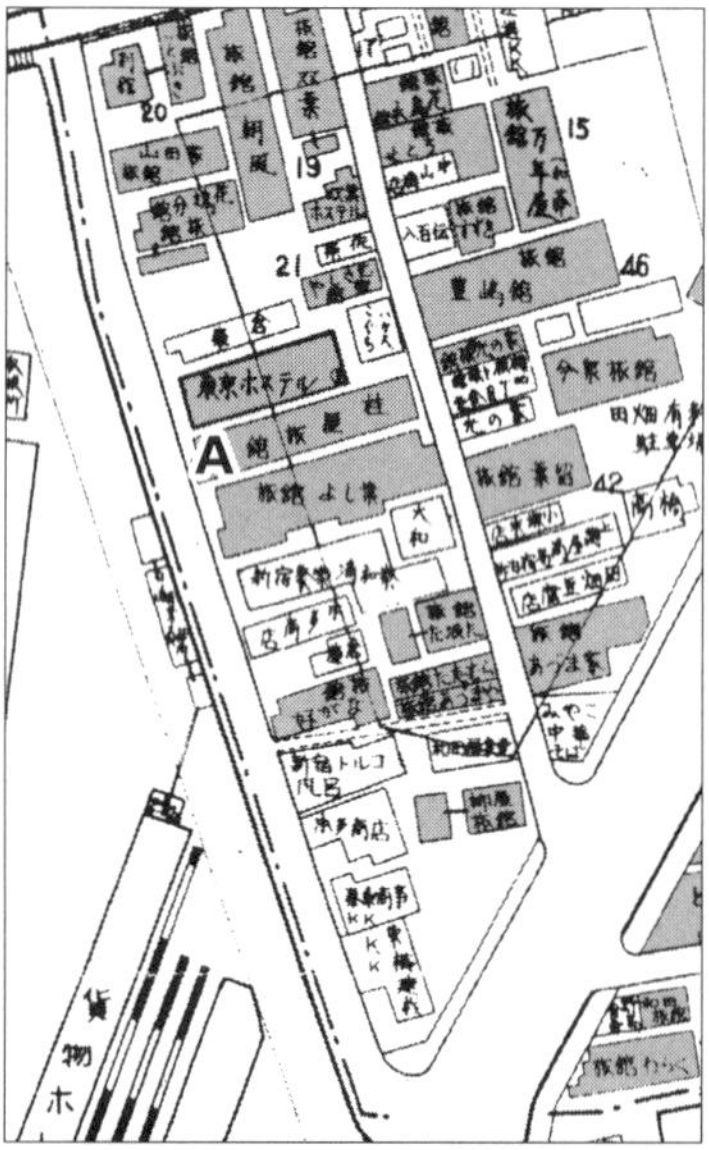

図C7−6　［右上］図中のAが「桂屋旅館」（『新宿区1963年度版』住宅協会地図部、1963年（昭和38））。［右下］1993年の「桂屋旅館」（加藤嶺夫写真全集『昭和の東京1　新宿区』デコ、2013年*6、より）。［左上］2003年の「桂屋旅館」、館淳一氏撮影。［左下］「桂屋旅館」跡地（2013年）。

桂屋旅館
25 4:16PM

ZARA
ZARA

の上に鉄骨を櫓《やぐら》状に組んだネオン看板があったことがわかる。そういえば、山手線の電車から眺めた記憶が……。

[図C7−6左下]は『加藤嶺夫写真全集』掲載写真[図C7−6右下]と同じ場所の現在（2013年7月）の状況。著しい変貌ぶりで、20年前の面影はまったくない。「桂屋旅館」があった場所（新宿四丁目1番地8）には、「ZARA」というスペインのファッションブランドの新宿南口店が入ったおしゃれなビルが建っている。南隣の「千花」があった場所（新宿四丁目1番地7）は「417」と「SLOBE」（2017年8月閉店）というショップが入ったビルになっている。

現在の新宿四丁目

現在の新宿四丁目は、先に述べたように西半分が新宿駅新南口の再開発で

図C7−7 ［右頁］池田信の1962年（昭和37）の写真［図C7−1］と同じ路地（2009年）。方向は同じだが、かなり奥に入った地点から撮影。左側が旧ドヤ街、右側が天龍寺の墓地。遠景には代々木のドコモタワー（NTT ドコモ代々木ビル）がそびえ、ちょっと、シュールな取り合わせ。47年の歳月が街を激変させたことがよくわかる。［左頁］わずかに残る簡易宿泊所「中田家」［図C7−4右C］。１階は普通の高さだが、２階に相当する部分の窓を見ると、２層になっているのがわかる。玄関の料金表は「１泊　1800円　個室2200円」（2018年）。

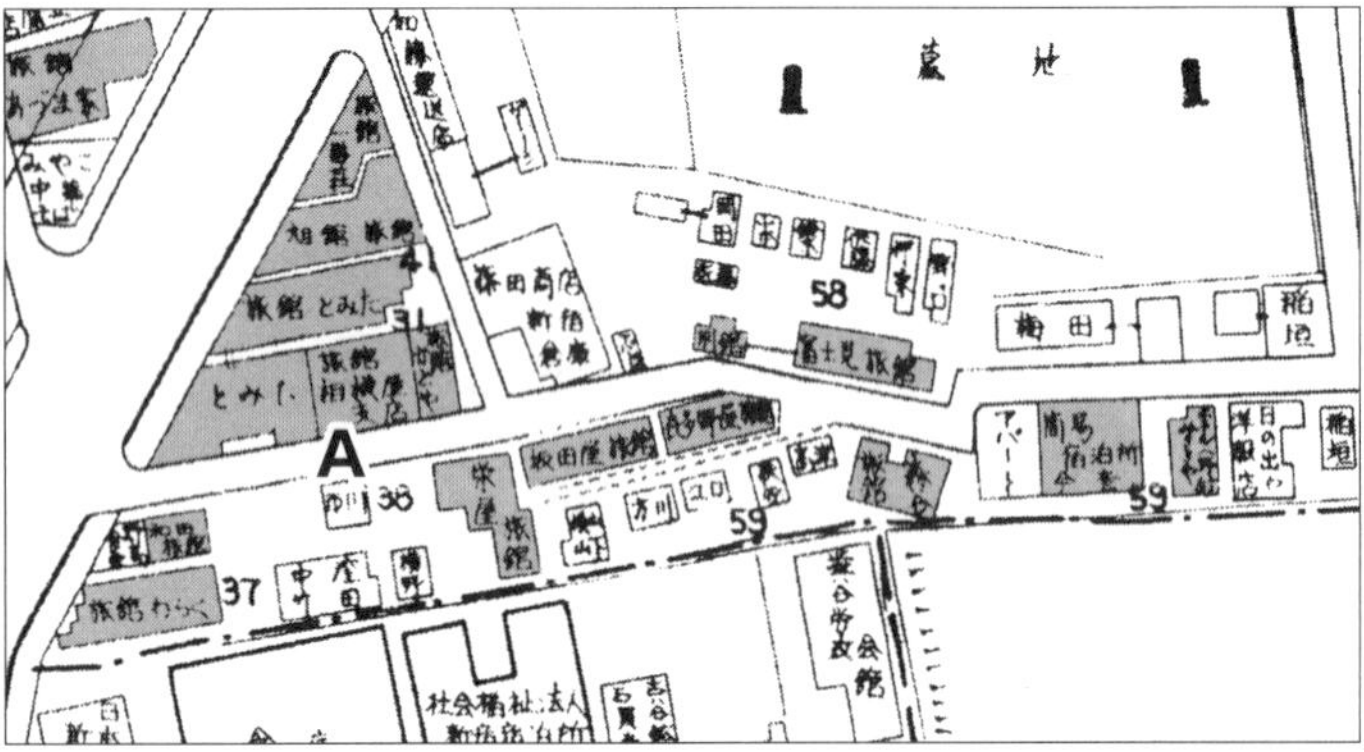

図C7−8 ［上］天龍寺の南側の路地にある、いかにも木賃宿っぽい名前の「相模屋」は、1963年度版の「住宅地図」には「旅館相模屋支店」（A）と記されている（『新宿区 1963年度版』住宅協会地図部、1963年〈昭和38〉）。［下］現在は「ユースホテル」（ユースホステルではない）になっている（2010年）。

見違えるようにきれいになり、連れ込み旅館街だった面影はほとんどない。しかし、東半分には、かつてのドヤが姿を変えたビジネスホテルやウィークリー・マンションがいくつか残っている。1991年の地図に名前が見える「旅館」のうち、「新宿ビジネスホテル」「さがみ」「中田家」「すえひろ」はなお健在だ。

　現在、この路地はほとんど人通りがない。宿泊料が安いので外国人観光客の姿はちらほら見られるが。大規模な都市開発から取り残され、寂《さび》れているというより、忘れられているに近い。少数の高齢の方がひっそり暮らす典型的な都市型過疎地になっている。

　それに比べると、冒頭に紹介した1962年（昭和37）の写真［図C7－1］のドヤ街時代は、貧しくてもそれなりに人の動きが感じられる。果たして、どちらが街らしいのだろう？　と考えてしまった。

あとがき――2つの出会い

新宿歌舞伎町での出会い

私が新宿歌舞伎町の女装スナック「ジュネ」で「お手伝いホステス」をしていた1996年頃のことだ。当時はまだバブルの余韻《よいん》が残っていて、現在にくらべればずっと景気が良く、明け方、店が終わると薫ママに連れられて朝まで営業している高級居酒屋に行くのが常だった。

その店の2階の座敷で、脚の不自由な中年男性（チーフ）に率いられた7～8人の若い女性の集団としばしば相席になった。同じ夜の歌舞伎町の人間同士の気安さで、互いにビールを差し入れたりして交流をもつようになり、話の内容から彼女たちが歌舞伎町に本拠を置くデリバリーのセックスワーカーたちであることがわかった。私がセックスワークの世界と直《じか》に接した最初の体験だった。

それから1カ月ほどたったある夜、出勤前にいつものように靖国通り沿いの喫茶店「珈琲貴族」に入り、窓際の空いている席に腰掛けたら、斜め向かいの席の女性から「おはようございます」と声をかけられた。「いつも〇〇〇（居酒屋の名）で一緒になる『ジュネ』の順子姐さんですよね」

私も、明け方の居酒屋で何度か話をした「チェリークラブ（仮名）」のマミさんであることに気がついた。そんな出会いで、彼女のPHSが鳴るまでの40分ほどの間、コーヒーを飲みながらおしゃべりすることになった。

彼女は、たぶん23〜25歳くらい、抜群の美形というほどでもないが、人懐《ひとなつ》こい笑顔と気さくな性格が魅力的な女性で、服装などもごく普通。外見からは、稼ぎ時の金曜日、夜の浅い時間から明け方まで4〜5回転も仕事をして揚げ代20万円以上、月の手取り収入が120万〜150万円という、クラブでもトップを争う売れっ子セックスワーカーだとは想像もつかない。自分でお商売（花屋さん）を始めるための事業資金として、3年間で3000万円貯めるのを目標に、この仕事に入ったものの、精神的ストレスが強まる度に多額の買い物をして浪費してしまうので、「今のペースだと5年以上かかりそう」と言っていた。

その彼女がおしゃべりの中で「あたしたちって、いてもいない存在なんですよ」と言ったことが妙に印象に残った。「売春防止法」が機能している現在、彼女たちのような存在、セックスワーカーは、社会の建前上は存在しないアンダーグラウンドな存在なのだ。

すでに本文（第4章）でも触れたが「いくら事務所のバックアップがあっても、頭がおかしな客にぶつかって、ベッドで首を絞められたら終わりなんですよ。売春婦が1人殺されたって、テレビも新聞も殺された方が悪いみたいな扱いでしょう」。

セックスワークを一方的に罪悪視することによって、彼女たちの仕事と人生が世の中の影の部分に追いやられている理不尽さに、その時、私は初めて気がついた。

東洋一の大歓楽街である東京新宿歌舞伎町で「女」になった私自身、夜の街を歩いていて「お姐さん、いくら?」と男性から声をかけられることは、稀ではなかった。実際、行きずりの男とラブホテルに入った時、「このくらいでいいかな?」と1万円札3枚を差し出されて、「仕事でしてるんじゃありませんから」と断ったのに、男と別れた後でショルダーバッグの外ポケットに1万円札が2枚入っていたこともあった。

つまり、ある種の(買春)男性の目からすれば、セックスワーカーの女の子も、私も、向こう側の人間(買う対象)であり、買売春はけっして遠い世界のことではなかった。

そんな時代から、3~4年が経ち、私は曲がりなりにも性社会・文化史の研究者として、トランスジェンダー(性別越境)の歴史研究を進めていくことになった。そして、女装した男性のセックスワーカーである「男娼」たちの分析・研究を通じて買売春問題にも関わりをもっていくことになる*1。しかし、そうした研究上の必要性や私自身のささやかな体験があったにせよ、私が「売春防止法」の意味に疑問をもち、買売春の歴史と現状に関心を抱いたのは、マミさんとの短い語らいが最初のきっかけだったように思う。

台湾での気づき

さて、2003年12月、私は台湾国立中央大学「性/別研究室」主催の国際シンポジウム「跨性別新世紀」に招かれた(「跨性別」とは性別を跨《また》がって生きる人、つまりトランスジェンダーの漢語訳)。

公式日程が終わって市内観光に出掛ける日の朝、私を招いてくださったジョセフィン・ホー(何春蕤)教授に「レスリーさん(Leslie Feinberg アメリカのFtM〈女性から男性へ〉トランスジェンダー作家、2014年11月15日没）たちは、今日の午後、セックスワーカーに会うことになっています。順子さんはセックスワークの問題に興味がありますか？（興味がなければ）故宮博物館でゆっくりしていてもいいですよ」と尋ねられた。私は即座に「サイドワークとして、日本の『赤線』について調べています。ですからとても関心があります。ぜひご一緒させてください」と返事をした。

台北市では、1997年9月6日に、それまで市が公認していた18軒の娼館が閉鎖され、市が発行していたセックスワーカーの「営業ライセンス（許可証）」を一方的に取り上げるという事態が起こった。それまで18軒の公娼《こうしょう》館で合法的に働いていた133名のセックスワーカーたちは、いきなり生活手段を奪われることになり、激しい反対運動を繰り広げた。その結果、1999年1月になって、暫定的処置として転職のための2年間の猶予期間を設けるという法律が公布されたが、猶予期間が終わった2001年3月に、台北市の公娼制度は完全に廃止された＊2。

何教授に連れて行ってもらったのは、ダウンタウンの「帰綏街《きすいがい》」のメインストリートから小さな路地を入った古びたビルだった。その1階にある「春鳳楼茶館」は、数年前まで実際に営業していた娼館で、現在は「春夫人四物醋工坊」と名乗ってお酢などの製造販売をしながら、入場料を取って娼館の実態を示す資料館になっていた＊3。

そこで元セックスワーカーと支援者のお話をうかがい、台湾の売春禁止法がセックスワーカーの働く権利を無視し、廃業後の生活保障を軽視して行われたこと、それらの施策は女性の人権やモラルを重視する進歩的とされる政治勢力によって推進されたこと、そして進歩的なモラリストを自任する人たち（その多くは女性）がセックスワーカーたちの真摯《しんし》な要求を顧みようとしなかったことなど、1950年代の日本の「廃娼運動」にとても似ていることに気がついた。

図1　［上］台北市の旧「春鳳楼茶館」。娼館時代の看板。［下］仕事場であるベッドと、この部屋で働いていた女性の写真が展示されている（ともに2003年）。

そして館内を見学し、周囲の街に残っている日本統治時代の建物などを見学しているうちに、重要なことに思い至った。それは日本が台湾に作り、１９４５年８月の敗戦で残していったものは、娼館の建物だけではなく、買売春の制度、公娼制度そのものなのだということだ。公娼制度の根幹は売春を業とする女性（娼妓《しょうぎ》）を登録して管理する「鑑札《かんさつ》制度」と、売春を行う場所を特定する「貸座敷制度」だった。今まで「ライセンス」という英語で聞いていたので、うかつにも気がつかなかったが、

図2　かつて娼館が集まっていた「帰綏街」（2003年）。

「ライセンス」を「鑑札」という言葉に置き換えたならば、つい最近まで続いていた台北市の「公娼ライセンス制」は、戦前の日本の「娼妓鑑札制」の継続形態なのだ。

台湾の公娼制度の歴史は、日清戦争の後、日本の統治下に入った1895年の直後に日本の公娼制度（買売春管理システム）が移入されたことに始まる。そして、1906年の民政長官通達「貸座敷及娼妓取締規則標準」によって全島的に統一された制度が確立され、ほぼそのまま1945年8月の日本統治終了まで継続する。

台湾の「公娼ライセンス制」が日本統治時代の「遺産」だとするならば、その廃止、つまり、「廃娼運動」の様相が似てくるのも、当然のことなのだ。

旧「春鳳楼茶館」で、私とほぼ同世代

の元セックスワーカーに「あなたは美人だから（現役時代は）売れっ子だったでしょう」と言われた。同じ側にいた人間と認識してのお世辞だったと思う。正直、戸惑いを覚えたが、世界各国のＭｔＦ（男性から女性へ）トランスジェンダーの多くがセックスワーク経験者であるという現実からすれば、当然の推測なのだろう。そして「（同じ側にいた）あなたなら、私たちの気持ちをわかってくれると思う」と言われた。

図3　［上］「帰綏街」の建物の、小さく仕切られた部屋。［下］丸窓やアーチの多用はアールヌーヴォー風（もどき）の様式。日本の「赤線」建物とよく似ている（ともに2003年）。

私が、将来、買売春の問題を研究する時には、可能な限りセックスワーカーの視点を取り入れようと決意したのは、この2つの出会いがあったからだ。

本書の内容は、主に2002年から2018年までの約17年間に、いくつかの研究会で報告した内容がもとになっている。

本書の概要を記しておこう。第1章はこの本の主な舞台である新宿の「性なる場」の原点である「新宿遊廓」について、その場所にこだわって解明する。コラム1は前近代日本の買売春の略史と「廓」の空間論。第2~4章は東京を中心とした「赤線」総論で、その成立、実態と経済、その終焉《しゅうえん》を論じる。第4章は売春防止法成立後から現代に至るセックスワークの問題にも及ぶ。コラム2はRAA(Recreation and Amusement Association:特殊慰安施設協会)と「赤線」についての新発見、コラム3は注目されることの少ない「赤線」の客、コラム4は「赤線最後の日」の虚構について。第5章は新宿の「青線」の詳論。「赤線」と併せて昭和戦後期の新宿の「性なる場」の形成を歴史地理的に分析した都市論。コラム5は「青線小説」の紹介とその資料価値。第6章は「赤線」と都電の関係を整理した都市交通論。コラム6は「赤線」女給と銘仙の関係に着目したファッション論。ついでにカバー画像の解説。第7章は闇市起源の飲み屋街「千鳥街」を探索し、新宿「ゲイタウン」の成立にかかわるミッシングリンクを検出する。コラム7は旭町ドヤ街の形成と変貌のメモランダム。そして、あとがきは研究の出発点となった2つの出会い。いたってまとまりがないが、新宿を中心とした「性なる場」の歴史地理、都市論のつもり。

第2~4章とコラム3は、「お茶の水女子大学フェミニズムと現代思想『映像表現とジェンダー』

図4　コラム1でも紹介した「赤線」洲崎のメインストリートに面して建つ「大賀」の前で。「性なる場」の研究を始めるきっかけとなった「関西性欲研究会」巡見の日に（2001年）。

研究会」での2回の報告（2002年、2009年）と京都大学グローバルCOEプロジェクト「親密圏と公共圏の再編成をめざすアジア拠点」コアプロジェクト7「戦後日本におけるセクシュアリティと親密性の再編」での講演（2012年）をベースに加筆した。第5章とコラム6は、井上章一・三橋順子編『性欲の研究　東京のエロ地理編』（平凡社、2015年）に掲載したものを改稿した。第1章は2010年、第6章と第7章は2013年、コラム5は2014年、コラム4は2017年、コラム2は2018年に、それぞれ関西性欲研究会で報告した内容に基づいている。コラム1とコラム7は未発表の新稿である。

　いかにも怪しげなトランスジェンダーに報告の場を与えてくださった「『映像表現とジェンダー』研究会」の館ひろ

子・小林富久子両先生に感謝申し上げる。そして、新宿の店やブログ（続々・たそがれ日記）でいろいろ情報提供やご教示をくださった大勢の方々に御礼申し上げる。ただ、「ロマンスグレーの紳士」（斉藤誠氏）をはじめ何人かの方がすでに鬼籍に入られているのが残念だ。

遊廓や「赤線」をどのように学問化し研究するかという点で、加藤政洋さん（立命館大学教授）の手法をお手本にさせていただいた。加藤さんの『敗戦と赤線』（光文社新書、２００９年）で、私の考えや分析が間違っていないことを確認したり、私が思い至らなかったことを学ばせていただいた。また本書には収録できなかったが、加藤さんとの対談「『性なる』場所の戦中戦後」（『性欲の研究　東京のエロ地理編』平凡社、２０１５年、に収録）は、楽しかったと同時に、本書を書き上げる大きなエネルギーになった。

本書の執筆にあたっては、加藤さんだけでなく、多くの研究者の成果に学ばせていただいた。選書という性格上いちいち注記できなかった失礼をお許しいただきたい。

最後になったが、いくつもの報告をさせていただき、その都度さまざまな助言をくださった井上章一さん（国際日本文化研究センター教授）主宰の「関西性欲研究会」の仲間たちに心からの感謝を捧げたい。思えば、あの大雪の翌日の「赤線」洲崎《すさき》の巡見（２００1年1月28日）から、私の「赤線」「青線」研究は始まった。皆さんの支えがあったからこそ、17年の歳月を経て、ようやくこの本をまとめることができた。ありがとうございました。

２０１８年８月

三橋順子

註

第1章

＊1　『都史紀要二十九　内藤新宿』（東京都、1983年）
＊2　『新編武蔵風土記稿』巻十一　豊島郡之三
＊3　「五駅便覧」（『日本交通史料集成第1輯』聚海書林、1985年）
＊4　上村行彰編『日本遊里史』（文化生活研究会、1929年）巻末付録
＊5　一瀬幸三編『新宿遊郭史』（新宿郷土会、1983年）

コラム1

＊1　詳しくは、白倉敬彦「もう一つの吉原」（『江戸の吉原――廓遊び』学習研究社、2003年）、塩見鮮一郎『吉原という異界』（現代書館、2008年）などを参照
＊2　上村行彰編『日本遊里史』（文化生活研究会、1929年）巻末付録

第2章

＊1　「第十三回国会衆議院行政監察特別委員会議事録」第11号　http://kokkai.ndl.go.jp/SENTAKU/syugiin/013/0666/01302290666011.pdf
＊2　ドウス昌代『マッカーサーの二つの帽子』（講談社文庫、1985年）
＊3　小野常徳「売春ノート」（『えろちか』復刊2号、1973年）
＊4　礒部鎮雄『根津遊廓昌記』（カストリ出版、2018年）

＊5　上村行彰編『日本遊里史』（文化生活研究会、1929年）巻末付録
＊6　小岩 3-1316「東京パレス」http://www.ten-books.jp/article.php?id=360
なお、「東京パレス」を取材した坂口安吾「安吾巷談──田園ハレム」（『文藝春秋』1950年9月号）では、案内人が「戦時中、ここに何万という（嘘ツケ）工員が白ハチマキをして、住んでおりまして、講堂でノリトをあげて、それより木銃をかついで隊伍堂々工場へ駈足いたしましたそうで」と説明していて、安吾も男子寮だったことをイメージしているように読める。

コラム2

＊1　加藤政洋『敗戦と赤線──国策売春の時代』（光文社新書、2009年）
＊2　『モダン日本』2巻11号（1951年〈昭和26〉）の「特飲街」特集（加藤政洋『敗戦と赤線──国策売春の時代』＊1より引用）

第3章

＊1　南博ほか編『近代庶民生活誌14』（三一書房、1993年）付属
＊2　週刊朝日編『値段の明治・大正・昭和風俗史』（朝日文庫、1987年）。以下、貨幣価値の換算は、すべて同書を参照。
＊3　小野常徳「メイキング・オブ『ドキュメント〝赤線〟』」（『近代庶民生活誌　月報16』三一書房、1993年）
＊4　小林大治郎・村瀬明『みんなは知らない──国家売春命令』（雄山閣出版、1961年）
＊5　東京都民生局『東京都の婦人保護──売春防止法全面施行15周年記念』（東京都民生局婦人部福祉課、1973年）
＊6　「新版　濹東綺譚」（『内外タイムス』1952年5月24日号）
＊7　向井啓雄『特殊女性』（文藝春秋新社、1955年）

＊8　津田加寿子『男たちとの夜——赤線女給十年の手記』（あまとりあ社、1957年）
＊9　渡辺寛『全国女性街・ガイド』（季節風書店、1955年）
＊10　「東京の性感帯——現代岡場所図譜」（『人間探究』25号　1952年5月）
＊11　（江戸二）さざえ「調布紀行」（新吉原女子保健組合・関根弘編『明るい谷間——赤線従業婦の手記』1952年初版。復刻版は土曜美術社、1973年）
＊12　「東京街娼分布図」（『人間探究』27号、1952年7月）
＊13　三橋順子「女装男娼のテクニックとセクシュアリティ」（井上章一編『性欲の文化史1』講談社選書メチエ、2008年）
＊14　山本保一「鳩の街特飲街の遊び方」（『風俗科学』1954年12月号）
＊15　日比恆明『玉の井——色街の社会と暮らし』（自由国民社、2010年）
＊16　（江戸二・きぶん）民子「或る一日」（新吉原女子保健組合・関根弘編『明るい谷間——赤線従業婦の手記』＊9）

コラム3

＊1　加藤政洋＋三橋順子「（対談）『性なる』場所の戦中戦後」（井上章一・三橋順子編『性欲の研究　東京のエロ地理編』平凡社、2015年）
＊2　津田加寿子『男たちとの夜——赤線女給十年の手記』（あまとりあ社、1957年）

第4章

＊1　東京都民生局『東京都の婦人保護——売春防止法全面施行15周年記念』（東京都民生局婦人部福祉課、1973年）
＊2　石井リサ「今日から団結の力で　真実の叫びをつらぬこう」（新吉原女子保健組合機関誌『婦人新風』38号、1956年1月20日付。復刻版は明石書店、1989年）

＊3　日本基督教婦人矯風会「風紀対策に関する意見書」（『婦人新報』563号、1946年11月）
＊4　曽根ひろみ『娼婦と近世社会』（吉川弘文館、2003年）、嶽本新奈『「からゆきさん」――海外〈出稼ぎ〉女性の近代』（共栄書房、2015年）
＊5　座談会「売春禁止法はなぜ必要か」（有泉亨・團藤重光編『売春』河出書房法学新書、1955年）
＊6　「（投書）弱い者にも生きられる政治を――売春禁止法に願う」（新吉原女子保健組合機関誌『婦人新風』19号、1954年6月1日付。＊2）
＊7　座談会「売春法の成立をめぐって」（神近市子編『サヨナラ人間売買』現代社、1956年）
＊8　（角町）石井ソヨ子「売春防止法の下敷きになれというのか」（新吉原女子保健組合機関誌『婦人新風』49号、1957年1月1日付。＊2）
＊9　さぶみ「私の言葉・二」（新吉原女子保健組合・関根弘編『明るい谷間――赤線従業婦の手記』1952年初版。復刻版は、土曜美術社、1973年）
＊10　向井啓雄「売春防止法反対始末記」（『新潮』54巻6号、1957年）
＊11　（京一）ふじを「道」（新吉原女子保健組合・関根弘編『明るい谷間――赤線従業婦の手記』＊9）
＊12　国立感染症研究所のデータ https://www.niid.go.jp/niid/ja/syphilis-m/syphilis-iasrtpc/5404-tpc420-j.html
＊13　フレデリック・デラコステ、プリシラ・アレキサンダー編『セックス・ワーク――性産業に携る女性たちの声』（パンドラ、1993年）
＊14　要友紀子・松沢呉一ほか『売る売らないはワタシが決める――売春肯定宣言』（ポット出版、2000年）

コラム4

＊1　「差押え食った赤線地帯」（『週刊東京』1958年4月5日号）
＊2　『朝日新聞』1958年1月21日付
＊3　『朝日新聞』1958年3月17日付
＊4　半藤一利『荷風さんの戦後』（筑摩書房、2006年）

第5章

＊1　加藤政洋『敗戦と赤線――国策売春の時代』（光文社新書、２００９年）

＊2　「エロ線〝青〟と〝赤〟　コントラスト『赤線区域』と『青線区域』」（『内外タイムス』１９５３年５月30日号）

＊3　警視庁史編さん委員会編『警視庁史　昭和中編　上』（警視庁史編さん委員会、１９７８年）

＊4　「性風俗取締りの変遷――小野常徳氏に聞く」（ジュリスト増刊『性―思想・制度・法――性と秩序』有斐閣、１９７０年12月）

＊5　朝山蜻一『女の埠頭――変貌する青線の女たち』（同光社出版、１９５８年）

＊6　神崎清「新宿の夜景図――売春危険地帯を行く」（『座談』１９４９年９月号）

＊7　「特別調査・売春街秘密情報」（『夜みる新聞』１９５５年５月15日号、報道通信社）

＊8　都筑道夫「赤と青」（『昨日のツヅキです』新潮文庫、１９８７年）

＊9　「東京の性感帯――現代岡場所図譜」（『人間探究』25号、１９５２年５月）

＊10　「新宿の歓楽街大手入れ　巧みに裏をかく　忽ち姿消す夜の女」（『内外タイムス』１９５６年５月10日号）

＊11　「女給69名検挙　相客引致56　名新宿青線　けさ卅七ヵ所大手入れ」（『内外タイムス』１９５５年２月７日号）

＊12　現在の「ゴールデン街」（新宿ゴールデン街商業組合）は、１９６５年に改称したもので、「青線」時代は「花園歓楽街」「花園街」と言っていた。また、現在の「花園一・三・五番街」（新宿三光商店街振興組合）は、「青線」時代には「花園小町」「三光町」と言っていた。それが「赤線」廃止後、少し経った時期に「花園街」→「ゴールデン街」、「三光町」→「花園一・三・五番街」と改称したわけだが、あまりにややこしいので、現在の名称を遡及させて記述した。「青線」時代の文献に見える「花園街」「花園町界隈」という表記は、多くの場合、（旧）花園街と（旧）三光町を一体としてとらえていることが多い。

＊13　小野常徳『アングラ昭和史――世相裏の裏の秘事初公開』（南出版部発行、秀英書房発売、１９８１年）

に掲載されたドキュメンタリー・フィルム「赤線」（1958年）のシナリオ。
*14　東京都民生局『東京都の婦人保護——売春防止法全面施行15周年記念』（東京都民生局婦人部福祉課、1973年）
*15　「売春法とこれから⑤　青線」（『内外タイムス』1956年5月20日号）
*16　「武蔵野市の赤線が集団廃業」（『朝日新聞』1958年1月12日付）
*17　新吉原女子保健組合機関誌『婦人新風』38号（1956年1月20日付）
*18　「女のマーケットが18もある——東京特飲街めぐり」（『愛情生活』1巻9号、1951年11月）
*19　神崎清「赤線区域・青線区域——集団売春街の諸形態」（有泉亨・團藤重光編『売春』河出書房法学新書、1955年）
*20　「街の特集　新宿」（『土曜漫画』臨時増刊「土曜画報」1958年8月）
*21　ドウス昌代『マッカーサーの二つの帽子』（講談社文庫、1985年）
*22　「日本全国遊廓一覧」（上村行彰編『日本遊里史』文化生活研究会、1929年）巻末付録
*23　都筑道夫「行ったり来たり」（『昨日のツヅキです』新潮文庫、1987年）
*24　三橋順子「現代日本のトランスジェンダー世界——東京新宿の女装コミュニティを中心に」（矢島正見編著『戦後日本女装・同性愛研究』中央大学出版部、2006年）

コラム5

*1　朝山蜻一「新宿花園物語——探偵文壇側面史」（『幻影城』1975年11月号）
*2　石榑督和『戦後東京と闇市——新宿・池袋・渋谷の形成過程と都市組織』（鹿島出版会、2016年）
*3　渡辺英綱『新宿ゴールデン街』（晶文社、1986年）
*4　http://www.goldengai.net/history/

第6章

＊1 「東京の性感帯──現代岡場所図譜」（『人間探究』25号、1952年5月）
＊2 上村行彰編『日本遊里史』（文化生活研究会、1929年）巻末付録
＊3 吉行淳之介『原色の街』（新潮社、1956年。初出は『世代』14号、1951年12月）
＊4 永井荷風『濹東綺譚』（岩波書店、1937年）
＊5 五木寛之『風に吹かれて』（読売新聞社、1968年。初出は『週刊読売』連載、1967年）
＊6 月岡朝太郎『昭和史の花魁』（日刊プロスポーツ新聞社、1971年）
＊7 「東京特飲街への道順案内」（『怪奇雑誌』1952年7月号）
＊8 渡辺寛『全国女性街・ガイド』（季節風書店、1955年）
＊9 渡辺寛「赤線漫談」（『東京案内』1954年5月）

コラム6

＊1 YUKO「気軽に楽しく美しく」http://blog.livedoor.jp/yukononono/
YUKO「銘仙の時代の女」http://blog.livedoor.jp/yukononono-12/

第7章

＊1 三橋順子「現代日本のトランスジェンダー世界──東京新宿の女装コミュニティを中心に」（矢島正見編著『戦後日本女装・同性愛研究』中央大学出版部、2006年）
＊2 Allora「ゲイボーイ　ジミー　1〜5」（「Camera di Allora.」2017年6月18日〜24日）https://plaza.rakuten.co.jp/jinkun311/diary/201706180001/
＊3 西塔哲「新宿のメケメケ・バー」（『風俗奇譚』1964年4月臨時増刊号）
＊4 池田信『1960年代の東京──路面電車が走る水の都の記憶』（毎日新聞社、2008年）
＊5 新宿区立新宿歴史博物館編『新宿区の民俗3　新宿地区篇』（新宿歴史博物館、1993年）
＊6 朝山蜻一『女の埠頭──変貌する青線の女たち』（同光社出版、1958年）

＊7　「街の特集　新宿」（『土曜漫画』臨時増刊「土曜画報」1958年8月）

＊8　神崎清「赤線区域・青線区域――集団売春街の諸形態」（有泉亨・團藤重光編『売春』河出書房法学新書、1955年）

＊9　東京都民生局『東京都の婦人保護――売春防止法全面施行15周年記念』（東京都民生局婦人部福祉課、1973年）

コラム7

＊1　池田信『1960年代の東京――路面電車が走る水の都の記憶』（毎日新聞社、2008年）

＊2　林芙美子『放浪記』（改造社、1930年。初出は『女人藝術』連載、1928～30年）

＊3　荘司三郎「上海的魔境　新宿『旭町』の貧民窟を探る」（『犯罪実話』2巻1号、駿南社、1936年）

＊4　「東京街娼分布図」（『人間探究』27号、1952年7月）

＊5　「街の特集　新宿」（『土曜漫画』臨時増刊「土曜画報」1958年8月）

＊6　『加藤嶺夫写真全集　昭和の東京1　新宿区』（デコ、2013年）

＊7　館淳一「猖介老人独言独歩録――残日編」http://kenkai-oldman.txt-nifty.com/the_quiet_days/2009/10/2002008-dd75.html

あとがき

＊1　三橋の「女装男娼」研究は、「レンコン」（井上章一・関西性欲研究会『性の用語集』講談社現代新書、2004年）、「女装男娼のテクニックとセクシュアリティ」井上章一編著『性欲の文化史　1』講談社選書メチエ、2008年）など。

＊2　台湾の公娼ライセンス制廃止問題については、UNIDOS「台北市（台湾）の廃娼と日本の売防法」（『インパクション』110号、1998年）、水島希「台北市公娼たちの闘いは続く」（『インパクション』123号、2001年）などを参照。

＊3　詳細な見学記と写真は、三橋順子「台湾『跨性別《トランスジェンダー》』紀行――旧「春鳳楼茶館」・旧娼館地区（帰綏街）見学記」http://www4.wisnet.ne.jp/~junko/junkoworld3_4_5.htm

主な参考文献（刊行順）

上村行彰編『日本遊里史』（文化生活研究会、1929年）
日本基督教婦人矯風会「風紀対策に関する意見書」（『婦人新報』563号、1946年11月）
「新版　墨東奇譚」（『内外タイムス』1952年5月24日号）
「東京の性感帯——現代岡場所図譜」（『人間探究』25号、1952年5月）
「東京街娼分布図」（『人間探究』27号、1952年7月）
山本保一「鳩の街特飲街の遊び方」（『風俗科学』1954年12月号）
労働省婦人少年局編『売春に関する資料　改訂版』（労働省婦人少年局、1955年）
労働省婦人少年局編『戦後新たに発生した集娼地域における売春の実情について』（労働省婦人少年局、1955年）
有泉亨・團藤重光編『売春』（河出書房法学新書、1955年）
向井啓雄『特殊女性』（文藝春秋新社、1955年）
渡辺寛『全国女性街・ガイド』（季節風書店、1955年）
神近市子編『サヨナラ人間売買』（現代社、1956年）
向井啓雄「売春防止法反対始末記」（『新潮』54巻6号、1957年）
津田加寿子『男たちとの夜——赤線女給十年の手記』（あまとりあ社、1957年）
警視庁防犯部編「新しい売春形態とその捜査」（1958年）
朝山蜻一『女の埠頭——変貌する青線の女たち』（同光社出版、1958年）
小林大治郎・村瀬明『みんなは知らない——国家売春命令』（雄山閣出版、1961年）

池田みち子「赤線の灯が消えて10年」（『週刊サンケイ』1968年3月4日号）
深作光貞『新宿考現学』（角川書店、1968年）
東京都民生局『東京都の婦人保護――売春防止法全面施行15周年記念』（東京都民生局婦人部福祉課、1973年）
新吉原女子保健組合・関根弘編『明るい谷間――赤線従業婦の手記』（土曜美術社、1973年）
小野常徳「売春ノート」（『えろちか』復刊2号、1973年）
小野常徳『アングラ昭和史――世相裏の裏の秘事初公開』（南出版部発行、秀英書房発売、1981年）
一瀬幸三編『新宿遊郭史』（新宿郷土会、1983年）
ドウス昌代『マッカーサーの二つの帽子』（講談社文庫、1985年）
渡辺英綱『新宿ゴールデン街』（晶文社、1986年）
岡崎柾男『洲崎遊廓物語』（青蛙房、1988年）
新吉原女子保健組合編『婦人新風――新吉原女子保健組合機関誌　復刻』（明石書店、1989年）
新宿区立新宿歴史博物館編『内藤新宿の町並とその歴史』（東京都新宿区教育委員会、1991年）
新宿区立新宿歴史博物館編『新宿区の民俗3　新宿地区篇』（新宿歴史博物館、1993年）
フレデリック・デラコステ、プリシラ・アレキサンダー編『セックス・ワーク――性産業に携る女性たちの声』（パンドラ、1993年）
野村敏雄『新宿うら町おもてまち――しみじみ歴史散歩』（朝日新聞社、1993年）
新宿区・新宿区地域女性史編纂委員会編『新宿　女たちの十字路――区民が綴る地域女性史』（ドメス出版、1997年）
藤目ゆき『性の歴史学――公娼制度・堕胎罪体制から売春防止法・優生保護法体制へ』（不二出版、1997年）
武英雄『内藤新宿昭和史』（紀伊國屋書店発売、1998年）
木村聡『赤線跡を歩く――消えゆく夢の街を訪ねて』（自由国民社、1998年）
要友紀子・松沢呉一ほか『売る売らないはワタシが決める――売春肯定宣言』（ポット出版　2000年）

年）
広岡敬一『戦後性風俗大系――わが女神たち』（朝日出版社、２０００年）
広岡敬一『昭和色街美人帖――私の〈赤線時代〉』（自由国民社、２００１年）
永井良和『風俗営業取締り』（講談社選書メチエ、２００２年）
木村聡『赤線跡を歩く――続・消えゆく夢の街を訪ねて２』（自由国民社、２００２年）
曽根ひろみ『娼婦と近世社会』（吉川弘文館、２００３年）
白倉敬彦「もう一つの吉原」（『江戸の吉原――廓遊び』学習研究社、２００３年）
竹村民郎「赤線」（井上章一・関西性欲研究会『性の用語集』講談社現代新書、２００４年）
三橋順子「パンパン」「レンコン」（井上章一・関西性欲研究会『性の用語集』講談社現代新書、２００４年）
半藤一利『荷風さんの戦後』（筑摩書房、２００６年）
矢島正見編著『戦後日本女装・同性愛研究』（中央大学出版部、２００６年）
三橋順子「現代日本のトランスジェンダー世界――東京新宿の女装コミュニティを中心に」（矢島正見編著『戦後日本女装・同性愛研究』中央大学出版部、２００６年）
荒井英子「キリスト教界の『パンパン』言説とマグダラのマリア」（恵泉女学園大学平和文化研究所編『占領と性――政策・実態・表象』インパクト出版会、２００７年）
奥田暁子「ＧＨＱの性政策――性病管理か禁欲政策か」（同前）
早川紀代「占領軍兵士の慰安と買売春制の再編」（同前）
木村聡『赤線跡を歩く――続々・消えゆく夢の街を訪ねて　完結編』（自由国民社、２００７年）
池田信『１９６０年代の東京――路面電車が走る水の都の記憶』（毎日新聞社、２００８年）
佐藤洋一・ぶよう堂編集部『あの日の新宿――昭和25年から30年代の思い出と出会う』（ぶよう堂、２００８年）
塩見鮮一郎『吉原という異界』（現代書館、２００８年）
三橋順子『女装と日本人』（講談社現代新書、２００８年）
三橋順子「女装男娼のテクニックとセクシュアリティ」（井上章一編『性欲の文化史１』講談社選書メチエ、２００８
年）

加藤政洋『敗戦と赤線――国策売春の時代』（光文社新書、2009年）
日比恆明『玉の井――色街の社会と暮らし』（自由国民社、2010年）
服藤早苗『古代・中世の芸能と買売春――遊行女婦から傾城へ』（明石書店、2012年）
茶園敏美『パンパンとは誰なのか――キャッチという占領期の性暴力とGIとの親密性』（インパクト出版会、2014年）
平井和子『日本占領とジェンダー――米軍・売買春と日本女性たち』（有志舎、2014年）
藤野豊「戦後日本の公娼制度廃止における警察の認識――内務省警保局保安係「公娼制度廃止関係起案綴」の分析」（敬和学園大学編『人文社会科学研究所年報』12号、2014年）
井上章一・三橋順子編『性欲の研究　東京のエロ地理編』（平凡社、2015年）
嶽本新奈『「からゆきさん」――海外〈出稼ぎ〉女性の近代』（共栄書房、2015年）
石榑督和『戦後東京と闇市――新宿・池袋・渋谷の形成過程と都市組織』（鹿島出版会、2016年）
松沢呉一『闇の女たち――消えゆく日本人街娼の記録』（新潮文庫、2016年）
渡辺寛『赤線全集』（カストリ出版、2016年）
井川充雄・石川巧・中村秀之編『〈ヤミ市〉文化論』ひつじ書房、2017年）
陶久利彦編『性風俗と法秩序』（尚学社、2017年）
辻浩和『中世の〈遊女〉――生業と身分』（京都大学学術出版会、2017年）
礒部鎮雄『根津遊廓昌記』（カストリ出版、2018年）
茶園敏美『もうひとつの占領――セックスというコンタクト・ゾーンから』（インパクト出版会、2018年）

索 引

か

た

な

ま

や

ら

わ

・文献の引用に際しては、改行を追い込み、旧字を新字に改め、ルビを補うなどしたところがある。
・引用文には今日的に不適切な表現も含まれるが、原文を尊重し、そのままとした。

図版作成：鳥元真生

三橋順子（みつはし・じゅんこ）
1955年生まれ。性社会・文化史研究者。明治大学・都留文科大学・関東学院大学非常勤講師。主な研究分野はトランスジェンダー（性別越境）、買売春（戦後）の歴史的分析。著書に『女装と日本人』（講談社現代新書、橋本峰雄賞）、編著に『性欲の研究　東京のエロ地理編』（井上章一と共編、平凡社）、主な論文に「現代日本のトランスジェンダー世界――東京新宿の女装コミュニティを中心に」（矢島正見編著『戦後日本女装・同性愛研究』中央大学出版部、所収）、「性と愛のはざま――近代的ジェンダー・セクシュアリティ観を疑う」（『岩波講座日本の思想5　身と心：人間像の転変』所収）など。

朝日選書 977

新宿 「性なる街」の歴史地理

2018年10月25日　第1刷発行

著者　三橋順子

発行者　須田　剛

発行所　朝日新聞出版
〒104-8011 東京都中央区築地5-3-2
電話 03-5541-8832（編集）
03-5540-7793（販売）

印刷所　大日本印刷株式会社

© 2018 Junko Mitsuhashi
Published in Japan by Asahi Shimbun Publications Inc.
ISBN978-4-02-263077-3
定価はカバーに表示してあります。

落丁・乱丁の場合は弊社業務部（電話03-5540-7800）へご連絡ください。
送料弊社負担にてお取り替えいたします。

カウンセリングとは何か
平木典子
実践の現場から現実のカウンセリング課程を報告する

新版　カウンセリングの話
平木典子
ベテランカウンセラーによるロングセラーの入門書

中学生からの作文技術
本多勝一
ロングセラー『日本語の作文技術』のビギナー版

新版　雑兵たちの戦場
中世の傭兵と奴隷狩り
藤木久志
戦国時代像をまったく新たにした名著に加筆、選書化

long seller

源氏物語の時代
一条天皇と后たちのものがたり
山本淳子
皇位や政権をめぐる権謀術数のエピソードを紡ぐ

新版　原子力の社会史
その日本的展開
吉岡斉
戦時研究から福島事故まで、原子力開発の本格通史

日本人の死生観を読む
明治武士道から「おくりびと」へ
島薗進
日本人はどのように生と死を考えてきたのか？

キリスト教は戦争好きか
キリスト教的思考入門
土井健司
聖書と歴史の視点から、キリスト教を根源的に捉え直す